"环境景观博文"书苑

国家森林公园游憩承载力研究

蔡　君　编著

中国林业出版社

图书在版编目(CIP)数据

国家森林公园游憩承载力研究/蔡君　编著. —北京：中国林业出版社，2010.11

ISBN 978-7-5038-5977-9

Ⅰ. ①国…　Ⅱ. ①蔡…　Ⅲ. ①国家公园：森林公园－旅游资源－承载力－研究－中国　Ⅳ. ①F592.3

中国版本图书馆 CIP 数据核字（2010）第 206910 号

本书由以下基金项目：

1. 国家“十一五”林业科技支撑项目——自然保护区适应性经营与资源可持续利用技术研究与示范之子课题：自然保护区旅游环境容量评估技术研究

2. 北京林业大学 2007 年国家级专业建设项目——园林特色专业建设

共同资助出版

中国林业出版社·环境景观与园林园艺图书出版中心
责任编辑：李　顺
电话：83229512　　传真：83227584

出版　中国林业出版社(100009　北京西城区刘海胡同 7 号)
网 址　http://lycb.forestry.gov.cn
发行　新华书店北京发行所
印刷　北京画中画印刷有限公司
版次　2010 年 11 月第 1 版
印次　2010 年 11 月第 1 次
开本　787mm × 960mm　1/16
印张　12.25
字数　220 千字
定价　38.00 元

序

本书系我的博士生蔡君女士在其博士论文基础上修改而成。

我对旅游的关注始于1990年代初，对观赏植物的研究使我有机会考察了中外众多的风景名胜区、森林公园、自然保护区、国家公园。国外国家公园优美质朴的风景、良好的设施及先进的管理理念和良好的服务给我留下了深刻的印象。我认识到旅游必将随着我国经济的发展和休假制度的变革而蓬勃发展，也必将迫切地需要旅游管理方面的人才。1994年在我的倡议争取之下，北京林业大学园林学院成立了森林旅游专业，并于1995年招收第一届本科生。蔡君当时作为硕士毕业生留校任教参与了森林旅游专业的创建过程，并一直在旅游管理专业工作至今。

时至今日我国旅游业经过近30年的发展，已经成为国民经济的重要力量。2009年底，国务院发布《关于加快发展旅游业的意见》，对旅游业的发展给予高度重视，旅游业对于拉动内需、扩大就业、促进经济结构调整、改善生态环境、扶贫致富的地位和作用日益明显。而在即将到来的“十二五”时期，旅游将进入大众化、多元化时代，旅游将成为城镇居民生活的基本内容和刚性需求，旅游业成为消费升级的主要受益产业。

另一方面，旅游规模的持续增长也对国内主要旅游城市和景点尤其是在节假日期间带来了极大的接待压力，过度使用和开发所带来的冲击和破坏将造成无可挽回的损失。因此，探究一套切实可行的游憩承载力评估、管理方法，显得紧迫而必须。

森林公园作为大众休闲尤其是生态旅游重要的资源基础，能够提供从大众型的观光、徒步、登山到更为专业的户外露营、观鸟、探险、森林科考等系列活动，在满足人们生态休闲需求方面发挥着越来越重要的作用。同时，我国的森林公园也同样面临着过度使用和开发的问题。建立能够适应森林公园游憩承载力的评估方法，对于森林公园的持续发展、提供高质量的旅游体验具有重要的理论及实践意义。

蔡君博士用了4年的时间针对游憩活动的影响，对北京云蒙山国家森林公园的生环态境和游客社会学方面进行了全面而深入的研究。提出了全新的应用游憩承载力的理论框架及方法，给出了森林公园持续发展旅游的策略及措施，为现代承载力方法在我国自然游憩区域的运用提供了可供借鉴的思路，具有先见性和科学性。希望这本书的出版，可以在更广阔的领域发挥作用，为我国森林公园及其他自然游憩区域旅游的持续发展有所贡献。

张启翔

（北京林业大学副校长、博士生导师）

2010 年 10 月 3 日于北京林业大学

前　言

旅游在全球范围内的持续增长，意味着旅游目的地使用水平的增加。由此带来拥挤、降低景观质量、破坏动植物生境以及旅游者的满意程度的下降。因此游憩承载力的问题也越来越受到关注。

对娱乐承载力的主要研究国外始于20世纪60年代，我国则在80年代起步，大部分研究称之为“环境容量”。但是对承载力的研究还存在很多争议，因其理论上的不完善，在实践中的量测还存在很多困难。Lime（1976）指出：娱乐承载力是一个管理概念，是如何规划和管理特定娱乐资源的框架或方法。对于娱乐区域究竟能够承纳多少人，它并不是可以给管理者简单答案的神奇公式，因为建造模型以及在实践应用中帮助管理者确定承载力都非常困难。因此在上个世纪80年代美国开始采用允许变化的限度(Limits of Acceptable Change，LAC)系统来解决荒野(Wilderness)的承载力问题。后来美国国家公园系统也采用了与这一概念相关的承载力管理框架 - 游客体验和资源保护(Visitor Experience and Resource Protection VERP，National Park Service，1995，1997)。

随着人口数量的增加，土地资源的日渐紧缺，各种类型的自然公园及保护区在保护自然和文化资源方面起着越来越重要的作用，而对这些区域的过度使用和开发所带来的冲击和破坏将造成无可挽回的损失。因此，探究一套切实可行的量测游憩冲击的允许界限的系统方法，显得紧迫而必须。

本书的主要工作是以北京云蒙山国家森林公园为研究对象，经过4年的系统研究，主要进行了涉及生态学内容的游憩活动对公园环境的影响研究分析，以及涉及社会学内容的游客特征及社会承载力研究。通过全面研究游憩对自然资源条件的影响，以及游客体验及对拥挤的感知，为公园各个区域建立了自然资源和社会条件的监测指标和标准，为承载力管理框架在我国自然游憩区域的运用提供了相关方法及步骤。

全书共分11章。

第一章简要介绍了研究意义、内容及方法路线。

第二章至第四章全面探讨了与游憩相关的概念、户外休闲趋势及户外休闲概念。

第五章、第六章系统论述了游憩承载力中外研究进展及游憩管理理论框架，括游憩机会谱、可接受变化的限度及游客体验和资源保护框架。

第七章、第八章详细介绍了研究区域云蒙山国家森林公园的旅游资源及开发情况，并根据游客体验和资源保护框架把公园划分了综合服务区、自然观光游览区、健行区、探寻区四个体验区域。

第九章通过监测的手段主要分析了游憩活动对公园内路径、土壤、植被、水体所带来的影响，以及这些影响的强度和在空间上的变化规律，并通过这些研究结果选择公园资源条件监测的指标和标准。

第十章通过分析游客调查问卷对云蒙山游客社会人口特征、出行动机、使用方式及偏好、游客满意度及对拥挤的感知、社会承载力的预测等方面进行分析探讨。根据游客体验及对拥挤的感知，确定了公园不同区域社会条件的监测指标和标准。

第十一章对本书的研究作了结论性的总结，提出了游客体验和资源保护框架在我国森林公园应用未来的努力方向。

在成书过程中，对于各位师长的指导，以及众多同仁、朋友、家人、我的研究生的帮助和关心谨在此致以诚挚的谢意。

同时也感谢中国林业出版社环境景观与园林园艺图书出版中心的李顺编辑，从修改到审稿各个阶段所给予的帮助。

限于本人水平，书中存在不足在所难免，恳请各位专家、广大读者批评指正。

编著者

目　录

第一章　绪　论

旅游业诞生于19世纪中叶，至今不过100多年的历史，但其发展的速度和规模却超乎人们的想像。特别是随着战后社会经济的发展、个人可支配收入的提高以及闲暇时间的增多，旅游已经成为一种社会现象，外出旅游的人数和旅游业收入都有了巨大的增长，为世界所关注。以国际旅游为例，1950年全世界国际旅游人次约为2530万，而到2002年则约为7亿260万人次；全世界国际旅游总收入从1950年的21亿美元增至2002年的约4742亿美元，约占世界国际贸易总额的7%（世界旅游组织提供报告）。而2002年世界旅游理事会的报告中提到，世界国际旅游总收入几乎占到GDP的11%，在世界范围内提供了2.07亿就业机会，约占全球劳动力的10%。亚太旅游目的地，尤其是东北亚，已逐渐走出2003年的SARS阴影。2005年国际旅游人次达到8.08亿人次，同比增长5.5%（世界旅游组织报告，2005）。2008年虽受到经济危机的影响，全世界国际旅游人次达到9亿240万人次，较2007年仍有2%的小幅增长，国际旅游收入达到9430亿美元。（世界旅游组织报告，2009）。

世界旅游组织预测到2020年，世界国际旅游人次将达到15.6亿人次。世界旅游理事会（WTTC）预测到2020年，每10.9个工作机会中将有1个是与旅游相关的工作，旅游业将创造约3亿个工作机会。由此可见，旅游业已经发展成世界上最大的产业。

经济全球化，旅游世界化以及旅游者人数持续的增加，无可争议地导致对自然区域参观人数的增加，也不可避免地对这些区域带来消极影响。旅游所带来的问题有些是全球性的，如乱砍滥伐使喜马拉雅山脉很多地方水土流失，沿尼泊尔的山区小径丢满垃圾，在肯尼亚观赏动物旅游对野生动物的干扰等。另外如践踏、毁坏市容；旅游开发商占用最佳风景区地盘以牟取暴力；飞机和机动车辆排放的气体污染了大气；未经处理的废物直接排放到水体；无节制的狩猎、垂钓和采摘，破坏了动植物的生态平衡等。游客增加不仅导致旅游目的地自然资源的退化，拥堵、拥挤以及其他冲击还降低了游客的游憩体验乐趣。

上述这些问题在我国，尤其是自然游憩区域都有不同程度的存在。有些问题则非常显著而普遍，如垃圾、旅游高峰期间的拥挤问题。而植被践踏、土壤侵蚀、水体污染等在有些区域也比较显著。

研究表明游憩活动对自然资源的冲击是不可避免的。同时，随着参观游客的增加，在某些区域和某些时段拥挤程度增加，也降低了游憩体验的质量。对管理者的挑战是减少能够避免的影响，并把那些不能避免的影响降到最低限度。

缺少正确的规划和管理过程导致游客使用问题加剧，成为我国自然游憩区域迫切需要解决的问题，正确的规划管理策略则应建立在旅游对环境影响的系统研究基础上；而在保护资源的同时为游客提供高质量的游憩经历，对参观者进行教育和管理；注重地方参与及地方社区经济利益；在整体上成为自然游憩区域持续发展的关键。

1.1 研究目的和意义

目前我国的风景名胜区、森林公园、自然保护区等自然游憩区域担负着自然和文化保护以及为公众提供游憩机会的双重功能。而在管理上，资源保护和提供游憩机会是一对相互矛盾的目标，随着使用人数的增加，公园管理者要从资源使用中平衡保护游憩资源质量、游客体验以及公园经济收益几方面的要求，这是一个巨大的挑战。

游憩使用的后果带来对自然区域的干扰被定义为资源冲击或生态冲击。Lucas(1979)指出，冲击是一个中性词，当与生态连用时，指的是对游憩使用的环境影响客观描述。在自然区域，表示环境条件的不良变化。而所谓资源的不良变化是指在自然游憩区域土壤、植被、野生动物和水体资源的退化。

所有户外游憩活动都会干扰自然环境，虽然与每一活动相关的影响在程度上有所不同，所有这些都潜在地影响到空气、土壤、植被、野生动物和水体。游憩冲击并不是单独进行的，一种活动会导致多种结果，这也是管理者尤其需要关注的。对于公园的管理者来说，只有充分理解游憩使用冲击导致的资源变化的量和类型以及可接受变化的底线，才能有效地解决在游憩和自然区域的环境干扰问题，从而兼顾环境资源和游客体验的质量。

在我国，对于游客消费行为特征、游客人口特征等市场方面的研究还相对匮乏，而市场信息对于政府决策者，资源规划者及管理者都是十分重要的。对于自然游憩区域来说，了解使用和使用者信息是制订正确管理决策的先决条件。另外，有关使用和使用者的信息可以帮助休闲游憩政策的决策者、游憩区域管理者和研究者在客户群中进行利益分配，解决游客行为及游客引起的社会和生态冲击。准确的游客特征信息也可以增加自然游憩区域管理的专业性，同时改善游客体验的质量。

在过去的20年，对于世界范围内的户外游憩研究者和管理者来说，承载力研究是一个非常重要的领域。目前已经发展出可接收变化的限度(LAC)、游客体验和资源保护(VERP)等有别于传统承载力方法的理论框架。而社会承载力涉及到个体游客与其他游客相互作用所产生的问题，可能影响到游客的预期体验。社会承载力主要是对游憩地点的社会学研究，侧重游客对拥挤的感觉。

云蒙山国家森林公园(以下简称公园)前身为1972年建立的国营林场。1992年林场开展森林旅游活动，经密云县林业局批准为“云蒙山大自然风景区”；1993年5月，经北京市林业局审批定为“北京市云蒙山森林公园”；1995年11月经林业部审批定为“北京市云蒙山国家森林公园”。云蒙山是一座具有山岳风光特征的京郊名山，因此该公园是北京地区特有的中山地貌森林公园。公园以峰、石、潭、瀑、云、林取胜，以雄、险、奇、幽、旷见长，自然风景十分优美，被誉为“小黄山”。在京郊森林公园中，独具吸引力，具有一定的代表性和典型性。

本书借鉴了游客体验和资源保护(VERP)的一些过程，研究的主要目的是在云蒙山国家森林公园区域调查游憩对资源的冲击在空间变化的程度，并通过使用量和景点的特性来解释，深入研究游憩使用对土壤、植被和水体的影响，以有助于对游憩干扰过程的理解，从而为管理决策提供依据。另外，通过了解使用和使用者信息，游客在云蒙山国家森林公园的偏好和体验，游客满意度、游客对拥挤的感知等，最终确定监测游憩资源和社会条件的指标和标准，解决公园承载力问题，为管理者制定管理政策和策略提供可靠依据。在保护资源的前提下，提高游客的体验质量，改善公园的管理水平。

1.2 研究内容及方法

1.2.1 研究内容

本书分为两个主要部分，一是涉及生态学内容的游憩活动对环境的影响分析，二是涉及社会学内容的游客特征及体验研究。第一部分内容是分析云蒙山国家公园旅游开发利用以来，游憩活动对公园内路径、土壤、植被、水体所带来的影响，以及这些影响的强度和在空间上的变化规律；第二部分内容是从2001~2004年连续4年对公园游客进行调研，对云蒙山游客社会人口特征、出行动机、使用方式及偏好、游客满意度及对拥挤的感知、社会承载力的预测等方面进行分析探讨，另外，还在2004年10月份对香山公园的游客进行相同结构问卷的调查，以期了解远郊森林公园和近郊公园在游客特征、动机、体验等方面可能存在的差异，目的是为管理者制定管理政策和策略提供可靠依据。主要研究内容如下：

1.2.1.1 *游憩活动对云蒙山国家森林公园自然资源的冲击*

(1)游憩活动对公园路径及土壤的影响；

(2)游憩活动对公园植被的影响；

(3)游憩活动对公园水体的影响；

(4)确定资源条件监测的指标和标准。

1.2.1.2 云蒙山国家森林公园的游客特征及体验研究

(1)游客人口统计学特征；

(2)游客参观特征研究；

(3)游客动机研究；

(4)云蒙山国家森林公园社会承载力研究；

(5)确定社会条件监测的指标和标准。

1.2.2 研究方法

1.2.2.1 文献综述

对国内外有关游憩生态影响和游客特征及体验研究的相关理论和研究成果，进行整理分析，确立本研究的理论基础、研究框架以及研究技术、方法及工具。

1.2.2.2 游憩活动对云蒙山国家森林公园自然资源冲击的研究方法

采用既成事实分析法。通过确定样地与对照地受影响程度的比较来分析游憩活动对资源的影响。该法因为能够迅速获得野外调查资料数据而得到广泛应用，但该法不能明确自然游憩区域生态环境改变的方式及速率，如果资金和科研力量充足，可以与长期监测方法相结合。

1.2.2.3 云蒙山国家森林公园的游客特征及体验研究方法

(1)游客问卷调查。主要在云蒙山国家森林公园实地进行，另外，在2004年10月还对香山公园的游客进行了相同结构问卷的调查，以进行比较分析。

由于资金和人力有限，没有完全按照随机抽样方法进行调查，可能由于调查人员个人偏好而产生误差。主要采取以下措施加强研究信度：①达到一定样本量以减少偏误；②选用具有一定专业背景的人员进行调查工作，并在调查之前进行培训；③研究者尽量带领调查人员共同工作。

(2)调查问卷分析方法。以SPSS10.0作为统计分析工具，运用了多种统计方法对数据进行整理分析。主要包括以下统计分析方法：①描述性统计，包括单变量描述统计和列联分析与卡方检验；②方差分析，包括单因素方差分析(ANOVA)和t检验；③因子分析之主要成分因子分析法；④回归分析之二项式和多项式logistic回归分析。

1.3 技术路线

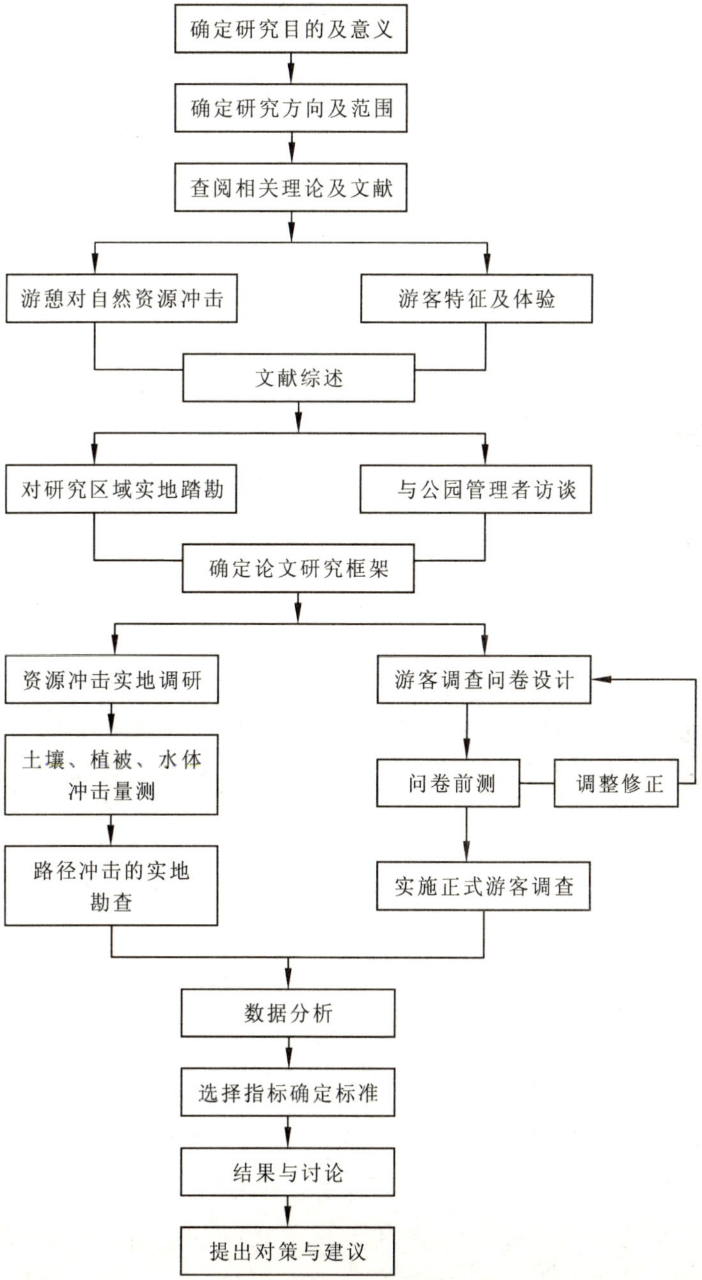

图 1-1 研究技术路线

第二章　闲暇、游憩与旅游的相关概念辨析

2.1　闲暇及休闲

自古人类就存在空间上的迁徙活动。而从远古的迁徙到马可波罗、哥伦布到托马斯·库克一直到21世纪的今天，旅游都是稳定增长的。在旅游这一现象中，与之紧密相连的主要因素之一是能够自由支配的闲暇时间。

闲暇、休闲、游憩和旅游很难精确定义，这些概念常常相互重叠。在古代农业社会，劳动和闲暇是与习俗紧密交织的，并且遵循着季节和时光的自然节奏。节日包含了娱乐活动，成为大量消耗食物和精力的时间，并且提供一种发泄方式，得以驱除暴力和疯狂行为，构成了常规生活的调剂。

在工业社会初期，工人们每天工作15小时，甚至17小时，而且没有假期。1778年，为了阻止酗酒，法国曾要求取消星期日并投票通过了这一建议：从劳动的风气着想，必须向休息作斗争，那是堕落和懒惰的渊薮（朗卡尔，1997）。

但这种工业时间很快得到改变，一方面是工人的要求，早在1866年，国际劳动者协会第一次代表大会就把每天工作8小时作为首要目标；另一方面，一部分雇主意识到，如果合理组织劳动，照顾到工人体力和心理上所必需的间歇和休息的话，效益会更好。从20世纪30年代开始，随着每周工作40小时并开始出现带薪休假，有了不再是用于恢复体力的真正的空闲时间，这段时间又足够长，所以每个人对此抱有一种积极的充实自己的态度（世界旅游组织，1983）。

在工业社会，空闲时间是与它相对应的劳动时间而言的，在劳动时间里，投入的生产力按照规定的节奏和效益标准生产出实物和劳务。而在空闲时间里可以根据个人的意愿对时间进行安排和组织。

罗贝尔·朗卡尔在《旅游和旅行社会学》一书中，把空闲时间进一步划分为以下类型：

（1）必须付出的时间，如交通和行政手续所花费的时间；

（2）不与生产相联系，也没有报酬的劳动时间，如园艺、零活、烹饪等；

（3）恢复健康的时间，其中可以包括温泉疗养；

（4）培训时间，或是职业培训时间，或是为满足个人创造和自我发展的需

要而扩大知识面继续学习的时间；

(5)工会、政治和社团生活时间；

(6)最后是闲暇和度假时间，这部分时间还可以包含以上各种时间中的一些时段。只有最后这类时间被看作真正空闲下来的闲暇时间。

随着科学技术的进步，尤其是信息技术的高度发展，在现代社会，休闲已成为人们生活的组成部分，劳动和休闲不再作为两种根本不同的生存状态而对立，而且二者有融合的趋势(吴承照，1998)。

闲暇的英语单词为 Leisure，来源于法语，法语来源于拉丁语 Licēre，意为“自由没有压力的状态”。韦伯词典对闲暇的定义：“不受工作或责任约束的自由时间(Freedom from the demand of work or duty)”，美国百科全书对闲暇的解释是“从工作和义务中解放出来”，“能用于游憩和消遣的时间”；法国的闲暇为“脱离正规工作能自由进行游憩的时间。因此闲暇定义的核心内容为：“不受约束能自由支配的空闲时间”。

在中国的休闲理念中，从字面的意义看，“休闲”包括“闲暇时间”和“闲暇活动”双重含义，除了闲暇的自由时间，还涉及到从事消遣或放松的活动。从字义的角度来看，“人依木而休”，“休”在《康熙字典》和《辞海》中被解释为“吉庆、欢乐”的意思。《诗经·商颂·长发》中释“休”为吉庆、美善、福禄。“闲”，通常引申为范围。多指道德、法度。《论语·子张》：“大德不逾闲”。其次，有限制、约束之意。从词意的组合上，体现了休闲所特有的文化内涵，表达了人类生存过程中劳作与休憩的辩证关系。

随着闲暇时间的增多，社会也随之做出一系列调整和适应，即把空闲时间转变为消费时间。人在不劳动时，需要有文化、食品、旅游、游憩以及体育运动等方面的消费。

由文化部和科技部协同立项的课题“我国公众闲暇时间文化精神生活状况的调查与研究”，于 2004 年 3 月经评审并获通过。该课题的一个重要观点即：闲暇时间是一种“以时间形态存在的社会资源”，聪明地用“闲”是社会进步的标志，是全面建设小康社会必须引起高度重视的“时空”。科学、健康、文明地利用和分配闲暇时间，将指示一种新的生活方式和新的价值观(马惠娣，2004)。

台湾学者宋明顺(1990)认为，理想的休闲活动，将使人人都能够利用自由时间，接触更有价值的人类文化，发展自己的人格和能力，并致力于增进家族、朋友与社会之间的接触，以丰富和充实精神生活，并从而通过集体的力量以达成美好社会的现实。

2.2 娱乐、户外游憩及旅游

韦伯百科辞典对娱乐的解释是："体力和脑力的恢复，工作之后通过一些形式的玩乐、消遣或放松"。

美国游憩生态学家科尔（Hammitt&Cole，1998）认为，"娱乐是与工作完全背道而驰的活动，并且提供建设性、恢复性和愉悦利益的可能"。

总体上，娱乐是在非工作状态时参加一些活动，使脑力体力得到恢复，并从中获得高兴、愉悦或者刺激的体验，娱乐包含了在闲暇时间内所做的各种各样的活动。

对户外游憩（Outdoor Recreation）最一般的理解是在户外进行的游憩活动。但户外游憩研究领域通常不考虑发生在户外运动场地的有组织的游憩类型（如各种体育比赛）。更进一步的解释认为户外活动是在闲暇时间内自愿使用、理解和欣赏自然资源，其活动类型包括探险活动、体育活动、获得性活动（狩猎和垂钓）、旅行或者研究自然等。户外游憩的地点可能是某人家的花园，也可能是小型的城市绿地，或者是国家公园，森林公园、荒野等。因此 Manning（1986）认为："户外游憩可能最好视为提供广泛的各种体验的系列机会"。美国林业局专家德莱佛（B. Driver）从户外活动利益回报的角度定义户外游憩："于非强制时间内在户外环境中基于内在利益安排的一种人类体验类型（Driver *et al.*，1987）"。

在户外游憩研究文献中还经常出现一个与"户外游憩"相近的一个概念"资源基础的游憩（Resource Based Recreation）"。新西兰游憩研究学者代弗林（Devlin，1993）认为："所有户外游憩都与资源有一些联系"。游憩的内容包括在优美风景中安静地休息以及攀登绝岩峭壁的力量型运动；游憩地点从拥挤的海滩到与世隔绝的深山溪流。资源基础的游憩满意程度依赖自然环境。因此，资源基础的游憩涉及到游憩发生的环境在很大程度上没有被人类改变，包括山岳、河流、湖泊以及滨海地带等，而这些区域通常都在一定的管理背景之下，如国家公园、自然保护区、森林公园以及城市周边的郊野区域等。

旅游被认为是游憩的一种极端形式，它涉及到旅行或居住地短暂的变化。长期以来一些国际组织和学者曾给出过多种旅游定义。其中比较有影响的如"埃斯特（AIEST）"定义，该定义认为"旅游是非定居者的旅行和暂时居留而引起的现象和关系的总和。这些人不会导致长期定居，并且不牵涉任何赚钱的活动"。南开大学李天元（2003）在这个定义的基础上概括出"旅游是非定居者出于和平目的的旅行和逗留而引起的现象和关系的总和。这些人不会在旅游地定居和就业"。

另外一个在欧美广泛引用的美国参议院《国家旅游政策研究终极报告》对旅游所下的定义："旅游是人们离开其通常居住的地方，短期暂时前往某地的流动和在该地逗留期间的各种活动"。

世界旅游组织在1980年马尼拉会议之后，建议用"人员流动(Movement of Persons)"取代"旅游(Tourism)"一词，该定义是指人们出于非移民及和平的或者处于导致实现经济、社会、文化及精神等方面的个人发展及促进人与人之间的了解与合作等目的而作的旅行。

虽然不同国家、不同组织、不同学者从不同方面对旅游作过多种定义，但其实质内容主要有以下几方面：

(1)在一段时间内离开居住地一定距离。根据停留时间的不同，可把旅游者分为"一日游游客"和"过夜旅游者"；

(2)旅游者在非移民及和平前提下，具有多种动机；

(3)旅游是一种社会经济现象。旅游者、商业供给者、接待地区政府和东道社区在吸引和接待旅游者时会产生相互作用，从而导致一系列的关系和现象。

综上所述，无论是户外游憩(资源基础)的游憩还是旅游都要依托一定的资源和设施，而对资源和设施的使用必然会产生潜在的旅游冲击，因此，对游客冲击的管理是自然资源管理者尤其需要关注的部分。

第三章　休闲伦理及户外游憩趋势

3.1　休闲伦理

在人类发展的历史长河中，工作的方式和实践一直被世界上大多数国家所认同，工作具有强大的道德力量，并且能够保持经济的持续性。直到目前为止，工作道德仍受到社会的重视。但随着人们闲暇时间的增多，人在拥有物质财富的同时，开始向往精神生活的满足。工作伦理的重要性有所减弱，而休闲伦理的重要性有所加强。布特勒(Butler，1991)指出，休闲伦理的重要性至少与工作伦理一样，甚至比前者还重要。人类对休闲意义的认识，最早可以追溯到2000年前，亚里士多德就曾说休闲可以使我们获得更多的幸福感，可以保持内心的安宁。马克思说，人们有了充裕的休闲时间，就等于享有了充分发挥自己一切爱好、兴趣、才能、力量的广阔空间，有了为思想提供自由驰骋的天地。在这个自由的天地里，人们可以不再为谋取生活资料而奔波操劳，个人才能在艺术、科学等方面获得发展。而我国古代庄子哲学观念中的“逍遥”一词，则具有自由自在、无忧无虑、从容自如、无所羁绊的心境与境界。另外，在我国历代文人学者的一些脍炙人口的诗篇中，有许多反映了作者在闲暇中欣赏自然、体味自然中达到的物我两忘之高妙境界。如“采菊东篱下，悠然见南山”(陶渊明，饮酒诗)；“相看两不厌，只有敬亭山”(李白，独坐敬亭山)，以及“人闲桂花落，夜静春山空”(王维，鸟鸣涧)等。只有“人闲”，才能在安适闲静中不仅能求得“悦目”，更能求得“畅神”。

但真正把休闲提升到道德高度，还是在20世纪初。第一次世界大战后，一些欧洲国家的立法和制度中，出现了最早赋予劳动者以带薪休假权利的文件。1936年，欧洲60个国家和地区批准了国际劳工组织关于带薪休假的第52号国际公约，这意味着劳动者也有消遣的权利。因此，“在人类文明史上，带薪假期和享有空闲时间的权利第一次把自由支配一段时间的某种可能性归还给了个人，这一段时间重又成为个人的，而不再是集体的了。这或许是我们这个星球上最大的变化之一了。”(世界旅游组织，1983)。

人们有了闲暇时间，社会也应该提供各种在闲暇时间内参与的机会。如早期公园的设计者奥姆斯特德(Olmstead)认为公园是减轻社会压力的地方，他还认为自然风景有益健康并可以缓解病痛；而工人们如果有机会研究并思考自然，则将改善他们精神稳定性，树立信心，以超越日复一日单调乏味的工作，工人们的道德也由此得到改善，因此，奥姆斯特德与亚瑟米提(Yosemite)公园的规划者一起倡导市民在闲暇时间内参观公园。

事实上，在人类历史的进程中，不断衍生的社会文化以及各种文明的价值观一直在推动着休闲。如人的旅游行为，不仅满足了人的欣赏、好奇、远足和愉悦身心，而且可以促进人与自然，人与人的和谐、友爱以及不同文化之间的交流。这也反映了人类发展水平和个体自我发展、自我实现的程度。

在世界旅游组织看来，"假期的时间应具有多种职能，有受教育的时间、休息的时间、聚会和交流时间。……假期时间也不再只是夏天的时间或冬季体育运动的时间。带薪假期可以更长，……可在一年中进行更合理的安排；这样会减轻旅游点的饱和状态和瓶颈效应；可以更好地错开假期，提高工业社会的效益和整体经济效益"。(世界旅游组织，1983)。

因此，世界旅游组织希望促使人们意识到带薪假期和度假在民众空闲时间的重要性。劳动不再是他们唯一的目的。但是空闲时间并不意味着不劳动：空闲时间提供了越来越多的活动的可能性，使人们得以在广泛的领域进行适宜于每一个人的探索，并进行心理、社会和经济意义上的新的投资。

1952年，瑞典天主教哲学家皮普尔的《休闲：文化的基础》(Pieper ，1952)，以深刻而精辟的语言阐释了休闲作为文化基础的价值意义，他总结了休闲的3个特征：第一，休闲是一种精神的态度，它意味着人所保持的平和、宁静的状态；第二，休闲是一种为了使自己沉浸在"整个创造过程中"的机会和能力；第三，休闲是上帝给予人类的"恩赐"。皮普尔认为，人有了休闲并不是拥有了驾驭世界的力量，而是由于心态的平和使自己感到快乐，否则，我们将毁灭自己。

从20世纪80年代开始，在世界范围内，尤其是在发达国家，保护伦理蓬勃发展，并与休闲伦理密切相关。休闲反映了个体旅游者的经济力量，而保护伦理则是公众环境意识的觉醒，包括对地方社区经济利益的关注，培养文化敏感性以及降低旅游对环境的消极影响等方面。另外还包括对旅游者的教育，利用各种方法传达教育信息等。

3.2 户外游憩趋势

3.2.1 国际趋势

户外游憩活动在很大程度上发生在公园和保护区域范围内，而公园和保护区域财政收入主要依靠旅游、参观及管理。随着全球化进程加快，一些国际化的趋势也势必影响到本国的休闲游憩方式，因此，从大范围考虑户外游憩趋势非常重要。从一些公园和保护区趋势研究成果中(Eagles& McCool, 2002; Eagles, 2003; Cook& Borrie, 1995)总结出以下趋势:

3.2.1.1 随着教育水平提高，对自然区域欣赏的需求将增加

在世界的大部分地区，教育水平都有不同程度的提高。较高的教育水平与户外游憩活动密切相连，并导致游憩和旅游方式的改变。更多的旅游者寻找丰富人生体验的旅游方式，在游憩活动中获得知识，如观赏野生动物，参加地方节日盛会，在保护区域中发现自然和地方文化等。高教育水平导致对高服务质量的需求以及对高质量教育服务的需求。在教育趋势上，公园受到提供服务和参与项目的挑战。这种旅游要求解说材料(如小册子)、解释设施(如游客中心)和解说导游等。另外，由于高教育水平导致高收入水平，这些人群可以对他们所需的服务付出更多费用。

3.2.1.2 老龄人口比例增加

先进的医疗条件使人们的寿命更长。在20世纪，60岁以上的人口比例有显著增加(6.9%/1900，8.1%/1950，10.0%/2000)。联合国预测全球人口在2050年60岁以上的人口将达到22.1%，在2100年达到28.1%。因此，在未来能够参观自然区域的老年人口比例将增加。老年个体能够健康地活得更久，虽然随着年龄增长身体能力下降，但老年人仍然能够过健康积极的生活。他们参与剧烈运动的需求降低，但老年群体仍然保持或者拓展了他们在户外游憩活动的兴趣(像散步、自然研究、垂钓或者观察野生动植物等)。他们表现出对自然基础的活动强烈的兴趣，是非常大的潜在市场。他们将不仅是消费者，可能也是自愿者和捐助者。但老年游客也对公园和保护区域提出挑战，如需要更多的便利的卫生设施和路径，他们对露营需求降低而需要更舒适的住宿设施等。

3.2.1.3 妇女作用的改变

在很多国家，男性和女性无论是在工作岗位还是在家务劳动方面都有互换角色特征的现象。妇女作用越来越突出，她们进入经济、社会、环境开发和保护区域政策等方面关键的工作位置。她们也有很大的游憩需求和旅游机会，尤其在家庭出游活动中，通常是妇女选择旅游目的地。

在男性和女性中存在着活动兴趣的个体差异，男性趋于对挑战活动更有兴趣，而妇女趋于对更具欣赏性的活动感兴趣，如自然和文化研究。

另外，妇女在户外游憩活动中的参与受她们人生阶段的强烈影响，像单身年轻女性通常不是公园和保护区域的主要使用者；但带儿童的妇女在以孩子为中心的休闲活动中通常选择公园作为目的地；中年妇女繁重的工作和家庭责任使她们很少有时间参观公园；老年的退休妇女则对保护区域表现出较大兴趣。

3.2.1.4 休闲时间分配的变化

在全球范围内，闲暇时间数量和分配上呈现矛盾的趋势。对很多人来说，由于工作时间缩短，家务自动化程度提高以及其他因素，闲暇时间得以增加；但对另一些人来说闲暇时间则趋于减少，如：职业妇女在工作的同时还承担了家务的责任；单亲家庭的增多减少了负责抚养孩子的家长的闲暇时间；而年轻人通常需要工作来支付教育费用或扩大购买力，所以他们的闲暇时间也较少。

在假期分配上，目前北美趋于更经常的更短的假期，而不是2~3星期的家庭长假期。短而快的旅行(尤其2~4日周末旅游)在美国的假日旅游中占到80%。因此在有限的时间内对公园的短期参观要求更高的服务质量和特殊游憩机会。而在大多数的欧洲国家，趋于更长的带薪假期和更短的工作周，如德国在20世纪世纪90年代采用的是6周带薪假期，法国采用每周工作35小时，因此，欧洲是非常重要的客源地。在一些东亚国家，尤其是中国，带薪节日的增加和经济发展带动了大众旅游市场的迅速增长，而这些新旅游者也将成为公园和保护区的重要客源。

3.2.1.5 社会和环境意识增加

全球范围内，人们对社会公平和环境问题日益关注，低影响(Low-Impact)旅游的重要性也越来越被意识到。人们趋于支持地方保护以及社区发展，在消费观念方面也有所转变，如从消费型转变为较少消费型，通常也会采用“绿色消费”生活方式。对持续旅游和生态旅游兴趣增长是这种关注的反映。

目前在世界范围内，公园总面积超过10%的地球陆地表面面积。公园和保护区的作用将继续深化和多样化。同时，公园和保护区域也是利用这种趋势，体现这些对社会和环境关注的旅游者价值的最恰当的地方。

3.2.1.6 服务质量的重要性

旅游者对游憩机会和提供的服务质量有越来越高的要求。一方面，热带雨林、荒野区域、海洋和其他未增加污染的区域提供了独特而必要的机会，使人们暂时忘记电脑键盘和手提电话；另一方面，在通常的工作时间和日常生活中得到高端服务的人们，也期望能够在休闲时间内受到同样甚至更好的服务。他们希望导游人员知识丰富并善于沟通，他们希望东道主让他们感到宾至如归。在旅游产业中，生态旅游仍然是一个增长最快的领域，服务质量是非常关键的部分。大多数公园机构并没有建立服务质量目标及质量监测项目，这也使很多公园和保护区的项目和服务缺乏责任并显得原始。对于管理者的挑战是建立服务目标和质量监测项目，为游客提供高质量的服务，更重要的是让这些复杂的消费者认识到服务的高质量并愿意支付费用。

3.2.2 国内趋势

中国居民的国内旅游是在改革开放以后才真正兴起，在20世纪90年代才蓬勃发展起来的。改革开放带来的经济发展和闲暇时间的增多使国民旅游出行成为可能。2003年我国人均GDP突破1000美元，这个水平是国际比较通行的国内旅游进入快速发展阶段的一个“起跑线”。另一方面，我国城市居民家庭的恩格尔系数由1978年的57.5%降到2002年的37.7%，几乎每年递减2%，标志着社会消费结构将向着发展型、享受型升级。

而1995年以来的每周双休日制度和1999年以来的长假制度，是中国公民休假制度的一个重大变革，这一变革不仅使广大公民的休息时间有了增加，已经达到或接近许多工业化国家的水平，更重要的是，它使宪法所赋予公民休息的权利得到了体现。经济水平的提高与休闲时间的增加为公民旅游创造了条件。另外，这一休假制度更重要的意义还在于，旅游等休闲消费得到了政府的认可和鼓励，成为整个社会所接受的新观念。

表3-1 1985~2003年中国国内旅游人次与总收入

年份	旅游人次数（亿人数）	年增长率(%)	旅游收入（亿元人民币）	年增长率(%)
1985	2.40	20.0	80.0	-
1986	2.70	12.5	106.0	32.5
1987	2.90	7.4	140.0	32.1
1988	3.00	3.4	187.0	33.5
1989	2.40	-20.0	150.0	-19.7
1990	2.80	16.7	170.0	13.3
1991	3.00	7.1	200.0	17.6
1992	3.30	10.0	250.0	25.0
1993	4.10	24.0	864.0	245.6
1994	5.24	27.8	1023.5	18.5
1995	6.29	20.0	1375.7	34.4
1996	6.39	1.6	1638.4	19.1
1997	6.44	0.8	2112.7	29.0
1998	6.94	7.8	2391.2	13.2
1999	7.19	3.6	2831.9	18.4
2000	7.44	3.5	3175.5	12.1
2001	7.84	5.3	3522.36	10.9
2002	8.78	12.01	3878	10.11
2003	8.70	-0.9	3442.27	-11.2

注：资料来源：各年《中国旅游年鉴》。

从表3-1可以看出，从1985年以来，除了1989年政治原因，以及2003年“非典”使我国国内旅游人次和收入出现负增长。在其他年份，虽然增幅有起有落，但总体上国内旅游的人次和收入都是持续稳定增长的。

我国目前对户外游憩活动参与的专项调查尚未有正式出版的研究报告，根据有关中国国内旅游发展的分析与预测报告（张广瑞、魏小安、刘德谦，2002）总结出如下趋势：

3.2.1.1 休闲游憩形式多元化

长假制度实施之初，1999年“十一”节日期间，中国人不约而同地都把外出旅游作为自己安排的首选，出现了长假外出旅游的“井喷现象”。长假期致使交通、住宿、景区的全面紧张，到处人满为患。经过十几个回合的长假期的经历，消费者开始变得理智了。一方面，外出旅游的方式在变化，扎堆旅游的情况在减少，越来越多的人避开热门景点，而是到郊区，到农家，享受闲暇时间，因此，城郊风景区、公园以及一些农业观光休闲项目面临机遇和挑战；另外，随着私人汽车拥有量的增加，自驾车旅游在游客中也呈上升趋势；再有滑雪旅游、温泉度假等一批休闲游憩产品，正在成为新的需求。以及旅游者的更加成熟，随着旅游业向深度开拓，旅游者也将为追求更高质量游憩体验而愿意付出更多的费用。

3.2.1.2 基于自然的旅游需求将增加

随着我国城市化进程加快，以及教育水平的提高，返璞归真、崇尚自然是当代的旅游时尚和旅游发展的总体趋势。而探险旅游等特殊产品，也是具有专门成长性的良好市场。但我国目前大多数的森林公园、风景名胜区以及自然保护区注重住宿、餐饮接待导致城市化倾向严重，而忽视景区标识、环境解说、教育方面的建设，对于管理者的挑战是在科普展示、导游解说、环境教育以及自然研究方面为游客提供高质量的服务。

3.2.1.3 老龄人口出游比例增加

这一点与国际旅游趋势相同。20世纪80年代以来我国人口老龄化问题也日渐突出，但是，随着医疗条件和生活水平的提高，老年人可以参与许多力所能及的休闲游憩活动，其中城郊的森林公园等自然区域由于交通便利、空气清新，对老年人有相当大的吸引力。另外，老年人退休在家，往往会避开节假日旅游高峰，而选择平常时间出行。所以，管理者首先应该关注的是提供更多便利且无障碍的设施，丰富的解说信息，以及自然文化知识的展示；另一方面，通过宣传促销手段，鼓励老年群体在平淡季参观游览，公园可以平衡淡旺季的差别，老年游客也可以避开旅游高峰获得更高质量的旅游体验。

总之，在未来20年内，自然游憩区域的管理将面临更大的挑战，管理者必须具备在旅游、资源、社区关系、财政和区域性的生态管理方面的专业能力，而在迅速变化的环境和社会背景下，基础的科学研究来指导管理实践是使自然游憩区域更具竞争力、更成功的根本保证。

第四章　户外游憩管理

无论是对于户外游憩机会的提供还是相关的户外研究进展，美国都处于世界领先地位，美国国家公园体系的建立也是对世界的一大贡献。

4.1　美国的经验

艾伦·朱班维勒(Jubenville, 1987)在《户外游憩管理：理论和实践》一书中把美国的游憩管理阶段分为3个历史时期：早期的保管时代，拓展管理时代和深层管理时代。

4.1.1　早期的保管时代

1864年，George perkins Marsh 调查自然平衡和植物及动物群落的关系，并总结出“人类的劫掠行为破坏了这种关系并摧毁了自然界建立的平衡”。这使他确信只有人类利用聪明才智管理资源才可能重新恢复平衡。

Marsh 对立法机关的重要影响以及他的努力和著作，对于1891年通过的公共土地法案(the public lands Bill)做出了贡献，即授权给总统留出森林作为公共专用地。

1872年，黄石公园作为第一个国家公园——“为了人民的利益的公园或公共游憩土地”，铁路公司对公园的开发给与了支持，开始也没有给予管理的投入，美国骑兵管理公园几十年。

1890年，围绕着约塞米蒂(Yosemite)峡谷建立了约塞米蒂国家森林保护地，著名的保护组织希拉俱乐部(Sierra Club)成立。

另外几座国家公园也在19世纪末建立，美国西部的国家森林土地在1891年的林业保护条例下建立起来。其他土地随后也加入进来。这一时期出现了早期的管理策略，即土地是需要保护的——保护但没有利用的必要。因此大多数公共土地都处在保管的状态而较少进入，没有游憩设施的开发建设，也没有迫切的户外游憩活动管理的需要。

20世纪初，工业革命使人们来到城市，工人们在工厂的工作时间很长，休息时间很少，收入也很低。而旅游必备的物质条件(如交通)也非常不便，所有这些都严重地限制了户外游憩活动的参与。

1916年美国成立了国家公园局，但情况也没有太大的变化。在20世纪20年代人们对户外运动的兴趣有了明显的增加，但在接下来的大萧条时期又迅速衰退下去，仍然没有体现出管理的必要。另一方面，美国20世纪30年代的经济危机促进了更多与保护相关的政府行为。1932年罗斯福总统通过选举后，提倡对森林、土壤及水资源的保护，并发动民间保护组织参与保护运动，由市民保护团体在国家公园修建了道路、望楼、路径、营地等设施，这些在今天仍然发挥作用。

第二次世界大战后美国进入了经济的繁荣时代，比起以往人们有了更多的钱和时间，开始寻找愉快的休闲体验，尤其是在户外环境。因此，在二战末期标志着保管时代的结束以及新的管理时代的到来。

4.1.2　拓展管理时代

在20世纪50年代和60年代，美国公共土地的使用增加很快，很多机构试图增加设施和入口以便能够接纳更多游客。使用公园和游憩设施的年增长率超过10%（Stankey，1972）。在1967~1972年之间，在约塞米蒂（Yosemite）国家公园偏远地区宿营增加了184%；而在1967~1974年之间，过夜使用在Shenandoah国家公园的偏远地区增加了4倍；落基山（Rocky Mountain）国家公园从1966~1976总体使用增加了7倍（Hendee，Stankey，Lucas，1990）。游憩冲击在一些非专业人士看来都已经很明显了，美国对游憩冲击的很多早期兴趣源于在20世纪60年代迅速增加的露营活动。

拓展管理时代主要强调增加游憩机会的供给。在20世纪60年代末，一些管理者认识到不仅需要扩大资源和游客管理项目，而且要为游憩者开放新的区域。这一时期，游客使用的设备更加多样化（像电动雪橇、山地自行车等），这就不仅限于提供机会和服务，而且要把这些整合到更有效的管理系统基础之上，不仅需要提供多样化的机会来减少游客之间的冲突，而且需要提供管理规划以便保护资源基础，加强游客管理，以便为不同游客群体提供机会。综合保护资源和游客管理这两方面以保证做出适当的管理决定。

4.1.3　深层管理时代

从时间上很难精确划分深层管理时代，有些人认为美国的游憩管理还没有达到这个水平。在这个时代，呈现出发展和更新游客使用对资源的影响以及游客在特定区域参与的形式的基础数据的需要。

在这个时代提出的一个重要管理策略是目标管理。基于这点，管理者不得不评价基础数据并为每一新规划区域发展特殊的管理目标，这个时代的管理需要新的思想和理念。研究者并不是要去解决所有问题，研究的目的是改善现存的知识体系来减少不确定的管理决策过程。如Cole（1987年）曾在美国蒙大拿州西部对5处山区森林和草地群落，在3个季节做了耐践踏试验，而对不同环境耐用性的研究评价，可以为健行、露营，以及使用牲畜等活动提供指导。另外，通过对游客态度和偏好的研究，可以使规划管理的目标、策略更合理。

因此，在深层管理时代，管理决策与科研成果之间有着紧密的联系。基础的科研成果被用来指导实际的管理者和使用者。最终，这些努力可以更进一步地达到资源保护的整体管理目标。

4.2 中国户外游憩管理评述

4.2.1 我国户外游憩区域体系

虽然户外游憩活动的地点包括以人工环境为主的城市公园等户外空间，但在户外游憩研究领域，主要还是指基于自然的游憩活动，主要发生在国家公园、森林公园、荒野等区域。

在我国，风景名胜区、森林公园、自然保护区及地质公园、国家重要湿地、水利风景区、海洋公园等区域在不同程度上承担着提供户外游憩机会的功能，其中前四者构成户外游憩区域的主体，本书着重论述前四者。

风景名胜区系指具有观赏、文化或者科学价值，自然景观、人文景观比较集中，环境优美，可供人们游览或进行科学、文化活动的区域(《风景名胜区条例》2006)。1982 年，国务院审定公布我国第一批国家重点风景名胜区 44 处，截至 2010 年初，我国经政府审定命名的风景名胜区已有 906 处，其中国家级风景名胜区 208 个。在这些风景名胜区中，由联合国教科文组织列入《世界遗产名录》的中国国家重点风景名胜区已达 22 处，包括泰山、黄山、九寨沟、三江并流等具有国际知名度的风景名胜。

根据《森林公园总体设计规范》，森林公园是以良好的森林景观和生态环境为主体，融合自然景观与人文景观，利用森林的多种功能，以开展森林旅游为宗旨，为人们提供具有一定规模的游览、度假、休憩、保健疗养、科学教育、文化游憩的场所。1982 年，我国第一个森林公园 - -张家界国家森林公园经国务院审批宣告成立，截至 2004 年末，我国已建立不同类型的森林公园 1658 处，其中国家森林公园 503 处，张家界、都江堰、黄龙、泰山、武夷山、庐山等 6 处国家森林公园和自然保护区被列为世界遗产。

自然保护区是将具有典型性、特殊性的自然生态系统或自然综合体(如珍稀动植物的集中栖息或分布区、重要的自然景区、水源涵养区、具有特殊意义的自然地质构造和重要的自然遗产和人文古迹等)以及其他为了科研、教育、监测、文化游憩目的而划分出的保护地域的总称。我国的第一个自然保护区是由中国科学院建立于 1956 年的广东省鼎湖山自然保护区，截至 2004 年底，我国共建立不同类别和级别的自然保护区 2194 个，总面积 14822. 6 万 hm^2。其中国家级自然保护区有 226 个，面积 8871. 3 万 hm^2。

地质公园是以具有特殊地质科学意义，稀有的自然属性、较高的美学观赏价值，具有一定规模和分布范围的地质遗迹景观为主体，并融合其他自然景观与人文景观而构成的一种独特的自然区域。

建立地质公园的理念无论是在国际上还是在国内都起步较晚。1999 年 4 月联合国教科文组织第 156 次常务委员会议中提出了建立地质公园计划（UNESCO Geoparks），目标是在全球建立 500 个世界地质公园，其中每年拟建 20 个；并确定中国为建立世界地质公园计划试点国之一。在中国，为配合世界地质公园的建立，国土资源部于 2000 年 8 月成立了国家地质遗迹保护（地质公园）领导小组，及国家地质遗迹（地质公园）评审委员会，制定了有关申报、评选办法。2001 年，国土资源部确立了我国第一批国家级地质公园 。

2004 年 2 月 13 日，在法国巴黎召开的联合国教科文组织会议上，中国的 8 家国家地质公园被列入世界地质公园网络名录，成为首批世界地质公园。2005 年 2 月 11 日，联合国教科文组织世界地质公园专家评审会在巴黎宣布，我国浙江雁荡山、福建泰宁、内蒙古克什克腾、四川兴文四家国家地质公园被评为第二批世界地质公园。至 2009 年 8 月，我国世界地质公园数量已达 20 个，约占世界地质公园总数的 1/3。全球共有 58 家世界地质公园。

表 4-1　中国主要自然游憩区域分类

类别	景观特色	主要功能	分级	管理机构
风景名胜区	自然和人文（尤以山岳景观为主）	突出游憩功能，但保护自然资源和人文资源是游憩开发的原则和前提。	三级： 市县级 省级 国家级	城乡建设环境保护部； 地方各级人民政府城乡建设部门
森林公园	以森林景观为主，也包括人文景观	森林旅游； 森林保护； 科普教育	三级： 市县级 省级 国家级	国家林业局； 县级以上地方人民政府林业主管部门
自然保护区	各种类型的典型自然生态系统； 珍稀动植物栖息地； 自然历史遗迹	保护自然生态系统及生物多样性，珍稀动植物及其栖息环境，有特殊保护意义的自然历史遗迹； 科学研究及科普教育； 试验区可以为游客提供游憩机会	两个主要级别类型： 省级 市级 县级 国家级 地方级 ：	国务院环境保护行政主管部门； 国务院林业、农业、地质矿产、水利、海洋等有关行政主管部门； 省、自治区、直辖市人民政府； 县级以上地方人民政府

（续）

类别	景观特色	主要功能	分级	管理机构
地质公园	地质遗迹景观；其他自然、人文景观	保护地质遗迹；普及地学知识；提供游憩机会	四级：县市级 省级 国家级 世界级	国土资源部

这4者在主要功能上各有侧重(见表4-1)，从管理方式上来说，我国的风景名胜区相当于国家公园，这个类别按照国际标准(IUCN，1994)，虽然大部分区域对游客开放，但也要求很高的生物多样性保护力度，但我国目前基本上按照旅游景区进行管理，突出游憩功能，对于保护生态系统及生物多样性的考虑较少；目前我国的自然保护区在保护生态系统、生物多样性的同时，外围试验区对游客开放，因此，并不是国际上(IUCN，1994)严格意义的保护区，但总体上自然保护区以保护生态系统、生物多样性，提供科研和科普教育基地为其主要功能，提供游憩机会的考虑位居其次；我国的森林公园有很多前身是国营林场，其中有相当一部分是人工种植的纯林，虽然建立森林公园以后禁伐，也具有自然保护和生态调节的作用，但实际上对于保护生物多样性方面的关注较少，主要突出其游憩功能；我国的地质公园由于出现较晚，事实上很多地质公园同时也是风景名胜区、自然保护区或森林公园等。如湖南张家界同时是森林公园、地质公园以及世界自然遗产；黄山同时是自然风景区、森林公园、世界地质公园以及世界文化和自然双重遗产，一处区域的多种命名也导致管理混乱，责任认定不清，开发建设无序等弊端。

4.2.2 相关法律法规

《中华人民共和国宪法》是我国的基本大法，它制定了保护和改善生活环境和生态环境，防治污染和其他公害；保障自然资源的合理利用，保护珍稀动植物，保护名胜古迹、珍贵文物和其他重要历史文化遗产等规定。

相关法律有《中华人民共和国环境保护法》《中华人民共和国野生动物保护法》《中华人民共和国森林法》《中华人民共和国草原法》《中华人民共和国土地管理法》《中华人民共和国水土保持法》等。

行政法规有《风景名胜区管理暂行条例》《中华人民共和国森林法实施条例》《中华人民共和国自然保护区条例》《中华人民共和国陆生野生动物保护实施条例》《中华人民共和国野生植物保护条例》《野生药材资源保护管理条例》《水产资源保护条例》《自然保护区土地管理办法》《森林和野生动物类型保护区管理办法》等。

目前我国有关自然区域管理的法律体系是在1996年以前建立起来的，其中大部分是在20世纪80年代中期制定的，具有计划经济体制下的特点，缺乏灵活性，同时在很多方面又过于笼统，在遇到具体问题时，无法可依。另外，在保护理念方面也有一定的欠缺，如过于强调植树造林，忽略生态恢复，结果造成人工林单一化严重，抵御自然灾害的能力低下，缺乏正常的生态功能等。在现行市场经济条件下，行政命令已不再具有绝对的权威性，因此，完善法律体系以适应新的社会经济形式，是必须要做的工作。

4.2.3 国际相关公约

我国自20世纪80年代开始就积极参与各种国际保护行动，这些公约分别对野生动植物保护、生物多样性保护、生态恢复和保护、湿地生态保护等作了明确规定。

1978年2月，中国科学院设立了人与生物圈国家委员会。1993年加入国际人与生物圈保护区网，由中国人与生物圈国家委员会、国家林业部、国家农业部和国家环保局等部门共同发起组建的“中国生物圈保护区网络”正式成立。到2003年我国共有23个自然保护区加入了“世界人与生物圈保护区网络”。

1985年11月，全国人大通过和批准我国参加《保护世界文化和自然遗产国际公约》。自1987年至2004年7月，中国先后被批准列入《世界遗产名录》的世界遗产已达30处。

1992年我国加入并于1993年1月5日批准了《生物多样性公约》，公约要求缔约国建立保护区系统，保护生物多样性和生态系统功能，防止引进、控制或清除那些威胁到生态系统、生境或物种的外来物种。

1981年签署了《濒危动植物物种国际贸易公约》，公约要求对造成或可能造成资源破坏而威胁到物种生存的野生动植物国际贸易进行控制。该公约已经成为强有力地控制某些物种的过度国际贸易的重要工具。

1992年签署了《湿地公约》。公约要求保护对世界具有重要价值的湿地，应设置自然保护区，促进湿地和水禽的保护。我国到2003年共有21处自然保护区被列入“国际重要湿地名录”。

通过签署加入多项国际相关公约和网络，并积极履行这些公约规定的义务和接受监督，表明了中国对人类其赖以生存的共同环境资源的重视，并在管理方面做出应有的贡献。

4.2.4 我国户外游憩管理阶段

虽然我国各类自然游憩区域建成的时间有先后，自然保护区于20世纪50年代开始建立，风景名胜区和森林公园从20世纪80年代初开始确立，第一批国家级地质公园成立于新世纪初，但地质公园往往也具有其他身份。因此，我国各类自然区域的开发建设主要经历了20世纪50~80年代的停滞期，80~90年代稳步发展和建设时期，90年代后期到现在数量和面积上的跃进阶段这几个时期。但从管理阶段来说，则主要经历了计划经济阶段和市场经济阶段。

4.2.4.1 计划经济时代

20世纪50~80年代，我国主要实行计划经济，各种资源的国家控制是这一体制运行的基础。生产资料的国家所有制、准国家所有制（城镇集体所有制）和以人民公社为代表的农村集体所有制体现了国家控制的形式。计划经济是一种集权的命令经济，其最大特点是行政命令。中国在长达30多年的时间里，行政命令模式实现了对社会的良好管理。虽然付出了不少个人自由的代价，但确实使整个社会呈现了高度组织性和纪律性的特征；另一方面，当时的可自由支配收入和闲暇时间也限制了大规模的旅游外出，因此，自然区域不用承受巨大的旅游接待压力，虽然在初期的开发建设方面存在一些诸如破坏性建设的问题，但总体上说，在管理方面并没有出现90年代以后的尖锐问题。

4.2.4.2 市场经济时代

在计划经济体制向市场经济体制的转变过程中，原有的自然区域的管理单位逐渐变成了追逐自身利益的社会集团。法律和制度不完备以及管理不完善是这一历史时期的重要特征。缺乏约束的利益驱动直接导致了我国包括自然文化遗产资源在内的公共资源正受到严重的威胁。1998年9月，联合国教科文组织官员在武陵源进行5年一度的遗产监测时，对武陵源提出了严厉批评："武陵源的自然环境像个被围困的孤岛，局限于深耕细作的农业和迅速发展的旅游业范围内，其城市化对其自然界正在产生越来越大的影响"。

对于自然区域的管理突出问题主要表现在以下几方面：

(1)尚未形成完整的自然区域体系，同时缺乏完备的自然区域管理的法律框架

我国的自然区域分类体系不完善，缺乏一套和管理目标、法律、管理方式、监督标准等联系在一起的分类体系，因而也无法建立起一套相应的法律框架和管理要求，致使在管理上有很大的盲目性和随机性，也不可避免地出现以短期利益牺牲长远持续利用的短视行为。IUCN制定了6类保护区域的分类体系，美国的游憩土地管理则在游憩机会谱（ROS）的框架之下，每一级别都有明确的管理目标和相应的自然区域环境条件的标准。我国也急需建立起一套类似的符合国情的体系，把自然保护区、风景名胜区、森林公园、地质公园等纳入到同一体系之中，统一考虑。在这套分类体系的基础上，建立起一套自然区域全系列的管理法律框架，针对不同的类别，制定相应的目标、保护和发展要求，以及相应的管理标准和区划要求。有了完善的法律法规及明确的管理目标，可以确认管理行为是否得当，避免管理决策上的失误。

(2)缺乏部门之间的协调和监督机制

从表4-1可以看出，风景名胜区、森林公园、自然保护区及地质公园分属不同的管理部门，有的自然区域具有多重身份，因此在这些区域中往往是多头部门管理和执法，而这之间又缺乏机构之间的协调合作，从而不可避免地出现管理混乱和偏差。而在管理上，最高级别的国家政府机构监管力度不够，致使有些地方政府为了追求短期经济回报、政绩等，直接参与自然区域的开发甚至是过度开发。

(3)缺乏系统的传播途径培养公众的环境意识，提升自然审美品味

在自然区域无节制地修建索道、宾馆饭店甚至歌舞厅等接待设施，自然区域城市化，客观地说，有地方政府和运营公司出于经济、政绩的考虑，但同时也有一定的市场需求。我国一般大众自然游赏需求有两个主要的特点：一是在自然区域延用对古典园林的欣赏习惯，对自然区域清新的空气、一般的动植物等缺少关注，追求有命名的突出景物和人工建筑景观，我们在云蒙山森林公园做游客调查访谈时，很多游客抱怨公园没有“景”，而对在自然区域的体验过程缺乏认可度；二是在户外游憩过程中，注重结果，漠视过程，这也是我国山岳风景区索道泛滥的一个原因之一，很多游客乘索道直达著名的峰顶景点，拍照留影后就算完成了景区的游览活动，缺少对自然的探究热情。

美国19世纪的园林先驱唐宁(Downing，1815~1852)，积极倡导培养美国人对自然风景的热爱，增加对鉴赏美丽珍稀植物的知识。后人评述唐宁，认为他倡导培养美国人对自然的欣赏品味是他对美国园林领域的重要贡献之一。而这种对自然的热爱以及在自然中磨练意志，往往从儿童的教育开始，如美国的男童子军、女童子军都有野外生存训练内容。

另外，美国的不留痕迹(Leave No Trace LNT)(Cole，1989；蔡君，2003)游客教育项目是由美国户外培训学校与美国的主要土地管理机构(美国林业局、土地管理局、国家公园局、渔业和野生动物局)之间建立的教育伙伴关系，通过网站、编写制作和售卖小册子、录像、邮品及其他教育材料对美国公众传达低影响教育信息。

因此，自然区域的管理部门不但承担着保护资源，为公众提供游憩体验机会的责任，同时也应担负着教育公众，培养公众对自然的热爱，引导提升公众的游憩需求的责任，而不是一味地迎合大众需要。但我国目前在游憩消费引导、教育方面无论是在决策层面还是在研究层面都还没有得到足够的重视。

总之，20世纪90年代以后，随着大众旅游需求的迅速增加，在80年代之前一些潜在的管理问题逐渐凸现，这些问题的解决，涉及到中央政府机构、自然区域的管理部门、旅游运营企业、科研教育机构以及公众的共同努力。

第五章　国内外相关研究进展

5.1　游憩活动对自然环境的影响

5.1.1　国外研究概况

所谓游憩活动对自然环境的冲击或影响，主要是指环境资源如自然区域的土壤、植被、水体以及野生动物发生了不期望的变化或退化。

最早研究旅游和游憩对环境影响的是美国的 Meinecke(1928)。但对这项研究做出了突出贡献的却是 Bate(1935，1938)，他在英国对自然区域的游憩和旅游活动对植被和土壤的影响的系列研究和实验，是以后在此方面更综合全面研究和理解的基础。

但对于这个领域的研究真正得到认同，还是从 20 世纪 60 年代中期开始。这也源于战后游憩使用水平迅速增加而导致自然区域资源退化现象明显。一些学者在这个领域的研究贡献尤其突出。Cole 在美国近 30 年来，一直是游憩生态研究的学术带头人，Cole（1978，1983，1986，1987，1995，2004)建立了健行和露营对山地环境影响的重要知识体系；澳大利亚的 Liddle(1975，1991)在沙漠群落、热带区域的研究工作，尤其是游憩影响对生物外观和抗性的研究，成果卓著。其研究成果和游憩冲击的理论被广泛认同。而苏格兰的 Bayfield(1979)在英国工作多年，其在欧洲进行了很多践踏研究，监测健行和野餐对自然区域的影响。

许多早期的游憩影响的研究主要解决践踏对植物形态学、生理学的特征和不同植物种类抵抗践踏和恢复的能力。20 世纪 80 年代以后，游憩冲击研究扩展到对所有资源的影响，而不仅限于对植物、土壤的践踏影响。

在这些研究中，除前面提到的学者，以下学者及其著作在游憩冲击研究领域也是相当重要的：如美国的 Kuss（1985），Sun 及 Liddle(1991，1992，1993，1998)等。另外，加拿大以及一些欧洲国家在此方面也有比较系统的研究，并取得了一些重要的研究成果。而美国北卡大学的华裔学者 Yu-Fai-Leung (1999，2000)在研究游憩对环境影响方面也做出了很多贡献。

20 世纪 80 年代后期，在此方面也出现了一些重要的专著，对以往的研究成果进行了全面的综述，如 Mathieson & Wall(1982)《旅游：经济、自然和社会影响》(*Tourism ：economic，pHysical and social impacts*)；Hammitt & Cole

(1987)的《野外游憩：生态和管理》(*Wildland and Recreation* ：*Ecology and Management*)以及 *Wall & Wright*《户外游憩活动的环境影响》(*The Environmental Impact of Outdoor Recreation*)等。

大部分旅游和户外游憩活动发生在自然区域，而土壤、植被及水体是自然区域景观的最基本组成。因此，在旅游游憩活动对环境影响的研究中，自然区域中土壤、植被和水体这几个生态环境因子的变化最先受到关注，大量的研究工作都是针对这些因子进行的。下面主要针对旅游游憩活动对土壤、植被、水体的影响进行简要综述。

5.1.1.1　游憩活动对土壤的影响

人类践踏过程对于土壤的副作用在20世纪30年代的早期研究中已经被认识到(Meinecke，1928；Bates，1935)。Bratton 和 Hickler(1978)在落基山国家公园(Rocky Mountain National Park)研究游憩使用对环境的消极影响，确定了人类的践踏对于土壤和植被的严重影响。而 Liddle(1975)在研究游人对土壤践踏和植被的影响方面较之以前的研究更详细。Manning(1979)提供了游憩践踏对土壤影响的7个步骤的循环图，从减少落叶和腐殖层，降低土壤有机质的含量、土壤紧实、土壤空气和水的渗透性降低，降低水分渗透率、增加地表径流到加剧水土流失(图5-1)。

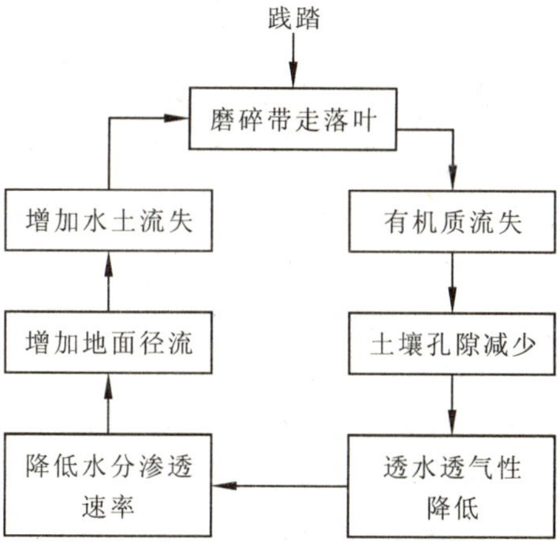

图5-1　人类践踏引起的土壤冲击循环

注：引自"Impacts of recreation on riparian soils and vegetation". R. E. Manning 1979 in *water resources bulletin* 15(1)：30~43.

在游憩对土壤影响的研究成果中，另外一个比较重要的发现是游憩对土壤冲击的空间和时间模式(Wagar，1975，McEwen & Tocher，1976)。游憩对土壤冲击的空间模式是节点和沿游憩使用线路的带状分布。这个观念认为游憩使用的直接影响，趋向于集中在设施(节点)周围和旅游路线(连接)上，游憩使用的影响在这些集中使用的区域内加剧。

在时间模式方面，LaPage(1967)对营地的研究发现，经过两年的使用，在“水界行舟荒野”区域营地的土壤穿透阻力接近最大水平，而在继续使用过程中，土壤穿透阻力并未继续增加。Merriam 和 Smith 等(1974)的研究也证实了这个结果。在他们持续 5 年的营地调查中，土壤的紧实程度在使用第二年达到最大。游憩使用对土壤冲击的时间模式的研究，表明游憩使用对土壤的冲击发生很快，对使用地点的冲击和使用年限之间的关系并不是线性关系，而是渐进线关系。有关游憩冲击水平和使用强度之间非线性关系的研究发现，也是游憩承载力研究方法变革的理论基石。

在研究游憩活动对土壤环境冲击的指标方面，研究者根据研究目的不同，主要是有选择地对土壤有机质，土壤紧实程度、土壤水分、土壤侵蚀程度进行监测。

在开展游憩活动的区域，必须评估土壤能够支持游憩活动的能力。据研究发现，粗糙质地的土壤比起光滑质地的土壤更耐踩踏，具有更高的透水性(Lutz，1945)；而有机质含量较高的土壤更耐践踏(Dotzenko *et al.*，1967)；Leonard (1981)指出在规划中应该考虑到土壤的以下自然能力：排水、抗侵蚀能力、适合植物生长和分解能力；澳大利亚的 Sun(1991)在实验中发现土壤的肥沃程度对植物的耐践踏能力没有什么影响，但对植物的恢复很重要。

5.1.1.2 *游憩活动对植被影响的研究*

在自然区域开展游憩活动，必然会影响到植被。这也引起很多学者的关注并进行研究(Cole，1982，1985；Calais，1986；Jim，1987；Marion，1996；Whinam，1999 等)。游憩活动对植被影响的研究主要集中在以下方面：

(1)游憩活动尤其是践踏对于植被的影响

研究表明地被植物受游憩影响显著，尤其是践踏的影响。践踏使叶片脱落，减少光合作用。践踏的影响有直接和间接影响。直接影响是地被植物被践踏折断、碾碎。间接影响是践踏引起土壤紧实和其他土壤变化，又进一步影响植被。

践踏的结果常常表现为地被植物的减少。这种影响类型尤其在营地上表现得比较突出。Cole 于 1982 在鹰帽荒野((Eagle Cap wilderness)调查发现 87% 的植物死亡。而在“水界行舟荒野”(Boundary waters Canoe Area Wilderness，Minnesota)的水岸地点，损失了 85% 的植被(Frissell and Duncan 1965)。

(2)游憩活动致使游憩区域的植被丧失再生能力

游憩活动除了对地被植被的伤害，对成熟树木也带来影响。研究表明游憩活动对树木的影响主要是机械损伤。Cole 于 1982 年调查鹰帽荒野(Eagle Cap Wilderness)时发现约有 90% 的成年树木遭到划伤、放倒等伤害。Merriam 和 Peterson (1983)在水界行舟区域的荒野进行几个地点的调查，1967 年由美国林业局建立的露营地点，在开始使用 5 年以后，原来的树木死了 15%，14 年后，死了 40%。在很多露营地点，上层树木死亡，而大多数幼苗被践踏死亡，缺乏再生的树木来更替这些死亡的树木。

(3) 对使用水平以及对植被影响之间关系的研究

事实表明，对植被的影响在游憩活动开始后很快就会发生。Cole(1985)的研究显示使用强度和植物量之间并不是直线关系。而是曲线或渐进线。在开始使用阶段，地被植物消失得很快。在超过一定的使用量以后，植被消失的速度减慢(Cole，1995)。这一方面反映了植物对践踏的抵抗程度较低；另一方面，使用量和冲击量之间关系的研究表明，地被植物与土壤呈现相同的模式，这种非线性关系进一步促进了在游憩承载力方面的研究变革。

(4) 环境因子对植被所受冲击程度的影响

不同的环境条件如海拔、土壤、光照、湿度等会影响到植被受冲击的程度。在同样的使用强度下，高山植物比亚高山植物更易受伤害(Calais，1986)；生长在潮湿环境中的植物对践踏更敏感(Marion，1996)；另外，生长在表层土壤较薄地点的植物更易受到伤害。

(5) 不同游憩活动类型对植被的影响

不同游憩活动类型对植被的影响强度不同。一般情况下，负重旅行比徒步健行对植被的影响更大(Sauders *et al*，1980)；而骑马或牲畜载重对环境的冲击力要大于负重及徒步健行(Whittaker，1978)；露营活动比负重旅行的影响要严重；大型团体集中露营比分散露营的冲击程度要大(Bratton *et al*，1978)。

(6)游憩活动对植物群落物种组成的影响

游憩活动对植被的冲击，通常用植物差异性(Floristic Dissimilarity FD)和物种多样性指数作为评价指标(Cole & Hall，1992；Marion & Cole，1996；Roovers *et al* 2004；张启等，2004)。Marion & Cole(1996)研究特拉华州水口(Delawarae Water Gap)国家游憩区域营地植被和土壤的变化时发现，非禾本科植物对人类干扰活动更敏感，营地的禾本科植物数量要高于其对照样地。

5.1.1.3　*游憩活动对水体的影响*

水体卫生环境质量简称水质，是指包括在水中的微量元素、化学元素和生物含量在内的各种物质的总和。天然水的水质取决于所形成的区域环境特征，一方面与接触水的岩石、土壤、大气、生物环境等要素的物质组成及其溶解性有关，另一方面还与接触过程中的地形、水文条件和气候有关。

对水质的判断，一是感官判断，即味道、嗅味、颜色、透明度、浑浊度、悬浮固体等；二是通过仪器分析测定水中的溶解氧、有毒物质、生物细菌等物质的含量来判断。

风景区内水质污染，不仅会降低景观质量，降低游客愉悦感，而且被污染的水体可能会孳生病原微生物以及有害水生生物，危害公众健康。

国外一些国家对水环境的研究有近百年的历史(施立新等，2000)。大约从1960年开始，世界上第一批生态学者在国际科学委员会(ICSU)的倡议下开展国际生物学规划IBP提出的生态系统研究，美国、前苏联、英国、加拿大、芬兰、日本等国相继建立了一些森林生态系统定位研究站，对森林与水质关系以及利用情况进行了长期和系统的监测研究(O'Leary *et al*, 1979；Schomaker, 1984；Kay, 1993；Basnyat &Teeter, 2000；Sigua *et al*, 2000；Davis & Lindvall, 2000)。游憩活动对水体的影响主要体现在对水体营养物质、大肠杆菌和其他病原体、悬浮物、溶解氧、pH值、电导率等方面的影响。

(1) 营养物质

对于大多数游憩使用，高质量水体意味着水质清澈凉爽，同时也适合游泳、划船及垂钓。营养物质主要是指氮和磷，进入水体的原因主要是由于水岸和露营地点的侵蚀。重度使用的水岸会加剧土壤流失，导致硝酸盐流入这些水体，而且还会影响到水体的清澈程度。

Potter, Goze 等(1984)列出了自然条件对水体的影响，包括沉淀、径流、底部沉积、水禽的短暂停留、树叶飘落、河岸岩石的类型和自然土壤。有关人类游憩活动对水体营养物质产生主要影响的资料还很缺乏。

Dickman 和 Dorais (1977)在加拿大的河岸线和陡峭盆地的半荒野区域研究践踏对湖水的影响，湖水中磷的含量很高。20年期间磷的含量(1956~1976年)在小湖增加了10倍。植被减少，陡坡水土流失严重。

(2)大肠杆菌和其他病原体

很多研究认为游憩活动对水体的细菌污染影响比较严重。但也有很多研究没有太多证据显示野外游憩活动对水体质量的影响。

在野外进行研究表明，污水排放是游憩开发区域细菌污染的主要原因。野外的细菌污染主要来自地表土壤。微生物和人类与牲畜排泄物有关(Gosz, 1982)。

Adama 和 Skinne(1989)发现在旅游旺季粪细菌数量骤然增多，在旺季结束后细菌数量又骤然回落。因此。水质问题与集中和高密度使用即旅游人数密切相关(Kuss，Graefe，and Vaske，1990)。

另外，动物活动和饮用的水域，水体的细菌污染程度也很高。在大雾山国家公园(Great Smoky Mountains National Park)内的欧洲野猪在溪水中打滚是粪链球菌的主要污染源。

(3) 固体垃圾、悬浮物质及浑浊

旅游者丢弃的固体垃圾对于水体污染也会产生严重影响。固体垃圾趋向于聚积在溪流和湖水的底部。

1969年，游憩者在水界行舟区域留下的固体垃圾约有360，000磅(约16344kg)(King *et al*，1974)。每一个旅游者留下约3磅(约1.4kg)的废物。

悬浮物也许是游憩区域影响水质改变的最通常的因素。80%水质的恶化是由于悬浮物的增多。固体悬浮物质增多导致水质浑浊。同时减少光线的进入导致植物光合作用的降低，导致鱼的食物链受到影响，

游泳、涉水、垂钓都会引起水质浑浊。Cary(1982)报道了在营地附近的水体，在使用高峰期间悬浮物的剧增。另外，由于践踏导致溪岸侵蚀也会引起悬浮物增多。

综上所述，游憩活动对水体的影响，较之对土壤、植被的影响，与人类健康更密切相关。大肠杆菌的数量在饮用水源和游憩水域受到很大关注，但很多研究都没有明显的证据表明游憩对水体的冲击，在一些案例研究中，野生动物和牲畜是饮用水细菌污染的主要原因；悬浮物和浑浊也许是游憩使用最重要的原因。

5.1.2　国内研究概况

我国旅游业起步较晚，只是到了20世纪70年代末期旅游业才被当做一项经济事业来发展。因此，我国的旅游科研工作也滞后于西方国家。但受国际大环境的影响，旅游与环境的关系，在旅游发展之初，就受到了相当的重视。加上广泛吸收国外已有的成果，应该说我国的旅游环境研究起点还是比较高的。

旅游对环境的影响是近年来研究较多、成果较为集中的一个方面。宋力夫、杨冠雄、郭来喜(1985)以京津地区旅游环境的演变为例，从历史上的演变说明旅游活动的开展导致旅游资源的消耗、破坏和环境污染，造成生态平衡的失调和传统文化的改观。陈安泽、卢云亭(1991)认为旅游对环境的影响最明显的就是生活污水、粪便公害带来的环境污染。王资荣、郝小波等(1988)从1984年到1988年的4年间，对张家界国家森林公园的环境质量状况先后进行了4年系统的调查和监测，主要通过对地面水质、大气以及植物的监测分析，说明了由于张家界旅游人数的急剧增加而导致了公园局部环境质量的变化，得到了大量的第一手研究资料。汪嘉熙(1986)则从大气污染、水质污染、

噪声污染3个方面描述了苏州园林的环境现状。

20世纪90年代以后，尤其是1995年以后，国内对自然区域的旅游游憩影响研究逐渐增多，如李贞等(1998)对丹霞山植被的影响研究，参照了美国风景资源管理(王晓俊，1993)系统的标准和评价方法。刘鸿雁(1997)在基于野外调查的基础上研究了旅游干扰对香山黄栌林的影响，根据游憩使用程度对公园内的道路分级，通过对D-K值，黄栌叶片面积以及植被群落种类组成和种类多样性的分析，确定了旅游影响的强度。另外，刘鸿雁、崔海亭(1998)对旅游活动对东灵山亚高山草甸的影响，进行了研究。主要探讨骑马这种游憩活动对高山草甸的影响。彭长连、林植芳(1998)通过对两种木本植物叶绿素荧光特性的影响，来考察旅游和工业化对亚热带森林地区大气环境的影响；冯学刚、包浩生(1999)进行了旅游对安徽采石山的植物—土壤环境影响的研究。宋秀杰、赵彤润等(1997)对松山自然保护区植被、地面水质固体废弃物及大气质量进行监测。王宪礼、朴正吉(1999)对长白山生物圈保护区的垃圾污染、植被破坏、水土流失等方面进行野外调查，确定旅游对环境的影响。

总体上说，我国学术界在旅游对环境的影响方面的研究还不是很深入透彻，尤其缺乏实地多年积累的基础资料，在比较研究方面存在着很大困难。另外，缺乏针对旅游活动类型、使用强度与影响之间的关系的研究探讨。同时对环境的恢复方面的研究也很少。

5.2 游憩承载力及其变革研究

5.2.1 游憩承载力的研究进展及概念演变

旅游在全球范围内的持续增长，意味着对旅游目的地使用水平的增加。由此带来拥挤、景观质量降低、动植物生境破坏以及旅游者的满意程度的下降。因此游憩承载力的问题也越来越受到关注。

承载力的概念，最初是借用牧业管理的方法，在牧业管理中，承载力是指在没有破坏资源的基础上，于一定的土地单元上放养牲畜的最大数量。在管理游憩区域时，则希望可以指定使用者的最大数量，超过这个限度将不能保持游憩的质量。

较早确定游憩承载力的是James和Ripley(1963)，他们简单定义游憩承载力为土地支持游憩使用的生物和物理的限度。

Lime和Stankey (1971)则明确定义游憩承载力为：一定区域在特定的时间内支持游憩使用而没有引起自然环境或使用者满意程度的明显退化的开发程度。

相似的概念还有Mathieson和Wall(1982)认为承载力为一个区域最大接纳

能力而没有对环境带来破坏和降低旅游者的感受质量。另外，O′Reilly（1986）对旅游承载力进行了探讨。

随着研究的深入，学者们开始从不同侧面对游憩承载力进行定义，游憩承载力的概念也不断的完善和发展。Shelby 和 Heberlein(1986)他们又进一步确定了4种承载力：生态承载力、经济承载力、社会承载力、设施承载力。综合来说，承载力的概念基本涉及到3个方面：物理—生态(Phsical-ecological)，社会—人口统计学(Socio-demograpHic)，政治—经济(Politacal-economic)。目前得到广泛认同的主要有以下几方面的游憩承载力概念：

(1)生态承载力：在不可接受的或无可挽回的生态价值衰退发生以前，根据使用者人数和活动类型，区域或生态系统所能够承纳的最大游憩使用水平。

(2) 物理承载力：区域空间能够承纳的人数。它关系到实际的空间以及相连的空间影响。即物理承载力是能够利用的土地和水面，是被地质、地貌、植被、水体以及安全等类似的因素来决定的。

(3)设施承载力：Shelby 和 Heberlein(1986) 描述设施承载力是试图解决参观者需求的人工设施容纳量，包括诸如停车场、营地、码头以及休息室等。一般来说，设施承载力可以通过增加投资而得以增加。

(4)经济承载力：户外游憩和经济活动都要依赖当地的资源，关键是建立允许的游憩使用水平，使游憩活动不会过度干扰非游憩活动以至于降低资源的经济活力。在这种情况下，需要经常进行生态研究以确定不同游憩使用水平的系统的经济承受能力。

(5)社会承载力：也称为知觉、心理或行为承载力。是参观者对于其他个体或群体同时使用一个地区资源的知觉感受。这个概念主要针对拥挤对景点欣赏以及游客游憩经历和愉悦程度的影响。(详见5.2.2　社会承载力及相关研究)

环境承载力的研究最初是满足游憩区域的管理者需要，他们期望在资源保护的基础上为旅游者提供高质量的旅游经历。在游憩承载力的早期研究中，Lucas (1964)和 Wagar(1964)是两位重要的学者，他们当时主要在荒野和偏远地区对承载力进行研究。

20世纪70年代到80年代，是旅游及游憩活动对目的地影响研究的一个兴盛时期，并发展成目前庞大的旅游对目的地环境和社会影响的文献资料。这一时期具有重要意义的研究进展是从最初的研究精确的范围和游憩者的人数到区域的可持续发展，这种研究思路代表了20年来对理论和研究思路的基本转变。通过这种转变可以看到资源管理者对可接受的、允许的变化水平的越来越多的关注。

到了20世纪80年代，在很多研究中都反映出对特定人数的质疑，Washburne(1982)的论文题目《游憩承载力，人数必要吗》是这种看法的最简洁的概括，他认为承载力最好作为一种管理理念，根据政策、目标和允许变化的水平来解决，而不是通过对人数的限制。因为对大多数景点的决策者来说，他们考虑的是如何使景点更具竞争力，吸引更多的游客，而不是限制游客的数量。在这方面最重要的研究是美国林业局的报告："允许变化的限度"(Limits of Acceptable Change ，LAC，Stankey *et al.* 1985)，这份报告介绍了这样的论点，即在旅游目的地确认允许使用水平和旅游增长速度以及不可接受的变化，可能比确定具体使用人数更合适、更可行。这种方法成为在过去10年有关游憩承载力研究的中流砥柱，并与很多规划相结合。Stankey 和 Manning(1986)很好地总结了这种研究变化，并被 Shelby 和 Heberlein(1986)综括出概念体系。

进入20世纪90年代，随着对旅游可持续发展的深入理解，对旅游地社区居民利益的关注，对旅游承载力的研究，已经从单一方面的研究，扩展到对环境、经济、社会、文化以及心理等多层面研究。Papageprgiou 和 Brotherton(1999)从生态、知觉和经济3方面的承载力来综合探讨对国家公园的管理框架。LAC最初主要应用于荒野(Wilderness)管理，后来美国国家公园系统也采用了这一概念以及相关过程，如游客体验和资源保护(Visitor Experience and Resource Protection VERP，National Park Service，1995，1997)。

5.2.2 社会承载力及相关研究

社会承载力的概念主要关注的是在游憩地点拥挤对游客愉悦感受或者游憩体验的影响。Pigram(1983)定义社会承载力是根据人的数量和活动的游憩使用最大水平，超过这个数量会带来游憩体验质量的降低。

20世纪60年代初，美国学者 Wagar's (1964) 分析承载力概念性时认为："当太多的人使用同一个区域，传统的荒野价值将失去"。因为拥挤对荒野游憩者参与动机具有负面影响，这些动机包括尊重和声望，美学愉悦，理解和自由选择，自我依靠和远离尘器等。在社会承载力研究中，拥挤问题是一个核心议题，并且通常与环境冲击的关注一起，来规范使用户外游憩区域的人数。

5.2.2.1 对拥挤的研究

在户外游憩的社会承载力研究中，拥挤是最常研究的一个方面。拥挤可以简单地定义为对一定相遇人数密度的否定评价(Desor，1972)。社会冲突理论认为当其他人的出现干扰了一个人的目标或期望的行为时拥挤发生。

一种广泛应用的拥挤数量化研究方法是根据感觉拥挤水平的9个等级的量测方法。Shelby(1986)提出了这个从"一点不拥挤"到"极其拥挤"感觉拥挤水平等级标准，并把拥挤水平划分为5种级别："控制性"拥挤(少于35%的使用者报告拥挤等级在3或更高)，“低于-标准”(35%~50%的使用者报告拥挤等级在3或更高)，“高标准”(50%~65% 的游客报告拥挤等级在3或更高)，高于承载力(65%~80%的游客报告拥挤等级在3或高)以及“大大超过承载力”(80%~100%的游客报告拥挤等级在3或更高)。这个拥挤量测方法可以超越研究区域和时间进行直接比较，因此被广泛采用。

(1)满意模型及其拓展

对使用水平和满意度之间关系的检验一直是备受关注的指标之一，但在很多研究案例中，满意水平和拥挤程度呈现较低的关联性，即在统计学上关系不显著。例如，Lucas(1980)研究4处荒野区域，其中两处拥挤水平和满意程度之间的关联性是低到中等。究竟是什么原因使满意度与使用水平在直觉上应该存在相关性的两者，其实际的研究结果并不像人们所预料的那样?

一些研究结果表明，当某个环境变得人数太多，处于此环境中的一些人会发生行为改变来帮助减轻压力和焦虑。例如 Milgram(1970)的研究结果显示，当城区居民处理过量的不需要的接触时，会发生粗暴的谈话，漠视陌生人等行为。

另外，大多数理论研究者认识到在游人密度和拥挤之间的不同。最终，标准化理论区别了使用水平和拥挤的概念(Shelby &Vaske，1986)。使用水平是与空间单位人数相关的物理概念，它是中性的，没有心理或体验的评判和理解。而拥挤，则是心理学的概念，它是对使用水平主观而否定的评价。当使用水平增加到某一点时，游客会感觉到与其活动或目的发生冲突，只有在这一点及其以上的使用水平才产生拥挤

这些拥挤理论方法产生的一些假设和检验，进一步阐释了使用水平和满意程度之间的关系(Manning ，1985，1986)。扩大了简单的二变量满意模型，创造了更复杂的综合模型。

(2)影响拥挤的因素

大多数研究者认为游客对拥挤的知觉与在游憩地点许多变量的相互作用有关。影响拥挤标准的主要因素可以分为3个部分：即游客的个人特点、相遇者的特点以及环境变量。

游客的个人特点：在影响拥挤标准的研究中已经发现各种各样的个人特性。个体、社会和心理特性通常被认为是游客数量和感觉拥挤之间关系的媒介。包括户外游憩的动机，对接触的偏好和期望，体验的水平和对管理的态度。

Tarrant 等(1996)在白水河研究调查游客时发现，漂流者对于拥挤的感知是多样化的。

另外一些研究表明了体验对于拥挤感知的直接影响。一个人对于环境的早前体验可能也会影响其对环境的评价。这个假设认为第一次的初来者趋于接受他们发现的环境条件，并认为理所应当；而重游的游客会评价他们此次的经历并与以往的体验进行对比。

相遇者的特点：有大量的证据表明相遇者的特点也会影响拥挤标准。比较重要的影响因素包括相遇者团队的类型和大小，行为和感知相似性程度。

在美国水界行舟荒野区域的早期研究发现，在被问到遇到其他游客的反应时，划桨独木舟游客对3组游客的反应区分得最显著(Lucas，1964)。他们不喜欢遇到摩托艇游客，其次是机动独木舟游客，相对比较能够忍受的是其他划桨独木舟游客。

其他团队的行为也会影响拥挤标准。粗鲁的行为增加拥挤的感觉(Womble & Studebaker ，1981)。

环境变量：相遇发生时的环境，在一定程度上也会影响相遇者的知觉和评价。重要的变量包括游憩区域的类型，在区域中位置及环境质量和设计。

在早期的户外游憩研究文献中认为与其他人相遇的地点也会影响拥挤感觉。Stankey(1973)发现在荒野外围地带的相遇者异于在荒野内部的相遇冲击感觉。同样，游客在路端比在他们的目的地表现出更大的忍耐性。

对于物理的拥挤，研究虽然有限，但都描述了相同的结果。人们安排游憩活动需要最小的物理空间，由于没有足够的设施(如野餐桌、厕所等)而会感觉到拥挤(Womble&Studebaker，1981)。

小结

美国林业局研究发现户外游憩管理的大多数重要的改革来源于研究。1998年美国林业局的研究评述总结到"社会科学研究可以帮助管理者工作得更有效率"。随着对与社会承载力相关的拥挤、顾客满意度、行为、偏好等方面的深入研究，减少了争论和冲突，减少了限制性规则、法律和规章等，并减少了管理成本。

5.2.3 国内承载力研究进展

我国对环境承载力的研究在20世纪80年代才起步，最早探讨旅游地容量问题的是赵红红(1983)。她以苏州古典园林为对象进行了大量的调查，对各个环境容量作了评估，并提出了调控对策。保继刚(1987)通过对颐和园的实例研究，分析了颐和园旅游环境容量问题的现状。保继刚根据实测将颐和园的旅游环境容量分成3个组成部分：饱和区、非饱和区和水面。保继刚、楚义芳(1993)认为，旅游环境容量是一个概念体系，根据容量的属性可以分为基本容量和非基本容量两大类，后者是前者在时间上的具体化与外延的结果。对于基本容量又分为5种：旅游心理容量、旅游资源容量、旅游的生态容量、旅游的经济发展容量和旅游的地域社会容量。非基本容量也包括旅游合理容量和旅游极限容量、既有旅游容量和期望旅游容量、与旅游活动的空间尺度相联系的容量概念3种。同时，还在旅游环境容量数学模型量测方做了以下的工作：①旅游资源容量和旅游感知容量的量测：含极限日容量和合理容量两个量测公式；②生态容量的测定：对于不超出自然环境净化能力和超出自然环境净化能力的旅游地的生态容量的量测公式；③经济发展容量的测定；④旅游地容量的测定。

崔凤军(1995，1998)对旅游环境承载力的理论和方法作了有益的探讨，并以泰山风景区为实例做了实证研究。另外冯学刚(1999)针对黄山风景区进行了旅游管理容量的估算。

总体上，我国的有关承载力的研究还主要是对传统承载力特定数量的研究，但也有一些转变。杨锐(2004)介绍了LAC的应用方法，并在我国的《泰山风景名胜区总体规划(2000~2020)》《镜泊湖风景名胜区总体规划(2001~2020)》《三江并流梅里雪山风景名胜区总体规划(2002~2020)》和《黄山风景名胜区总体规划(2004~2025)中，对LAC理论及其衍生技术进行了探索性应用。

第六章　游憩管理理论框架

6.1　游憩机会谱(Recreational Opportunity Spectrum ROS)

6.1.1　游憩机会谱发展历程及概念

对户外游憩需求多样性选择的关注早在19世纪奥姆斯特德(Fredrick L. Olmstead)以及20世纪初美国联邦土地管理局的阿瑟·坎哈特(Arthur Carhart)、奥多·利奥波德(Aldo Leopold)、罗伯特·马歇尔(Robert Marshall)等这些有影响的土地规划学者的著作中就有所涉及。

1962年，美国户外游憩资源考察委员会提出了下列纲要：

“所有管理户外游憩资源的机构——公共或私人——根据人们的需要，为了更好地利用资源，必须采用游憩土地分级系统。……主要的步骤是在机构合作的基础上执行这个系统。这将为土地管理机构提供协调有效的规划方法，并促进对在整体游憩区域系统内的所有游憩活动序列进行合理调配(户外游憩资源考察委员会，1962)。”

瓦格(Wagar，1966)可能是第一个从纯管理角度提出游憩机会谱这个想法的。他建议把营地划分成从高度开发的适合现代自助宿营者到偏远地区只对背包者开放的营地序列，为露营者提供不同的机会。

虽然对游憩机会谱的理念已经有了很长时间认识，但美国游憩管理机构真正执行这个理念却一直到20世纪70年代末才明确。1976年，美国国家森林管理条例(the National Forest Management Act，NFMA，1976)要求建立游憩机会谱框架，通过提供这种谱系，NFMA认为土地管理和规划者可以更好地提供多样性的游憩机会。1978年，由布朗(P. Brown)和德沃(B. L. Driver)合作撰写了第一份有关游憩机会谱的技术报告。

1979年，克勒克(R. N.)和斯坦奇(G. H. Stankey)撰写了“游憩机会谱：规划、管理和研究框架(1979)”技术性报告。这份报告基于6个自然、生物、社会和管理因素，为管理游憩机会提供了框架，当这些因素相互组合时，可以被游憩者利用以获得多样性的体验。

1982年，美国农业部属下的林业局(U. S. Department of Agriculture USDA，Forest Service)出版了《ROS使用者指南》，为ROS的具体实施提出了指导性框架。美国国家林业局利用ROS系统在林业局系统管辖土地范围内进行资源普查和分类。至此，ROS无论是在理论上还是在实践上都逐渐形成了比较完整的体系。

克勒克(Clerk)和斯坦奇(Stankey)(1979)定义游憩机会的环境为物质、生物、社会和赋予游憩地点价值的管理条件的综合体。而机会则包括由自然(植被、景观、地形、风景)提供的性质，以及与之相联系的游憩使用(使用水平和类型)和管理提供的条件(开发、道路、规章)，通过组合这些不同的性质和条件，管理机构可以为游憩者提供不同的游憩机会。

因此，游憩机会谱是美国国家林业局综合游憩活动、环境和体验确认了6个从城市到原始区域的机会谱：原始、半原始无机动车辆、半原始有机动车辆、通路的自然区域、乡村及城市。

ROS框架基本的意图还与户外游憩的质量有关，其根本的假设是通过提供一系列在开发水平、进入和其他因素上多样的环境来保证参与者获得有质量的游憩体验。无论是现在还是将来，确保在广阔的层面上公众能够找到有质量的游憩体验。

6.1.2 游憩机会谱的确定

游憩机会谱方法的基本逻辑是人们为了达到满意的游憩体验，在喜爱的环境(物质环境、社会环境、管理环境)中参加喜爱的游憩活动。因此，游憩机会谱主要的3个组成部分是活动、环境和体验。游憩机会谱每一级别根据游憩环境特点，管理力度，使用者团队的相互作用，人类改变自然环境的迹象，机会区域的规模以及偏远程度来确定(表6-1)。

游憩机会谱中的环境被划分为3个序列：物质环境、社会环境和管理环境。物质环境包括生物资源、文化—历史资源以及一些永久人工构筑物(道路、大坝等)；社会环境包括其他人的出现数目，他们的行为以及他们参加的游憩活动；管理环境涉及到区域开发水平，现场管理力度，服务以及规章制度等。游憩机会谱的确定主要取决于这3种环境序列及其相关指标的组合。

6.1.3 应用游憩机会谱

目前游憩机会谱的框架系统主要应用于美国林业局和土地管理局所管辖的土地区域内。游憩机会谱框架至少有3方面的应用考虑：编制游憩机会目录清单；评估管理决策对游憩机会的影响；作为与公众沟通的方法，分配给游憩者期望的游憩资源。

(1)游憩机会清单

综合的游憩机会清单编制过程应该在超越行政区划界限的区域性规模上进行，并且涉及到所有公共和私人的提供者，以确保所有的游憩机会都会被考虑到。

表 6-1 游憩机会谱 6 个级别序列环境描述

游憩机会谱级别					
原始	半原始无机动车	半原始有机动车	通路的自然区域	乡村	城市
未经改变的规模很大的自然区域 使用者之间的相互作用很低，其他使用者出现的迹象很少 在管理方面，人类限制和控制的影响很小 区域内禁止机动车辆	区域主要特征是自然环境，中等到大型规模。 使用者之间的相互作用很低，但经常有其他使用者出现的迹象。 在管理方面，对使用地点的控制很小但具有一定的限制。 区域内禁止机动车辆	中等到大型的以自然特征为主的区域 游客集聚的程度比较低但经常能够看到其他使用者 在管理方面，对使用地点的控制很小但具有一定的限制。 区域内允许使用机动车辆	以自然特征为主的区域，有中等程度的人类迹象出现但基本与自然环境和谐 使用者之间的相互作用低到中等程度，但其他使用者出现得很普遍。 资源改变和利用的实践很明显但基本与自然环境和谐。 为机动车辆使用提供标准的建设道路和设施	主要以改变的自然环境为特征，人类迹象明显，使用者之间的相互作用中等到多。 有相当数量的设施提供给游客使用。 为一定的活动提供设施。 非热点区域为中等游人密度。 为密集的机动车使用提供设施及停车场	主要以城市环境为主。 可更新的资源改变和利用的实践用来提高特殊的游憩活动。植被通常是外来种并且被修剪 在游憩地点人类迹象明显，为高度密集的汽车使用提供设施和停车场，公共交通系统可以载游客进入游憩地点

注：引自美国国家林业局．ROS 使用者指南(*ROS Users Guide*)，1982.

美国国家林业局《ROS 使用者指南》(1982)，对如何评价 5 个环境指标(偏远程度、区域规模、人类迹象、使用密度、管理力度)来达到表 6-1 描述的 ROS 序列，提供了详尽的指导。通过分析环境的物质、社会和管理因素并且确认偏远程度、规模、人类迹象，使用者密度和现存的管理控制，确认的游憩机会级别可以落实在图纸上，提供地点的详细状况及对游憩机会的总体看法。

通过在环境要素基础上绘制 ROS 分级图，在 ROS 级别内的活动机会就被确认，同时管理者也会评估目前规划区域承载力所能提供的不同游憩体验。因此，结合游憩需求和偏好的研究，管理者可以确定在游憩机会谱中应该弥补的不足，如一个半现代化的环境短缺，清单可以指出在哪里这样的机会最容易被创造出来。相反，清单的信息也可以反映出哪些机会是过剩的。

(2)分析管理决策对游憩机会的影响

有效运用 ROS 的关键是区域的管理规划，管理目标明确才可能预测和评估管理行动的结果是否适宜。在不同的机会谱中，承载力也不同。如趋向原始机会谱的目标，是尽量降低游憩冲击的程度，管理限制也更轻微。

另外，由于游憩机会谱关注区域的物质、社会和管理环境的特征，管理行动决策可能会改变一定机会的特性。ROS 框架体系可以预测和评价这样的改变，以及这些改变是否适当。因此，在 ROS 框架下，不同决策的结果以及它们如何影响游憩机会和使用可以被评估，而很多不适当的决定(如伐木，开路等)则可以预测和避免。

(3)分配给游憩者期望的游憩资源

在需求方面，个人、家庭、社会群体对于他们想要参加的游憩机会序列(如活动、环境、体验和利益)有着偏爱和需求。如果游憩者知道有关各种不同机会的各种信息，他们可以在最合适的地点选择他们参与的活动方式和类型。在供给方面，管理应该努力提供给游憩者有关这些机会的信息，以谱系的方法来指导游客去哪个区域能够找到他们期望的体验。

一旦区域内的游憩资源所处的谱系级别及其机会空间的位置被确定，管理行动决策必须努力保持与这些机会所在谱系级别的一致性，以减少无规划行为以及导致这些机会发生不利变化的行为。

(4)游憩机会谱的局限及扩展

ROS 的最初应用主要在美国林业局所管辖的土地范围内。经过应用实践，被证明是规划和管理游憩资源的有效手段，并且能够指导未来的游憩管理。因此很快被其他联邦土地管理机构采用，但问题一直存在。最主要的 ROS 开始主要是应用于美国西部广袤的公共土地，即 ROS 系统原来是为大面积的联邦土地管理需要而设计的，它不能很好地适应州、县和城市这些土地面积较小而多样性比较高的土地区域。虽然在 1985 年，美国林业局发行了一个东部区域的 ROS 增编，便于 ROS 在东部国家森林的应用，但在应用过程中仍然存在着一些困难，如一些谱系分级的参数标准模糊，缺少选择游憩设施的标准和原则等。

因此，摩尔(More，2003)等在 ROS 基本框架理念不变的情况下，根据美国东部区域自然地形和其他特征，编写了能够适应美国东北区域的 ROS 应用指南。摩尔在该指南中对游憩机会谱的级别进行了重新命名，如“通路的自然区域”——“不完全开发的自然”；“乡村”——“开发的自然”；“城市”——“高度开发的区域”，以适应东部区域公共土地面积小，景观密集的特点。该指南还包括对划分谱系级别标准的修订，如在原来 ROS 谱系中，原始区域偏远程度的标准是离所有机动车辆的道路、铁路等至少 4.83km(3 英里)，而在美国东北部的新英格兰，根据其地理地带特征，3.22km(2 英里)是适当的标准。

总结：

ROS 框架体系不同于一般的资源分类体系，它同时关注游憩者体验和资源环境。在我国，周青、江能远等(2003)运用 ROS 对贵州飞鸽森林公园进行游憩机会组合分析，但目前在我国其他区域运用 ROS 理论框架的还鲜见报道，作为一种被实践证明的有效的游憩资源规划和管理技术，对于我国的游憩资源管理至少有以下两方面的借鉴意义：

(1)保持自然和文化资源的整体性以及规划区域游憩机会的整体性。

ROS 图示清单系统的基本理念是通过保持游憩机会谱来支持多样化的体验需求。随着我国居民出游机会的增加，未来旅游的发展将不单单表现在旅游者数量的增加，而且还将表现在对旅游体验多样性需求的增加；另一方面，我国虽然人口众多，但地域辽阔，至今也还存在着一些人迹稀少相对原始的自然区域，能够提供远离尘嚣、亲近自然的体验机会。这些地区有些可能还只是潜在的游憩区域，而一旦被利用，在我国往往存在着不同程度的过度开发问题。如果能够在区域规模上把这些资源置于一个类同 ROS 框架之下，趋于原始或半原始级别的地带，则不能随意建造人工构筑物(如建筑、大坝、道路等)。同时 ROS 清单图可以呈现管理行动计划对土地分配的影响，便于确认提出的管理决策是否适当。这对我国已经建成的风景名胜区、森林公园以及自然保护区的维护管理以及后续开发也有相当重要的意义。

(2)确定区域游憩提供者的互补性，加强各个部门和组织之间的协作努力

在我国游憩资源开发建设过程中，一度出现对某一类资源开发过热的现象，如主题公园及野生动物园的建设过热现象等。游憩机会谱的清单能够反映出区域规模上游憩机会的不足或者过剩，这样可以增加公众游憩体验的多样性，也可以减少盲目建设的状况。谱系的概念还可以用来确定政府和私人部门各自的作用，确定区域游憩提供者的互补性，加强政府、私人以及非赢利组织之间的协作。

另外，中国地域辽阔，景观类型多样。游憩机会谱可以为公众提供信息，帮助游憩者洞悉可用的游憩机会。让公众基于可靠、可用机会信息基础上，了解各种不同机会的各种信息，如类型、位置、距离、费用或其他因素，使他们能够在最适当的地点、时间参与喜爱的活动，享受期望的游憩体验。

6.2 允许变化的限度(Limits of Acceptable Change LAC)

第一个明确提出允许变化的限度是研究营地影响的研究生 Frissell(1963)。1972 年，Frissel 和 Stankey 又进一步完善了“允许变化的限度”的概念，他们的基本思想主要是制定特定的目标来管理游憩地点。

美国在20世纪70年代，一些游憩区域的管理者开始运用承载力(实际上是限制政策)，来控制游憩使用水平以限制游憩活动对社会和自然的冲击。如美国西部的清水河(Whitewater rivers)，采用了限制特定人数的承载力方法。但实践证明利用限制特定人数的承载力方法很难提供游憩管理的框架需要。一个基本的原因是它促使管理者提出“多少才算太多”？承载力是固有的数量范畴，但研究表明，很多游憩使用的问题并不完全是多少人的作用，而是使用者的行为。

因而承载力的实践过程也使大量的研究和问题分析的最终结果趋向于管理系统的改善，也就是最初的LAC规划系统。

在美国，第一处使用LAC过程的是蒙大拿州的鲍勃·马歇尔荒野(The Bob Marshall Wilderness , Montana,)，在1982年开始执行LAC系统。这个过程用了大约5年时间，因为成功地结合了公众参与和LAC，为美国的荒野管理建立了标准。

1985年12月，由美国林业局出版了荒野规划的LAC系统。1987年4月，鲍勃·马歇尔荒野利用LAC系统的经验被写入林业规划修正的文件里，美国林业局的大部分保护区域也陆续应用LAC管理。

因此，LAC规划系统开始主要是在美国的荒野保护系统中，在承载力不能有效完成目标的广泛认同下，进行游客管理。另一方面，LAC所解决的是完全不同的问题：即什么资源和社会条件是适合的(或允许的)，以及怎样达到这样的条件？这样的途径提出了思考游憩使用问题的不同的方法，但却与游憩管理者的原则更接近——保护一个区域所建立起来的价值，而不是承载力的数量概念。管理者不仅要提供给游客所期望的经历，而且还要解决游客所带来的社会和自然环境影响这样复杂的管理问题。从1985年始LAC及其相关过程在美国被宣布对游憩管理有效，并在世界范围的相关领域引起很大反响，一些国家也开始研究和采用这些过程。

LAC应用的主要步骤有9个(表6-2)。LAC过程并不是一劳永逸地能够在一时之间解决全部问题。游憩区域的条件不会永远停留在解决问题时的阶段，因此管理规划应是连续的过程，包括执行行动、监测评价和目标及标准的调整，这样才能为管理者提供解决矛盾的框架。另外，美国的LAC过程常常与公众参与的项目相联系，这种过程也加强了管理者、研究者和公众之间的互动关系，增加了相互学习的机会，其结果是产生更好的规划(Stankey, Cole *et al*, 1985)

表 6-2 LAC 框架应用的 9 个步骤

LAC 框架应用的 9 个步骤	
步骤 1	确认研究区域的关注和问题
步骤 2	确定描述机会级别
步骤 3	选择资源和社会条件的指标
步骤 4	资源和社会条件清单过程
步骤 5	确定资源和社会指标标准
步骤 6	确认可选择机会级别的分配
步骤 7	对每一可选择的机会确认管理行动
步骤 8	对每一可选机会进行评价和筛选
步骤 9	执行管理行动监测条件

LAC 最初主要运用于野地的游憩管理，但实际应用远远超出了这个范围。LAC 系统的概念和原则也可以运用于其他资源。如 McCool(1994)运用这个过程来管理基于自然的旅游开发。美国土地管理局利用 LAC 对爱达荷(Idaho)州西南部著名的滨水区域进行管理。美国国家公园机构在部分国家公园也采用了 LAC 以及类似的过程，这个过程最初在尤他州(Utah)拱门国家公园(Archs National Park)进行试点(1995)，并为其他几个国家公园的通用管理打下了基础，包括蒙大拿州的冰川公园(Glacier National Park in Montana)。这就是游客体验和资源保护(VERP)框架。事实上 VERP 是 LAC 过程的一种调试。

6.3 游客体验和资源保护框架(Visitor Experience and Resource Protection VERP)

6.3.1 VERP 框架的发展过程及概念

1978 年，美国通用权限条例特别要求所有国家公园都要进行总体管理规划(GMP)，并且提出在这样的规划中必须包含的几项要素。这其中的一项要素就是对所有国家公园进行游憩承载力的确定。

VERP 努力起始于 1992 年初，美国国家公园局不同专业背景的工作人员和研究者根据国家公园局的需要来发展和探讨这个过程。其主要意图是保护公园资源和游客体验的质量。VERP 框架被设计成公园总体管理规划(General Management Plan GMP)的一部分。但是，也有 VERP 应用于 GMP 过程之外的可能。例如单独的游客管理规划或者对现有规划进行承载力方面的修正。

美国国家公园局(1997)对 VERP 的定义为："VERP 是一个集中在游客使用对游客体验和公园资源冲击的规划和管理框架。这些冲击受游客行为、使用水平、使用类型、使用时间及使用地点的原始特性所影响"(U. S. National

Park Service，1997）。

6.3.2　VERP 包含的要素

VERP 试图在承载力问题的决策上提供合理解决办法。VERP 框架中包含 9 个元素。而要素的范围，进行的顺序，用来完成要素的方法在不同的情况下可能是不同的。

第一部分　框架基础

由 1-3 要素组成，组成多学科研究小组、提出公众参与策略、针对旅游区的目的、意义、最重要的表现主题、规划中存在的限制性因素等做出阐述。

要素 1　组织多学科项目小组

核心小组包括可以开发规划和执行规划的成员，以及一个以不同背景和专业人员组成的可以提供广泛咨询的辅助性顾问团。

要素 2　发展公众参与政策

公众必须涉及到 VERP 的规划。NPS 的工作人员和外部公众都应该被考虑到。并且，公众参与的政策应在框架的早期准备阶段就进行。

要素 3　开发公园目的、意义和基本主题的解释陈述，

确认规划限制。这些陈述形成了 VERP 规划和执行政策的基础，对于 VERP 的工作要素应该继续直到所有这些陈述都有明确的理解。

第二部分　分析

要素 4　分析公园资源和现存游客使用情况

这一部分工作的目标是理解公园资源和现存游客使用和经历的情况。这些分析应该以文献的形式进行整理，包括地图、数表和文字描述等。

第三部分　提出方案

由要素 5，6，7 组成。主要是针对具体区域的实际和提出的目标，选择、编制各种战略措施和行动方案。

要素 5　描述游客经历的潜在范围和资源条件（潜在的方案区域）

在现有的公园区域里通过分区为不同期望的游客经历机会提供资源条件，并与公园整体目标和意义相一致。分区提出每一区域适当的活动的种类、水平、开发和管理。这些潜在的区域在文件里被描述，而在要素 6 则应用于具体的地理区域。

要素 6　在公园里分配潜在的分区到特定的地点（提出的管理区域）。在这个要素中，在元素 5 描述的分区分配到具体的地点。分区项目描述未来的条件而不是现存条件。在适当情况下，规划小组应该开发多种候选方案，并评价它们的优缺点，评价标准之一是《国家环境政策法》（*National Environmental Policy Act*）。

要素7　对每一区域选择指标确认标准，发展监测规划

所谓指标是指特殊的，可量测的变量；而标准是指可接受的最低条件。确认优先的监测项目和方法，明确资金、员工、策略和分析要求。

第四部分　监测和管理行动

由要素8，9组成，为具体的环境监测和管理行动。

要素8　监测资源和社会指标

公园管理者通常在不同的分区监测资源和社会条件，由于人员和资金的限制，只在最关键的区域设置优先的监测指标。

要素9　采取管理行动

当社会或资源条件的监测指标超出标准或者接近退化的底线，将采取必要的管理行动。

6.3.3 VERP与LAC的区别

概念上，VERP与LAC或者其他规划框架，如游客冲击管理(Visitor Impact Management VIM)，承载力评价过程(Carrying Capacity Assessment Process C-CAP)，游客活动管理过程(Visitor Activity Management Process VAMP)等没有本质的不同。这些过程都是解决承载力的问题，并且都强调资源和游客体验的质量，而每一个框架都有它自己的步骤和一般过程。这些过程以某种方式被要求对公园的未来提供管理指导的公式(期望的未来条件，目标和目的)。并通过指标和标准的质量来明确方向。监测过程评价在何时达到或超过最小可接受的条件(承载力)。而当公园或某个区域的情况不再可接受时则明确管理的策略、趋势和行动来解决问题。

LAC过程是适合杳无人烟的荒野区域的管理框架。要处理非偏远情况而且更具多样性的国家公园局系统需要进行框架的调试，即VERP过程。因为是公园总体规划(GMP)的一部分，因此，VERP框架包括一些基于公园目的和意义的建立规划的初始步骤。VERP的管理分区在某种程度上不同于游憩机会谱，而步骤的确定和顺序则有别于LAC(表6-3)。

Hof和Lime(1997)探讨了在VERP与其他规划框架之间的异同之处。他们总结了VERP规划概念性的转变是从“问题驱动”规划到“目的驱动”规划。目的驱动规划的哲学理念认为问题是存在于现存条件和未来期望条件之间的障碍，这要求规划者在真正理解这些问题之前必须知道期望的状态(目的)是什么。

表 6-3 LAC 和 VERP 框架之间应用步骤的比较

允许变化的限度(LAC)	游客体验和资源保护(VERP)
步骤 1 确认研究区域的关注和问题	要素 1 组织多学科项目小组
步骤 2 确定描述机会级别	要素 2 发展公众参与政策
步骤 3 择资源和社会条件的指标	要素 3 开发公园目的、意义和基本主题的解释陈述
步骤 4 资源和社会条件清单过程	要素 4 分析公园资源和现存游客使用情况
步确 5 确定资源和社会指标标准	要素 5 描述游客体验的潜在范围和资源条件(潜在的方案区域)
步骤 6 确认可选择机会级别的分配	要素 6 把潜在的公园分区分配到特定的地点
步骤 7 对每一可选择的机会确认管理行动	要素 7 对每一区域选择指标确认标准，发展监测规划。
步骤 8 对每一机会进行评价和遴选	要素 8 监测资源和社会指标
步骤 9 执行管理行动监测条件	要素 9 采取管理行动

注：根据 Manning（1986），有改动。

在公园分区方面，游憩机会谱(ROS)因其分级不够多样性，很难适应国家公园系统的体验机会多样性的情况，因此在国家公园系统应用 VERP 框架，每个公园可能都需要一套独特的分区。一些分区可能在有些公园之间是通用的，一些体验机会在公园之间很相似。但每一公园似乎都需要把区域描述及特殊情况、资源限制及游客特点联系起来，但目前还没有形成统一的标准。

VERP 过程的应用还不是很普及，只在拱门国家公园实施了全部的过程，要全面评价这个框架，还为时尚早。但通过美国国家公园局在几个国家公园区域的努力过程来看，VERP 框架元素为国家公园提供了提高游客经历和资源保护的方法，并对改善整体国家公园的规划将起到重要作用。

第七章　研究区域概况

7.1　云蒙山国家森林公园自然地理状况

7.1.1　地理位置与范围

云蒙山位于密云县西部，地处北纬 40°26′~40°38′，东经 116°39′~116°49′的地理坐标上，属燕山山脉，是军都山的组成部分，主峰海拔 1414m，是一座形态完整、界线清晰的中山。其范围大体是：北侧以白河为界，东侧以密云水库为界，南侧以京通铁路为界，西侧以怀丰公路为界，云蒙山总面积为 208.7km^2。

云蒙山受到构造运动和岩性两方面因素控制，其东西两侧各有一条北东向的大断层，南侧有北东向的大水峪河防口大断裂带。云蒙山在这三组断裂带的控制下，使该山形成了周边界限清楚，呈整体块状抬升的花岗岩中山地貌。由于岩性均一，三向节理均发育，块状断裂、球状风化作用明显，从而形成了云蒙山奇峰、陡崖等各色造型地貌，形成了规模大小不等、走向明显的沟谷，构成了云蒙山壮丽的自然骨架。

围绕着云蒙山这些各具特色的沟谷，目前在密云县境内有云蒙山国家森林公园、黑龙潭、京都第一瀑等 14 处风景区，在怀柔县辖区内有青龙峡、幽谷神潭等 4 处风景区。

云蒙山国家森林公园是云蒙山西部的一个景区，地处北京市东北郊的密云县西部，位于北京市密云县西北部，公园入口在京丰(北京 - 丰宁)公路 81km 处。其范围大体是：北、东与密云县石城乡交界，南与西田各庄乡、怀柔县怀北镇相连，西与怀柔县琉璃庙乡接壤，总面积 2208hm^2。

7.1.2　地质地貌、气候特点及动植物资源

云蒙山是花岗岩为主的山体，造型地貌极为发育，有奇峰、陡峡及众多溪、泉、潭、瀑景观(见图 7-1，图 7-2)。年平均气温约为 7℃，1 月均温为 -10℃左右，7 月均温为 20℃左右，较北京市区低 5~6℃，年降水量为 700~800mm，主要集中于夏季。

云蒙山位于密云水库一级、二级、三级保护区范围内，多年来植树造林涵养水源保护生态环境公园植物资源种类丰富，共有植物 109 科 410 属 711 种，其中蕨类植物有 14 科 19 属 28 种、裸子植物 3 科 6 属 7 种、被子植物 92 科

385 属 676 种。公园林木覆盖率达 95% 以上，以温带落叶林为主，其中乔木以蒙古栎、白桦、核桃楸、油松、侧柏、落叶松为主共 82 种，灌木有平榛、杜鹃、锦带花、绣线菊、鹅耳枥等 85 种，藤本有 12 种，草本植物 532 种。

另外，在鬼谷子山寨还有一棵枝繁叶茂的古榆树，被称作“娘娘榆”。

野生动物种类很多，有狍子、狐狸、野猪、獾、山羊、兔子等野兽和金雕、灰鹤、山鸡、猫头鹰、啄木鸟等鸟类。

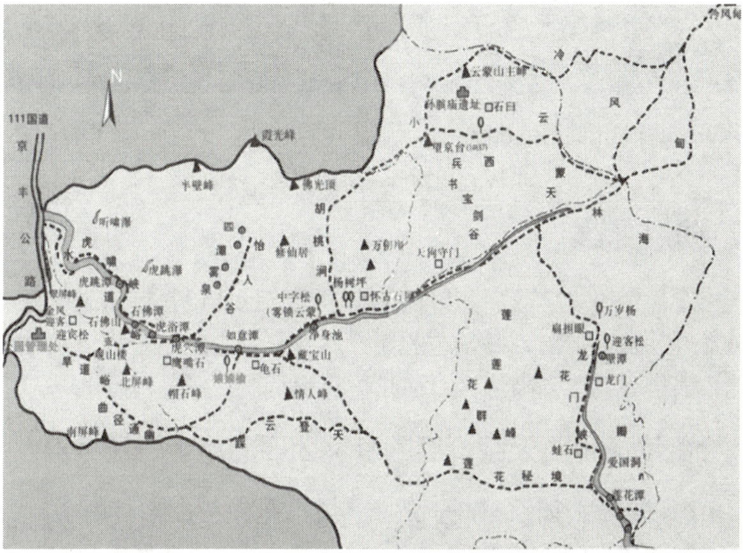

图 7-1 云蒙山国家森林公园景点位置示意图

照片 1 进入景区的石阶蹬道

照片 2 四潭雾泉

照片 3 鬼谷子山寨的娘娘榆

照片 4 天狗守门

图 7-2 公园各类景观（照片 1-4）

7.2 人文历史资源

云蒙山有许多历史典故，其中以孙膑、庞涓的传说在民间流传最广。相传鬼谷子山寨是孙膑、庞涓拜师学艺的地方。在云蒙山顶还曾修建过孙膑庙，但此庙在抗日战争时期遭到破坏，目前只留有遗址。

7.3 社会经济条件及云蒙山国家森林公园的旅游发展概况

云蒙山国家森林公园在行政上属密云县。但距公园最近的是后山铺行政村，隶属于怀柔县琉璃庙乡，由后山铺、南树林、刘家店和七道沟 4 个自然村组成。共有 165 户，423 人。琉璃庙乡是怀柔县的贫困乡，后山铺又是全乡的贫困村。1992 年当时还是林场的云蒙山国家森林公园开展森林旅游活动，后山铺村利用毗邻公园的便利条件开始旅游接待服务，主要以京郊农家特色招揽游客。在开展旅游接待以前的 90 年代初，人均年收入不足 800 元，开展旅游接待以后，2002 年人均收入达到 2000～3000 元，2004 年的人均收入是 5900 元。全村约有 70% 的人参与旅游业。主要从事家庭旅馆接待、导游、零售土特产品等。

公园现有职工 61 人，正式职工 16 人、干部 8 人、5 名专职清洁工。公园接待服务设施总投资已达 500 万元，建筑面积 $2500m^2$，现有住宿床位 300 个，有 3 个成规模的餐厅，可同时容纳 300 人就餐，同时还建有歌舞厅、钓鱼区、野营帐篷、篝火区、度假村、滑道等游憩设施。根据 1997 年到 2004 年云蒙山国家公园统计数据显示，公园接待游客累计达 46 万余人次，旅游综合收入累计达 1800 多万元（图 7-3，图 7-4）。

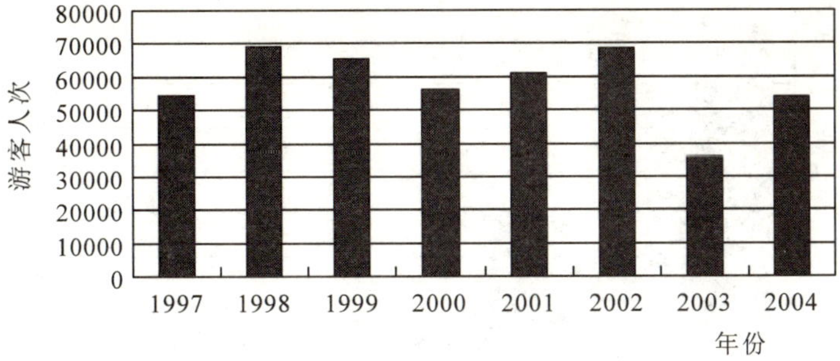

图 7-3　1996-2004 云蒙山国家森林公园接待游客人次

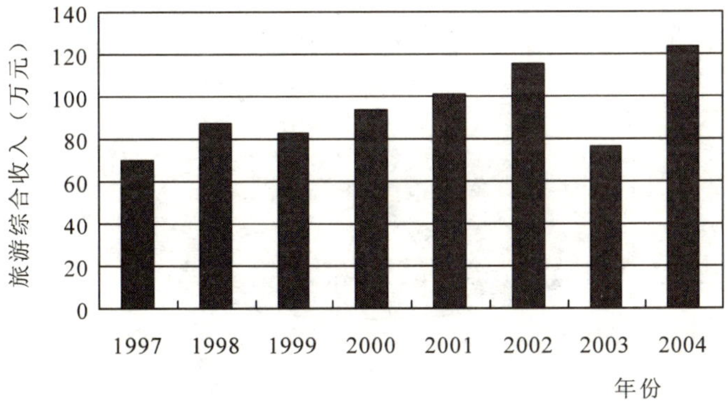

图 7-4　1997－2004 云蒙山国家森林公园旅游综合收入

7.4　公园的主要使用情况

云蒙山国家森林公园用地为林业用地，无农业生产及放牧活动，主要接待游客参观。公园游客参观存在明显的季节性，根据公园的统计资料，11~翌年3月为淡季，5~10月为旺季，而尤以1999年以后的“五·一”和“十·一七”天长假为每年的两个使用高峰。平时的使用高峰主要集中在周末，具有非常明显的周期性，即星期一到星期三游客稀少，星期四到星期五游客逐渐增加，星期六达到高峰，通常星期日较星期六游客人数有一些回落，然后又是一个新的周期。这一方面反映了游憩时间受到固定的工作和学习时间的限制，另一方面也折射了客源地域构成主要以北京、天津的近距离游客为主(图7-5，图7-6)。

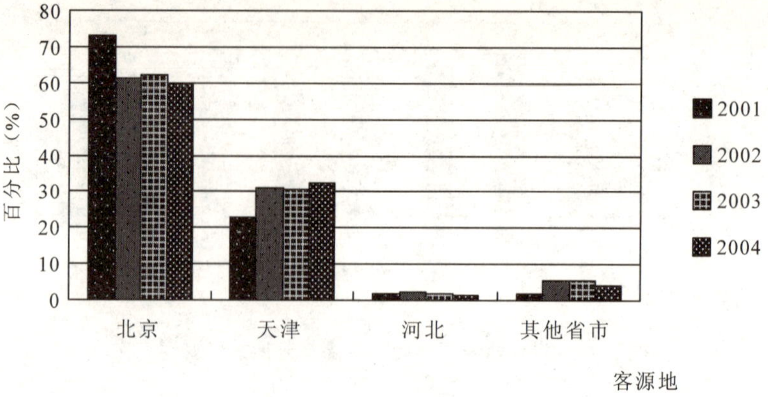

图 7-5 云蒙山国家森林公园主要客源构成

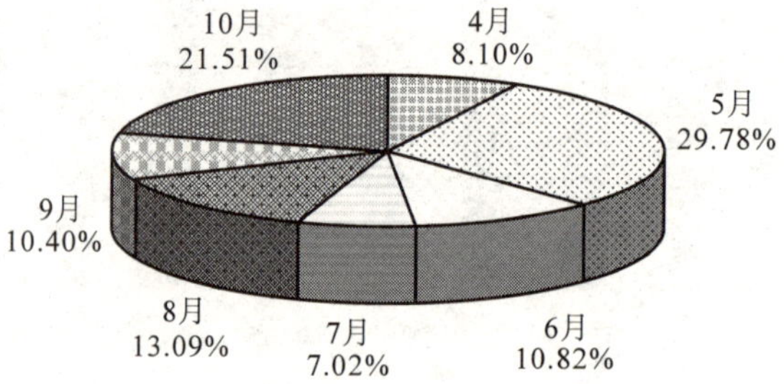

图 7-6 公园 4~10 月接待游客百分比

云蒙山国家森林公园可以提供多种游憩机会，根据 2001~2004 年的游客调查显示，游客主要参与的活动有登山(82. 58%)，观赏风景(72. 03%)，拍照(54. 42%)，水边游憩活动(46. 49%)，健行(25. 79%)等(图 7-7，图 7-8)。

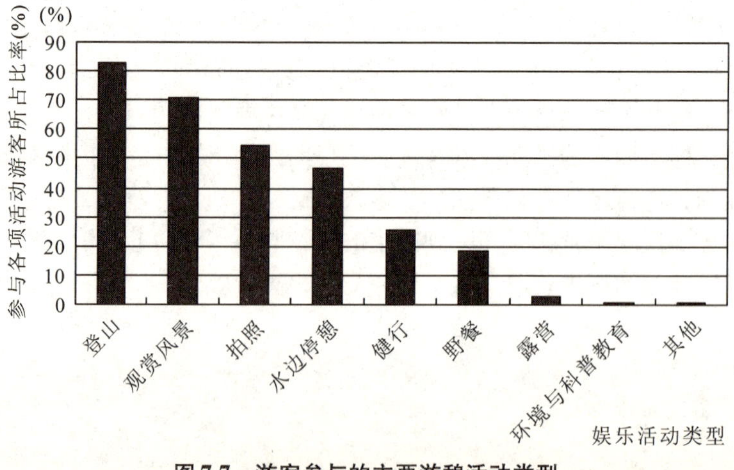

图 7-7 游客参与的主要游憩活动类型

准备出发的健行穿越团队

公园营地

公园路径上的游人

公园中的背包游客

水边活动

水边停憩

图 7-8 游客在公园参与的各种活动

游客大多数是一日游游客(70.24%)，也有少量的过夜者(10.19%)及穿越露营者。公园里所有的动植物都受到保护，但允许秋季采摘(山楂)。

公园目前没有正式营地，但一般露营者主要扎营地点在鬼谷子山寨、净身池、三岔口、主峰。

7.5 目前公园的各项管理制度及前期的规划工作

目前云蒙山国家公园只有一份管理制度汇编(2003)，内容涉及到公园员工考评制度，接待设施管理制度，公园租赁者管理制度，农民进山导游的管理规定以及景区探险旅游组织管理办法等，还没有形成系统的资源和游客管理文件，因此对于公园，也没有确立明确的管理目标。

1997 年，由北京大学城市环境学院为云蒙山整体作了一个风景区规划，包括了密云和怀柔两县的 14 处景区。规划中云蒙山国家森林公园作为西部主要景区，包括西一区和西二区，西一区包括旱道峪全部和水道峪藏宝山以下的区域，是一般游客主要活动的区域；西二区包括水道峪藏宝山以上、云蒙山主峰、孙膑庙和莲花瓣区域，是云蒙山深山核心区的一部分。

该规划根据海拔高度划分了 3 个生态旅游带：“亲近自然”生态旅游带，海拔高度在 200~400m；“返回自然”生态旅游带，海拔高度在 400~800m；“回归大自然”生态旅游带，海拔高度在 800~1414m。云蒙山国家森林公园位于西北部，海拔较高，最低海拔在 400m 左右，处在中低山范围(表 7-1)。

表 7-1 三个生态旅游带描述

特征	“亲近自然”带	“返回自然”带	“回归自然”带
海拔(m)	200~400	400~800	800~1414
气候特征	丘陵和低山河谷干暖气候	典型低山气候	中山湿润气候，多云雾
山地分布	丘陵	低山	中山
主要地貌景观	周边多城垣状悬崖；海拔 200~300m 存在一裂点带，形成黑龙潭、第一瀑等深峡高瀑景观。	海拔 600~800m 存在一裂点带，形成惊仙瀑，和众多造型石，其上的夹平面即冷风甸、山神庙	海拔 100~1200m 存在一裂点带形成勺潭，风外石长城，夹山沟大绝壁等奇景；以主峰和最高峰为首的百余座千米以上山峰主要分布于此带
水文景观	潭瀑最集中	云蒙溪、惊仙溪等精华段落所在	大溪之上游，水质更优，也有好潭瀑
植物群落	鹅耳枥林 沟谷杂木林 胡桃楸林 枫杨林 荆条灌丛 山杏丛 三桠绣球灌丛 人工林果园农田	辽东栎林 杨桦林 鹅耳枥林 人工油松林 二色胡枝子灌丛 平榛灌丛 锦带花灌丛 迎红杜鹃灌丛	松、栎林 白桦林 山杨林 人工落叶松林 人工油松林 二色胡枝子灌丛 迎红杜鹃灌丛

（续）

特征	“亲近自然”带	“返回自然”带	“回归自然”带
规划建设要求	山村小住和一般性的山野观光	一般与远足、爱国主义教育和山村小住，规定行进路线	规划生态远足等，规定行进路线和配备导游

注：根据《云蒙山风景区总体规划》，有改动。

由表7-1可以看出，由低海拔到高海拔，人类迹象逐渐减少，植被茂密程度和动植物种类逐渐增多。

第八章 云蒙山国家森林公园的资源分析及分区

8.1 云蒙山国家森林公园游憩管理目标的确定

1997年的规划并没有明确提出建立云蒙山风景区的主要目标，只提出一些规划原则，如“生态性原则”，指出云蒙山风景区位于密云水库的一级、二级和三级保护区之中，开发云蒙山必须以保护密云水库为前提。公园本身也没有建立明确的管理目标，但缺乏明确的管理目标，往往会导致管理行动的盲目性和随意性。在自然游憩区域的保护管理发展比较成熟的北美地区，澳大利亚、新西兰以及国际保护联盟(IUCN)，都已经形成编制管理规划的一系列最佳管理实践的指导方针，其中最重要的是确立管理目标。通过确立管理目标明确管理行动，确认管理过程阶段等。

本书并不是编制管理规划，而是进行游憩承载力及相关管理决策的基础研究，但如果没有明确的公园管理目标，很难形成具有针对性和建设性的管理建议，因此在云蒙山风景区规划原则基础上，与公园工作人员共同探讨确定了以下公园管理目标：

(1)保护云蒙山动植物资源、水资源、地质景观和风景价值；

(2)在保证第一个目标的前提下，为游客提供体验自然环境的各种机会；

(3)建立有效的管理技术框架，保证人类活动不会降低森林公园的资源和体验质量。

8.2 云蒙山国家森林公园游憩资源分析

目前在我国，对旅游资源的主要分类、调查和评价依据是《旅游资源分类、调查与评价》(GB/T18972－2003)。但这个标准主要针对资源本身，通过对旅游资源的调查、分类和评价，最终将旅游资源划分成5个等级，可以帮助规划管理者对旅游区域定位并确定开发的优先顺序、开发力度等，但这套分类评价体系并没有直接与游客体验机会相联系。

VERP框架的分析步骤，从公园资源和游客使用两个方面来分析公园的资源和使用状况。通过这个过程，能够在资源保护的前提下，了解公园可以提供给游客什么样的体验机会，以及资源的容纳能力，对使用的忍耐能力。

本书借鉴VERP分析过程，基于云蒙山国家公园的资源条件，通过分析公园资源和现存游客使用情况，从两个方面来把握理解公园的总体状况。

由于资金和人员限制，本研究主要集中在云蒙山国家森林区域，在对公园资源全面踏勘的基础上，参照《旅游资源分类、调查与评价》(GB/T18972－2003)，结合VERP的分析、描述和分区方法，在与公园的工作人员反复讨论后，对公园的资源进行分析、描述和分区。

目前公园游客主要活动的区域有门景休息区、观山楼、虎浴潭、虎穴潭、鹰嘴石、四潭雾泉、鬼谷子山寨(娘娘榆)、藏宝山、净身池、怀古石屋、天狗守门、云蒙山主峰、莲花潭，一条主要的路径连接这些景点。另外，还有两条分别能够到达主峰和莲花潭的次要路径，前一条路径始于净身池之上的胡桃涧，后一条路径始于藏宝山的莲花秘境。另外还有一条沿溪流峡谷的水道峪，但由于没有正式的路径，沿水道峪游览的游客比较少(图8-7)。

门景休息区是一处人工设施集中的接待服务区。包括停车场、主要的膳宿设施、土特产商店、卫生间以及一些休息设施，植物以人工种植的云杉以及一些草花(波斯菊)等为主，是公园的集中开发区域。

观山楼海拔700m，距山脚大约有50m的高差，是大部分游客进入景区后第一个休息停留的景点。有两条道路通达，一条是比较陡峭的石阶，另一条是比较平缓的山路“曲径通幽”。目前处于比较初级的开发状态，主要设施有速降滑道，小卖部和供游客停留休息的简易观景台。虽然速降滑道增加了游憩体验机会，但选址存在很大问题，对于前山的景观破坏比较大。

虎浴潭、虎穴潭距观山楼较近，潭的四周有一些巨大的比较平坦的石面，同时也是一个相对封闭的环境，游人在这里可以赏水、戏水、野餐等，是公园最受欢迎的两处景点，但容纳游客使用的能力只是中等，据本研究调查显示约有74.03%及66.55%的游客在这两处景点停留。事实上，这两处景点也是水道峪上两处较大的节点，沿溪水可以向上游或下游游览，但由于有些地段落差较大，还有一些巨石阻隔，因此大部分游人仍返回公园主要的路径继续行程。

鹰嘴石是公园主要路段上的水景节点，以一块酷似鹰嘴的巨石而得名，紧邻溪流，因为距公园入口不远，也是公园较受欢迎的景点(54.09%的游客停留)。公园路径穿越这条溪流，在周围的一些山楂树下，安放了一些石桌、石凳。游客主要在此欣赏造型地貌及体验水景，因为这个景点是路径上的一个节点，容纳能力较低，对使用的耐受能力也比较低。

四潭雾泉距主要路径约200m，四潭层层跌落。但由于整个北京地区缺水情况日趋严重，近几年除了在每年的7、8月份雨水较丰沛的季节能够看到切合景题的飞瀑水雾，其他季节只有较小的水流甚至处于枯水断流状态。由于缺乏景点标识，个别游客会攀上石壁，寻访瀑潭，但石壁陡峭，如果没有一定的体力和攀登技巧，会发生进退两难的情况。容纳使用的能力较低，对使用的耐受能力中等。

鬼谷子山寨目前是公园另一处接待设施比较集中的区域，有餐厅及简易平房提供住宿床位。有床位90张。此处有一棵古榆树，被称为“娘娘榆”，枝叶繁茂，冠大荫浓，在北京地区也比较少见。

据2001~2002年的调查显示，多数游客(31.96%)限于体力，走到鬼谷子山寨，稍事休息后开始返回。山寨院内容纳使用潜力较大，但目前承包给个人，游客使用露天餐桌椅需要交费，因此，资源并未被充分利用。

净身池是毗邻主要路径的水潭，也是一个较大比例的游客(26.76%)停留歇息后返回的景点。水景体验与其他潭景基本类似，净身池对使用的容纳能力和耐受能力都不是很高，但因为距离入口较远，到达的游客有限，一般情况下不会感觉拥挤。

藏宝山、怀古石屋、天狗守门是在主要路径上能观赏到的造型地貌，其中天狗守门因酷似一犬头而得名，风景美学价值较高，但因距离入口较远，到达此景点的游客较少。并且，到达此景点的游客往往会原路返回，继续前行的人则更少。

天狗守门有一处观景台，但面积较小，容纳能力有限，但对使用的耐受能力较高。目前存在比较大的问题是在观景台下面成为公园倾倒垃圾的地方。

表8-1 云蒙山国家森林公园参观使用的资源特性

资源	分类	资源相对独特程度		资源容纳游客使用的能力	资源对使用的耐受能力	资源对游客的潜在吸引力	景点或景物对公园的重要性
		公园内	公园外				
门景休息区	FAG	2	5	4	5	1	3
观山楼		2	4	2	3	3	3
虎浴潭	BBC	4	4	3	2	4	4
虎穴潭	BBC	4	4	3	2	4	4
鹰嘴石	ACE	2	3	2	2	4	4
四潭雾泉	BCB	2	3	2	3	3	3
鬼谷子山寨(娘娘榆)	CAC	1	3	4	4	3	4
藏宝山	ACE	3	4	2	4	2	2
净身池	BBC	4	4	2	2	3	3
怀古石屋	ACE	3	4	2	4	1	2
天狗守门	ACE	1	3	2	4	4	5
云蒙山主峰	ACB	1	3	3	3	4	5
莲花潭	BBC	2	4	3	2	3	4
水道峪		2	4	3	2	3	4

（续）

资源	分类	资源相对独特程度		资源容纳游客使用的能力	资源对使用的耐受能力	资源对游客的潜在吸引力	景点或景物对公园的重要性
		公园内	公园外				
		1 独特/稀有 2 比较独特 3 不多见 4 平常 5 到处都有			1 很低 2 低 3 中等 4 高 5 很高		

注：根据 U. S. Department of the Interior, National Park Service . 1997 VERP-The Visitor Experience and Resource Protection（VERP）Framework. A Handbook for Planners and Managers. USDI, National Park Service, Denver Service Center.

云蒙山主峰是整座大山的最高峰，虽然大部分游客并不能够登达主峰，但主峰仍然无论对国家森林公园还是对于整体云蒙山都具有重要意义，整体环境更趋于与世隔绝的自然体验。目前能够登达主峰的主要是一些户外游憩爱好者，如穿越者，露营者等；另外一些企业或公司为了磨练员工意志，培养团队精神，也通过一些商业性的户外俱乐部组织穿越、登顶项目。对于普通游客来说，虽然不一定能够到达主峰，但主峰仍然是具有很大的潜在吸引力的景点。主峰区域更具自然特质，同时对于人类使用也更敏感，对于使用容纳和耐受能力中等。

云蒙山水景众多，但莲花潭的风景质量较之其他几潭都要高。不过因为距离公园入口路途遥远，因此，到达的游客很少。容纳能力中等，对使用的耐受能力较低。

在公园的管理建设方面，路径铺装到净身池之上的胡桃洞，在这之上目前还是土路。随着海拔高度和距入口距离的增加，游客密度也随之减少，大部分游客活动的主要区域集中在净身池以下(表 8-1)。因此，在这之上垃圾投放点和路径标识等也逐渐减少。

8.3　公园游憩机会体验类型描述及分区

8.3.1　公园游憩体验类型描述

不同的游憩者有着参与不同类型活动的需求，如一个游憩者可能选择在人烟稀少、较少限制、偏远的自然区域露营，以获得安静沉思和暂时脱离城市生活的体验；而有些人则可能选择在夏季滨海区域高密度游人环境中寻找快乐，并且同一个人在不同的时间可能需要不同的游憩机会。

因此，在需求方面，个人、家庭、社会群体对于他们想要参加的游憩机会系列(如活动、环境、体验和利益等)有着偏爱和需求。如果这些需求偏好是合理的，则应该有多样性的游憩机会来满足，而满足需求体验的多样性对社会平等来说也非常重要。另外，游憩机会多样性在某种程度上可以缓解对热点游憩区域的压力，降低对游憩资源的干扰。

在区域规模上，应该促进游憩机会的多样性并提供多序列的游憩机会。而对于个体森林公园等自然游憩区域，虽然不能够提供全系列的机会，但也应该为游客提供多样化的体验环境。公园通过提供多样化的体验机会，也可以帮助避免通常会发生在游客之间的冲突。

游憩机会谱(ROS)开始主要应用于美国西部广袤的公共土地，是为大面积的土地管理需要而设计的，原来的 ROS 清单系统综合游憩活动、环境和体验确认了 6 个从城市到原始区域的土地级别：原始、半原始无机动车辆、半原始有机动车辆、通路的自然区域、乡村及城市，但这个管理框架体系对于土地面积较小而多样性比较高的土地区域则不是很适用。在 VERP 管理框架中，每一个公园可能都需要一套独特的分区，有些分区在公园之间很相似，但目前的经验表明公园分区并没有形成统一标准。在第一个实施 VERP 管理框架的拱门国家公园，分为开发、有机动车的观赏、步行、健行、偏远地区、有机动车半原始、原始以及敏感资源保护这样几个体验机会类型。

8.3.2 公园游憩体验类型分区

虽然 1997 年云蒙山风景区规划并不是很完善，但任何个人都无权更改规划，更不能重新起草一份管理规划，同时，任何一个自然游憩区域的管理规划都不应该是单独的规划者或研究者的意见。基于研究的需要，笔者根据公园的资源条件及游客使用情况，在前期规划的基础上，借鉴 VERP 描述潜在的游客体验和资源条件及分区方法，并与公园管理人员共同探讨，对公园的游客体验和资源条件进行描述并划分为 4 个游憩机会体验区：综合服务区、自然观光游览区、健行者区、探寻区。

综合服务区：该区主要包括游客接待和管理设施。包括公园管理办公设施，游客住宿餐饮接待设施，停车场、卫生设施、速降滑道等。在这个区域，建筑、高等级铺装路面和人类活动迹象占主要部分，但仍然有自然要素如背景的山峰、人工栽植的植物等。

在这此区域不需要户外技巧，与其他游客和公园工作人员相遇的机会比较高。此区域对资源退化的忍受能力很高，可进入性强，便利程度高。在此区域公园对游客和设施的管理程度较强，如停车场配备工作人员，公园入口导游图、公园宣传栏等。

根据公园资源条件，综合服务区确定为从入口到观山楼之间的地带，海拔650~700m，包括两条到达观山楼的路径，速降滑道及降落点，手机信号发射塔、观山楼的休息设施等(见图-1)。

照片1　公园管理办公室

照片2　公园住宿设施

照片3　观山楼速降滑道

照片4　人工栽种的波斯菊

图8-1　公园综合服务区的主要特征(照片1-4)

自然观光游览区：这个区域包括了高度使用的路径廊道，路径连接公园的主要景点。该区域主要以自然要素为主，但也有一些人类的迹象，如铺装路面，景点景题，供游客休息的石桌石椅、指路牌等。沿着公园路径，游客可以体验感受公园的主要资源，但是他们也不会感到离他们的汽车或者设施太远。此区域需要游客具备短时间的体能，挑战和冒险的机会比较有限，户外技巧并不是太重要。游客之间的相遇的可能从非常高到中等，在这个区域游客主要步行，公园内没有使用交通工具或牲畜的游客。

根据公园的资源条件和调研结果，确定自然观光游览区从观山楼到怀古石屋之间的地带，海拔在700~730m之间，包括沿途主要景点。公园的铺装路径目前修到怀古石屋，根据2001~2004年的游客调查，最远到达景点的游客百分比，鬼谷子山寨(31.96%)和净身池(26.76%)占到半数以上，而大部分游客主要停留的景点也在净身池以下的区域(图8-2，图8-3，图8-4)。怀古石屋距净身池约400m，因此，目前的铺装道路区域为一般大众游客主要活动的区域(图8-2，图8-3，图8-4)。

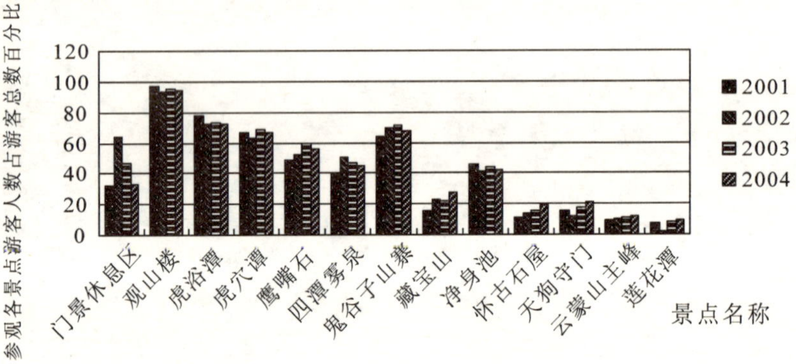

图8-2 游客在公园参观的景点

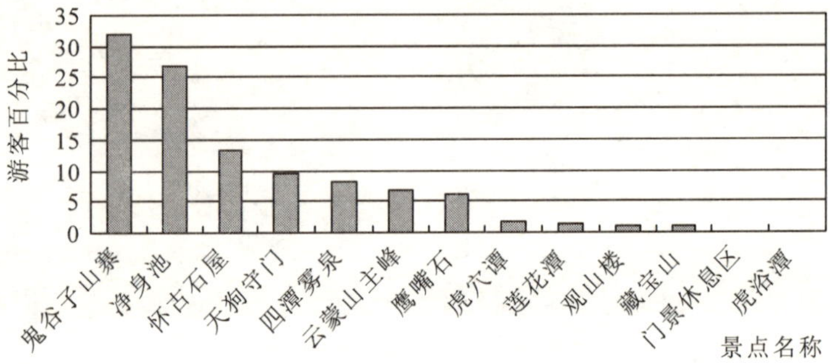

图8-3 游客参观的最远景点

照片1 鬼谷子山寨入口

照片2 虎浴潭

图8-4 公园自然观光游览区的主要特征(照片1，2)

健行区：该区域是用土路或天然石块堆砌的路径廊道及一些距离入口更远的一些景点。健行区域提供沉浸在自然环境的感觉，同时也会感觉到距离舒适和便利有一定的距离，路面没有铺装。

韦伯词典对健行的解释是："进行长时间的精力旺盛的步行；在乡村、林地中的行进"。因此，游憩机会是体验挑战和一定程度的冒险，游客必须评估可能遇到的障碍和所需时间，需有一些户外技巧，需要较长时间的体力支持。对于与其他游客相遇的可能是中等到高。

健行区域从怀古石屋到主峰及莲花潭地带的主要路径及景点，包括主峰、莲花潭等。一般情况下，到达这一带的游客较少，对于资源的冲击强度也较轻(图8-5)。

照片1　云蒙山主峰

照片2　健行区小路

图8-5　公园健行区主要特征(照片1-2)

探寻区：该区域包括公园的轻度使用地区，游客健行穿越地带。探寻区提供沉浸在自然环境的感觉，但比起步行和健行地带，感觉到距离舒适和便利要更远。在这个区域内除了土路路径，基本没有什么设施。使用这些区域要有相当长时间的耐力和较强的体力要求。这个区域更加贴近自然而宁静的环境，提供中等到高程度的冒险和挑战、独立战胜困难的机会，户外技巧要求中等到高的程度，与其他游客相遇的机会和公园管理人员的机会很低。

出于保护公园资源和游客安全的考虑，原则上对游客要有一些轻微的限制，并且要求游客在进入该区域之前，应该具备敏感环境的相关知识。

探寻区域的关键部分包括云蒙林海和冷风甸的森林区域，同时也是整座云蒙山的核心地区，该区域除了有限的路径，人类干扰程度几乎感觉不到(表8-2，图8-6，图8-7)。

照片 1　人迹罕至的探寻区

照片 2　植被淹没的探寻区路径

图 8-6　公园探寻区的主要特征(照片 1-2)

表 8-2　管理区域描述

管理区域	综合服务区	自然观光游览区	健行区	探寻区
挑战和冒险的体验	非常低	低	中等	中等－高
依靠道路、小径和其他设施	非常高	高	低－中等	低
游客相遇的经历	非常高	非常高	中等－高	低
与管理人员相遇的体验	非常高	中等	低－中等	低
路面标准	高等级路面	铺装	土路	土路
资源保护和安全的管理行为	高	高	高	中等
资源退化的忍受能力	高	低	低	很低
远离尘嚣的体验	很低	很低	低	中等
噪音水平	高	中等	低	低
景点适当的解说标识	高	高	中等	低

图 8-7　云蒙山国家森林公园的管理区域

第九章　游憩活动对云蒙山国家森林公园自然资源的冲击

游憩使用的后果带来对自然区域的干扰被定义为资源或生态冲击。Lucas (1979) 指出，冲击是一个中性词，当与生态连用时，指的是对游憩使用的环境影响客观描述。在自然区域，表示环境条件的不良变化。而所谓资源的不良变化是指在自然游憩区域土壤、植被、野生动物和水体资源的退化。

所有户外游憩活动都会干扰自然环境，虽然与每一活动相关的影响在程度上有所不同，所有这些都潜在地影响到空气、土壤、植被、野生动物和水体（图 9-1）。游憩冲击并不是单独进行的，一种活动会导致多种结果，这也是管理者尤其需要关注的。对于公园的管理者来说，只有充分理解游憩使用冲击导致的资源变化的量和类型以及可接受变化的底线才能有效地解决在游憩和自然区域的环境干扰问题，从而兼顾环境资源和游客体验的质量。

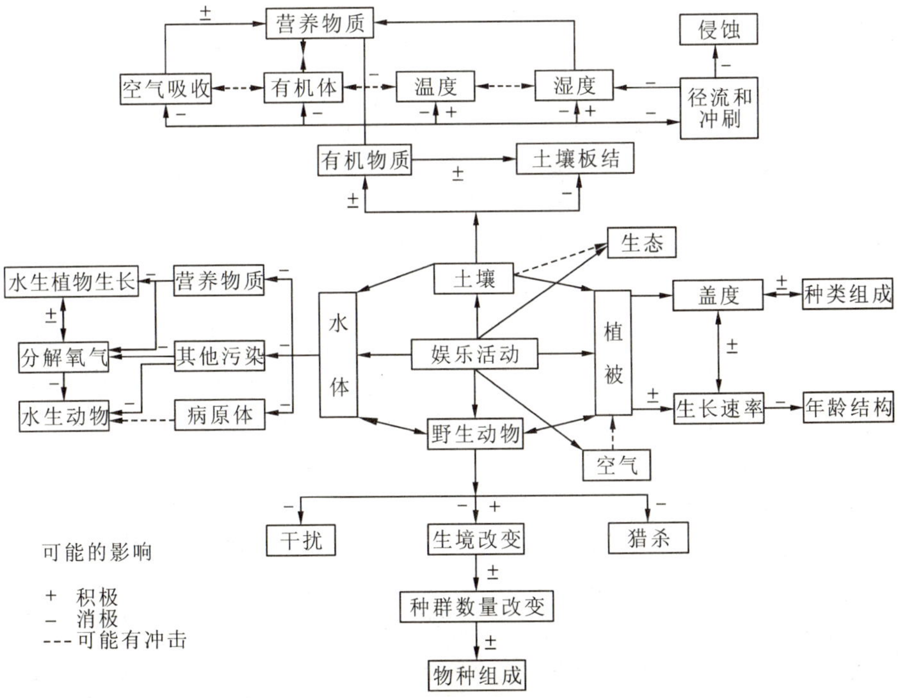

图 9-1　游憩影响的相互关系

引自 G．Wall & C．Wright. 户外游憩环境冲击，1977.

限于时间、经费、个人精力等多方面因素，对于游憩活动对公园自然环境的影响，根据公园的资源特点及游憩活动影响的范围和显著程度，本研究只探讨游憩活动对公园路径、土壤、植被和水体冲击，其他方面内容不在研究范围之列。

本书这一部分的主要研究目标是在确定基本监测指标的基础上，在云蒙山国家森林公园区域调查游憩冲击在空间变化的程度，并通过使用量和景点的特性来解释，深入研究游憩使用对土壤、植被和水体的影响，以有助于对游憩干扰过程的理解，并通过这个过程的研究确定各项监测指标的标准，解决自然资源的承载力问题，从而为管理决策提供依据。

9.1 公园资源条件的监测指标

指标和标准是现代承载力框架的核心。指标是我们可以量测的事物，它可以告诉我们期望的资源和社会条件是否因人类使用而改变。而标准是一个点，一个指标的标准告诉我们变化是否可接受(Stankey *et al*，1985)。自然游憩区域资源和社会条件的指标是可量测的变量，以确保自然游憩区域资源和游憩体验的质量，而标准确定指标变量的最小可接受条件。通过监测自然游憩区域资源和社会条件的指标可以确定和管理承载力，通过进一步的管理行动来保证不违背资源和社会条件的标准。

确定指标需要针对区域资源及使用特点，同时还应能够敏锐地反映人类使用所带来的变化。Stankey (1985)列出了好指标的 7 个特性：可量测的、可靠性、经济有效性、重要性、敏感性、有效性、响应性。可量测表示一个指标应易于量测；可靠性则要求在相同的情况下能够获得相似的结果，不会因为量测人员等不同而产生太大差异；经济有效性则表示一个指标的监测应易于进行，不需要太多的成本；重要性主要是指一个指标所具有的监测意义；敏感性表明指标应该在相当短的时间内对于游憩使用有所反映；有效性表示指标应该真正反映资源或社会条件发生变化的程度；响应性要求指标能反映出人类游憩使用而带来的资源条件的变化。

目前在我国，对于自然游憩区域自然和社会条件，系统的监测指标和标准研究成果还少见报道，根据国外一些学者对自然游憩区域自然和社会条件监测指标和标准的研究结果(Stankey *et al*, 1985；Hammitt &Cole 1998；Manning，1986)，并参考美国国家公园局在犹他州拱门国家公园做的 VERP 执行规划(1995)，以及美国国家公园局出版的 VERP 框架手册(1997)，综合对云蒙山国家森林公园所做的资源调查，确认出基本的监测指标，主要包括公园的路径和土壤条件；树木伤害和植被群落因人类干扰而在物种组成上发生的变化；水体质量等4个大的类别，在实地量测这些指标的基础上，再进一步为公园资源条件提出更切合实际便于操作的监测指标建议，并提出监测标准。

9.2　游憩活动对公园路径及土壤的影响

9.2.1　游憩活动对路径的影响

9.2.1.1　研究方法

本研究主要调查从观山楼到主峰的主路径，以及从三岔口到莲花潭方向的一段支路径。在2001~2002年进行过初步的普查，2004年按照距离各个景点的距离进行路径冲击调查并纪录。总体上，游憩活动对路径的冲击主要表现为路径土壤侵蚀、岩石裸露、根系外露、路径泥泞或被水淹，以及由于游人过多或抄近路造成的路径面积扩大及非正式路径的增加。公园的非正式路径包括20世纪70年代以前当时住在景区内的居民留下的，以及后来开展旅游活动以后游人踩踏出来的。70年代以前留下的非正式路径痕迹明显，而后来游人踩踏的路径痕迹较轻，本研究主要记录后一种情况。

为了更系统地调查记录路径冲击情况，同时也方便为后续研究提供对比参考，2005年8月22~24日对路径进行详细调查，以100m为一段路径单位，从观山楼开始，第一个100m记为L1，以下类推L2，L3……Ln，记录每个路径单位内路径的使用情况，一直量测到主峰(图9-2)；另外一条支路径是从三岔口开始，量测到通往莲花潭的水路。从观山楼到主峰共量测了62个路径单位，约6200m，从三岔口量测到莲花潭水路，共量测了10个路径单位，约1000m。监测指标包括土壤侵蚀、岩石裸露、根系外露、路径泥泞或水淹等，因被伤害树木主要沿着路径和营地周围出现，因此，树木伤害这一项指标也放在路径冲

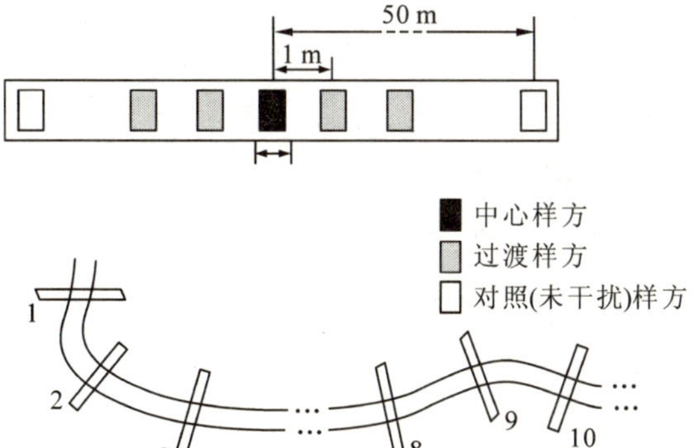

图9-2　路径和土壤取样方法示意

根据Roovers P. et al 2004，有改动。

击这一部分进行分析。

据前所述，自然观光游览区是从观山楼到怀古石屋之间的地带，怀古石屋距观山楼约1840m（L19－44m），因此，在路径问题统计时以2000m为一个路径冲击问题统计单位，从观山楼开始，第一个2000m的路径基本处于自然观光游览区域内，从第2个2000m到主峰处在健行区域，约4200m，为了方便比较，把第一个2000m命名为健行区1，剩下的路径部分命名为健行区2。

9.2.1.2 结果与分析

根据调查及路径冲击的数据统计，在使用比较集中的自然观光游览区，即第一个2000m内，非正式路径和树木伤害问题比较突出。在这段路径内，高差变化不大（海拔700~740m），是游客活动比较集中的地带，因此游客对树木的伤害以及抄近路的现象比起健行路段1要明显。从观山楼到虎浴潭之间的路径土壤侵蚀比较严重，源于这一段路径没有铺装，是下山路段，坡度较陡，同时大部分游客会从观山楼下到虎浴潭，导致比较集中的踩踏。另外两段面积比较大的土壤侵蚀发生在鬼谷子山寨门前和净身池，同样是游客逗留休息使用比较多的两处路段。

表9-1 路径问题统计

区域	监测指标	数量	长度（m总数）	面积（m^2总数）
自然观光游览区	土壤侵蚀	10段	60.5	142.75
	岩石裸露	10段	63.0	11.25
	根系外露	12棵		
	水淹路面	11段	66.5	74.5
	非正式路径	9条		
	树木伤害	11棵		
健行区1	土壤侵蚀	13段	119.5	131.5
	岩石裸露	19段	145.5	160
	根系外露	49棵		
	水淹路面	10段	137.5	153
	非正式路径	0条		
	树木伤害	2棵		
健行区2	土壤侵蚀	14段	157.5	211
	岩石裸露	4段	22	45
	根系外露	103棵		
	水淹路面	2段	15	11.5
	非正式路径	8条		
	树木伤害	3棵		

（续）

区域	监测指标	数量	长度(m 总数)	面积(m^2总数)
由三岔口通往莲	土壤侵蚀	10 段	61	70.5
花潭方向约(1000m)	岩石裸露	1 段	15	15
	根系外露	26 棵		
	水淹路面	1 段	13	13
	非正式路径	0 条		
	树木伤害	3 棵		

总体上，这 2000m 路径大部分是铺装路面，在游客集中使用的区域路径土壤侵蚀比较严重，路径统计结果有 10 处路段发生土壤侵蚀，总长度约为 60m，面积约 140 m^2。但其他路段土壤侵蚀和岩石裸露的问题并不显著。从净身池到怀古石屋之间路径主要问题是在雨季泥泞甚至被水淹，虽然近两年公园增加了一些条石铺装路径，在一些比较容易遭受水淹的路段修建了导引水流的小渠，但仍然存在着需要加强维护的路段。

在健行区域是土路或用天然石块堆砌的土石相间的路，由于较少维护，在有些地段路径的土壤侵蚀、岩石裸露、根系裸露以及水淹等问题比较严重。健行区路径发生土壤侵蚀路段有 27 处，全部侵蚀长度约 277 m，面积约 340 m^2。第 1 个 2000m 内，路径土壤侵蚀、岩石裸露、根系外露、水淹等是比较显著的问题，在天狗守门以及一些摆放石桌石凳供游人休息的地段，岩石裸露和土壤侵蚀的面积比较大，在个别路段，同时发生岩石裸露、根系外露、水淹等诸多问题。非正式路径和树木伤害问题不显著。这源于在这一地段游人较少，可供游人逗留的景点也比较少(见图 9-3，9-4，9-5，9-7，9-8，9-9)。

照片 1　水淹路径

照片 2　树木根系裸露

照片 3　大面积土壤裸露

照片 4　土壤侵蚀和根系裸露

照片 5　水淹加速土壤侵蚀

照片 6　路径岩石裸露

图 9-3　公园各种路径冲击(照片 1-6)

在健行区的第 2 个 2000m 路段，最突出的问题是树木根系裸露，这与这段路径两侧林木茂密，道路维护较少有关。土壤侵蚀的问题也比较突出，在距主峰约 2000m 的一个休息停靠点，土壤侵蚀的面积接近 $100m^2$。另外，在接近主峰的观峰台，主峰下面的露营地以及主峰，都存在着大面积的植被消失、土壤侵蚀现象。非正式路径在公园中呈现出距入口一近一远两边多中间少的现象，虽然，到达主峰的游客占总体游客的数量并不是很多(9.62%)，但到达主峰的游客往往要休息逗留很长时间，甚至在主峰附近的营地露营，在营地周围非正式路径问题也很显著。在这个路段由于地势较高，路径水淹问题不严重。

照片 1　游人使用冲击

照片 2　主峰上比较严重土壤裸露侵蚀

图 9-4　公园主峰上大面积的土壤侵蚀(照片 1-2)

照片 1　路径边缘树木伤害

照片 2　营地周围树木伤害

照片 3　在树上钉钉子

照片 4　倒木

图 9-5　沿路径发生的各种树木伤害(照片 1-4)

由三岔口到莲花潭方向这段路径约 1000m，由于游人更少到达，路径的平均宽度不超过1m。主要的问题是路径土壤侵蚀和树木根系裸露，这一段水淹较少，只有1处，树木伤害集中发生在营地周围，由于林木茂密，没有发现非正式路径。

管理建议：

通过路径普查和问题统计发现，游憩使用对路径的冲击主要表现在树木伤害、非正式路径，并在一些活动节点造成植被消失，裸露地面增加、土壤侵蚀等问题，但路径的设计和维护，路径的级别和使用时间等影响因素，也会对路径的质量有重要影响。在游人活动比较集中的自然观光游览区，路径的使用冲击问题并不突出，这一方面与这一段路径地势比较平坦有关，另一方面，有较大面积的铺装，路径得到较多维护。在健行地带，路径较少维护，因此，土壤侵蚀、岩石裸露、根系裸露的问题比较严重，在中段水淹路面问题也比较突出。

Cole(1991)对美国蒙大拿州 Selway - Bitterroot 荒野进行了11年间(1978-1989)路径变化的研究，研究结果表明，虽然游憩使用会导致一些路径问题，但影响路径条件的最重要因素是路径的设计和位置(见图9-6)。因此，解决路径问题的关键是通过设计和工程增加路径对使用的耐受能力。另外一个解决办法是改变路径地点。

云蒙山国家森林公园主要是以沟谷为主的线性风景廊道，并没有很多开辟新路径的选择。对于路径水淹问题，公园已经做了一些努力，包括修建明暗引水渠、汀步等，这些措施解决了道路水淹和泥泞问题，同时也增加了游赏的趣味性，但在有些路段，仍然存在着较大面积的水淹路面，需要进一步进行道路铺装或修建排水设施(图9-6)。

游人踩踏导致土壤板结，进一步影响到树木，导致根系外露，根系外露会降低树木生长活力甚至造成树木死亡。这对沿路径所有种类的树木都有影响，包括中低海拔分布的核桃楸、辽东栎、落叶松、油松、小叶椴、槲栎等，以及较高海拔的白桦。在果木生产中，对于树木根系外露，在山区或坡地有些诸如培树兜、鱼鳞坑等方法，但形成的景观在自然景区中不是很适合。在景区，有些路段可以修建挡土墙，减少土壤流失。

另外，路径问题只出现在特殊地段，管理维护应该集中在这些问题路段采取适当措施，并不需要全线修建养护。在健行地带的陡坡可以采用原木为框，填土夯实的办法，可以减少路面土壤侵蚀，同时不失自然特质。

照片1　引水渠穿越路径减少水流对路径的冲决

照片2　原木路径减少陡坡土壤侵蚀

照片3　汀步解决溪流穿越问题

照片4　路径边缘原木可以减少水土流失

图9-6　公园中各种路径维护措施(照片1-4)

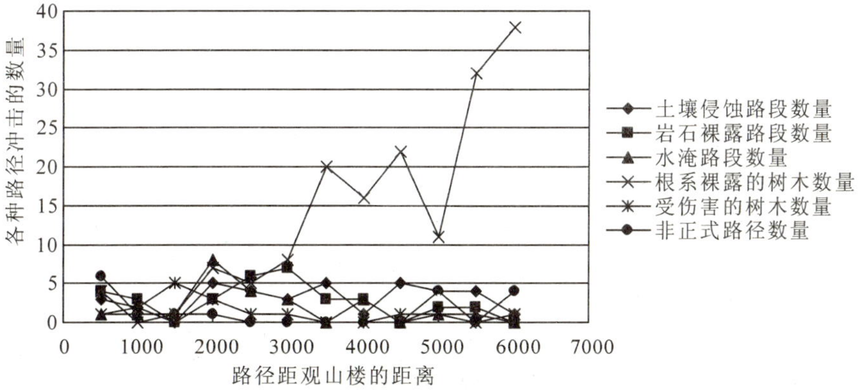

图9-7　各种路径冲击的数量

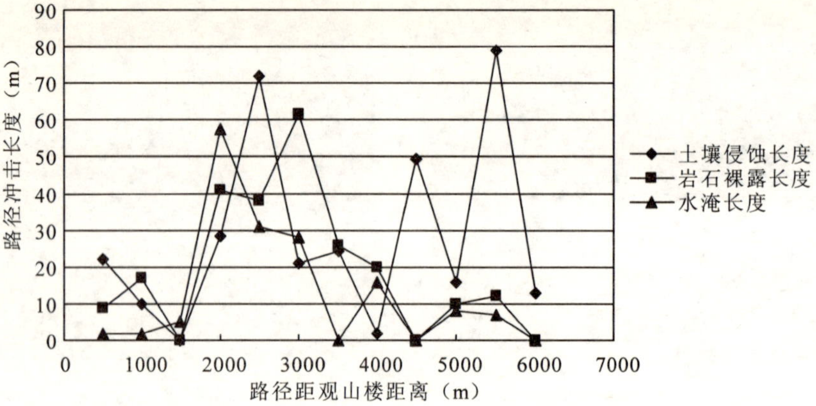

图 9-8 路径冲击长度

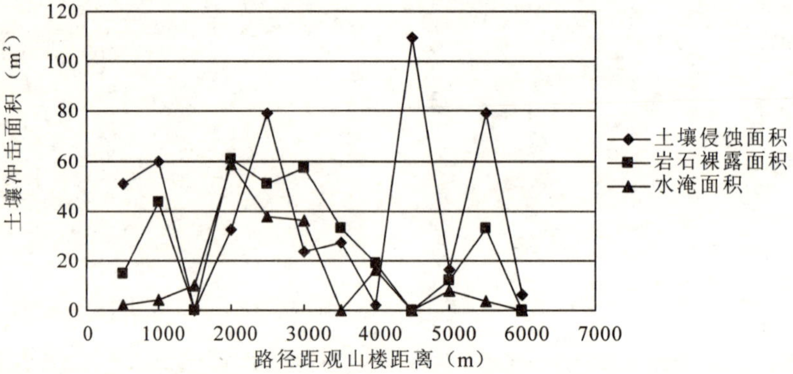

图 9-9 冲击路径的面积

9.2.2 游憩活动对路径土壤的冲击

研究表明，在自然游憩区域对土壤最主要的影响是踩踏(Cole & Schreiner, 1981；Marion & Cole，1996；冯学钢等，1999；邓金阳等，2000；石强，2000;)。践踏引起土壤紧实，增加土壤密度和硬度，降低土壤有机质含量，加剧土壤侵蚀，土壤的结构和稳定性也发生变化。

游憩使用的最显著的特性是高度集中的特性。大部分游憩使用局限在少数旅游线路和目的地区域，Manning (1979)称这种游憩使用和冲击为“节点和链状模式(node and linkage pattern)”。

链状冲击主要发生在连接景点或停靠点之间的路径区域；节点式冲击主要发生在景点、观景点、营地等停留使用区域。

游憩使用高度集中的特性，也导致使用区域所呈现的冲击程度并不是平均分配的。如在露营营地核心，由使用强度略轻的区域所环绕，可以在此搜集木材或者取水等，在这些区域之外，则是较少被游憩者涉足的区域，这些区域是营地普遍特征。McEwen 和 Tocher (1976) 称这 3 种截然不同的区域为冲击、交互，以及缓冲区。并且这个概念对于其他游憩地点也适用。

冲击区域土壤和地被退化非常严重，很快成为坚硬贫瘠的地方；在交互地带，在一些游客自发踩出的非正式路径上，植被和枯枝落叶层消失，土壤紧实，但其他地方的土壤和植被的活力并没有显著降低；缓冲区域基本没有冲击，也没有路径和道路。

经过调查发现，由于公园的游赏路线以一条线性路径为主，踩踏主要沿路径发生，呈带状分布；在一些观景点、休息点和接待处等集中使用的区域呈节点形式。冲击强度在空间上呈现由中心向外围地带逐渐递减的特征。

9.2.2.1 *研究方法*

根据公园的资源条件及游客使用情况，以及体验机会类型分区，综合服务区主要以硬质铺装为主，对冲击的耐受能力强，应该关注的主要是自然观光游览区以上的区域。自然观光游览区是游客活动比较集中的地带，进入便利，使用频率高，有明显的游人活动痕迹；健行区，到达游客量较少，规模小于自然观光游览区；探寻区远离主游道，游客罕至，无明显的游憩冲击痕迹。在每类型区域中各选取一定数量的样地(样地分布见图 9-10)，其中自然观光游览区选 3 个样地，每个样地按距主路径中心 1m，3m，5m 和 50m 的分布选取 4 个样方，50m 为对照样地；健行地带两个样地，每个样地按距游道中心 1m，50m 的分布选取 2 个样方，50m 对照样方；探寻区选取一个样地，距路径中心 1m 及 50m(对照)选取两个样方。对照样地注意要与路径附近的样地在海拔、坡度等条件基本相同。在每个样方中都挖掘一土壤剖面，深度为 30~50cm，进行土壤剖面观察。每一个样方中用土壤环刀和取样布袋各取 3 组土样，土样深度为距表层 20cm，用以测定土壤理化性质。

样地海拔高度、坡度、坡向分别通过海拔表、坡度—坡向测定仪实测获得；土壤颜色、质地、结构、湿度、坚实度、侵入体、孔隙状况、植物根系分布与深度通过土壤剖面观察并做记录。

(1) 土壤监测指标的确定

在有关游憩使用对土壤影响的研究中，主要的监测指标是测定土壤的理化性质的改变，包括土壤板结程度、有机质的流失、土壤水分及 pH 值的变化等。

用来反映土壤板结的指标主要有土壤硬度、容重、渗透率和传导率等。虽然这些方法量测土壤的不同特性，但都反映土壤紧实度的增加，游憩使用导致的土壤紧实通常反映在土壤容重的增加，土壤硬度阻力增大，传导率及渗透值

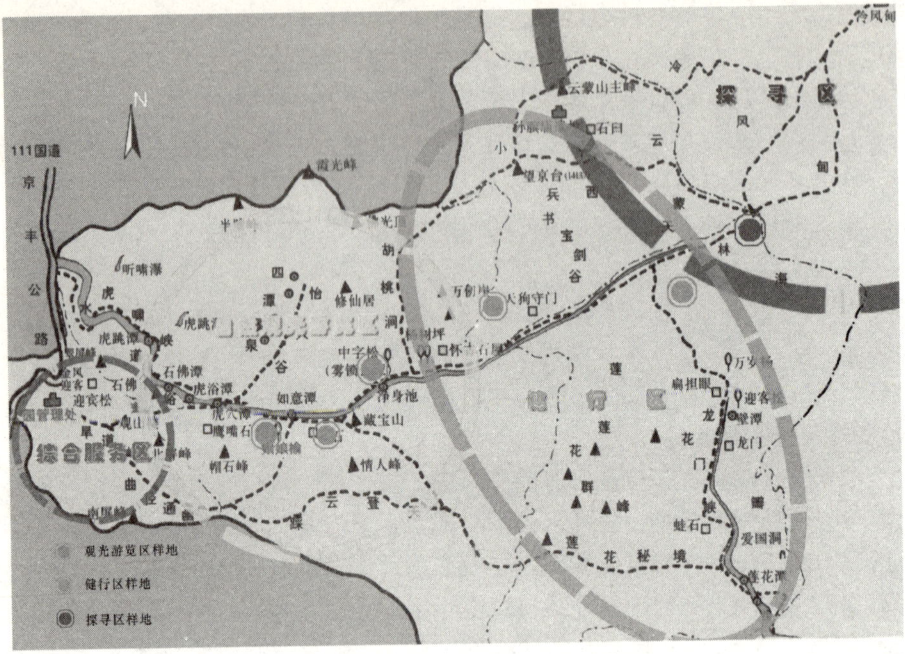

图 9-10　公园土壤采样样地示意

的降低。根据现有的试验设备条件，本研究主要测定土壤容重来反映土壤的板结程度变化。

实验室工作包括对土样的处理和土壤理化性质的测定。布袋土样在实验室室温下自然风干，然后磨碎通过 1mm 金属筛，有机质含量测定的土样经过研磨通过 0.25mm 金属筛。土壤含水率、容重的测定采用烘箱法和环刀法；土壤 pH 值测定采用电位法；有机质含量用稀释热 - 重铬酸钾容量法测定。

9.2.2.2　结果分析

在使用强度较大的自然观光游览区域，对每一样地 1m，3m，5m 及 50m 对照的样方监测指标进行单因素方差分析（$\alpha = 0.05$），并对 1m，3m，5m，50m 之间的监测数据进行方差多重比较，方差齐性时采用最小显著差异方法（LSD），方差非齐性时采用 Dunnett T3 方法；在健行者区和探寻区，每一样地的 1m 的监测指标与它们的 50m 对照点进行 t 检验（$\alpha = 0.05$），用来评价由于使用量的不同，使用冲击对于土壤在横向水平空间的变化。在纵向延伸的线状游赏廊道上，由于土壤的理化性质随着土壤类型、地点的不同而有很大变化，因此以 1m 与 50m 对照的监测指标变化值在纵向上进行方差检验（$\alpha = 0.05$）。实验数据输入电脑，利用统计软件 SPSS10.0 进行分析。

(1)自然观光游览区土壤的冲击情况

在该区域，总体上，不同使用强度的土壤条件之间存在差异。使用强度较高的地区土壤容重也较高，鬼谷子山寨土壤容重达到1.67g/cm³(表9-2)。在我国其他学者的相关研究中，如石强(2000)对张家界森林公园旅游冲击的研究，金鞭溪距游道1m的土壤容重为1.64 g/cm³，而邓金阳(2000)在1996，1997年对金鞭溪距游道2m以内土壤容重测得数据分别是1.589 g/cm³，1.658 g/cm³；冯学钢(1999)对安徽采石风景区的研究中，旅游活动区域的土壤容重是1.40 g/cm³。在国外的相关研究报道中，岩石山公园高度使用的营地土壤容重为1.6 g/cm³(Dotzenko *et al*，1967)，而在越野车行驶区域，土壤容重超过2.0 g/cm³(Wilshire *et al*，1978)。但是由于场所条件和量测技术的差异，不同地区土壤紧实度之间的比较并不能完全反映使用情况。

表9-2　自然观光游览区不同使用强度与对照点的土壤条件

区域	样地	监测指标	冲击梯度(距路径边缘距离 m)				p
			1	3	5	50	
观光游览区	鬼谷子山寨	土壤容重(g/cm³)	1.67	1.32	1.40	1.41	0.00
		土壤含水率(%)	6.80	14.20	12.05	11.12	0.01
		土壤有机质含量(%)	3.46	6.46	5.856	6.70	0.00
		土壤pH值	6.80	6.83	6.59	6.53	0.08
	藏宝山西250m	土壤容重(g/cm³)	1.51	1.58	1.42	1.39	0.02
		土壤含水率(%)	14.23	14.38	14.27	12.47	0.00
		土壤有机质含量(%)	4.92	7.51	7.31	8.00	0.00
		土壤pH值	6.54	6.55	6.12	6.25	0.00
	净身池	土壤容重(g/cm³)	1.62	1.64	1.50	1.50	0.20
		土壤含水率(%)	5.95	5.56	2.47	7.86	0.00
		土壤有机质含量(%)	1.968	2.662	3.837	6.866	0.00
		土壤pH值	6.76	6.72	6.84	6.46	0.00

注：显示数据为各组平均数。

在不同使用强度的方差多重比较中($\alpha=0.05$)，鬼谷子山寨土壤容重距路径1m与3m，1m与5m以及1m与50m之间存在显著差异，而3m与5m，3m与50m，以及5m与50m之间土壤容重差异不显著；藏宝山土壤容重距路径1m与50m，3m与5m，3m与50m之间存在显著差异，而1m与3m，1m与5m，5m与50m之间土壤容重差异不显著；净身池各使用强度之间土壤容重差异不显著，这应该与净身池的沙质土壤有关。总体上在游憩活动较集中的自然观光游览区，游人踩踏导致土壤容重增加，距路径1m处与对照样点的土壤容重存在显著差异(见表9-3，图9-11)。

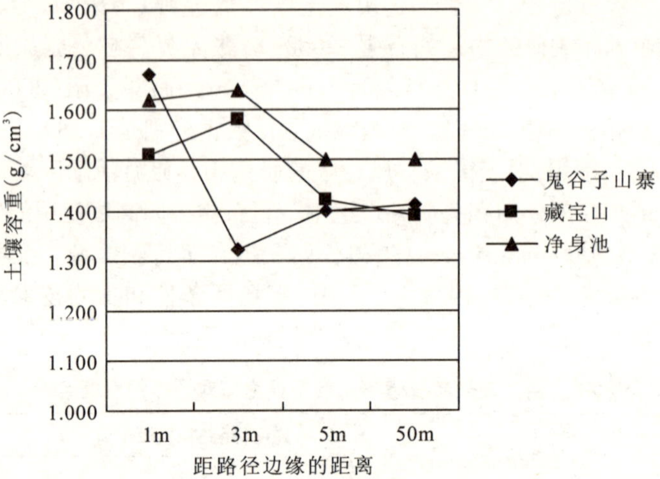

图9-11　路径外侧不同使用强度下的土壤容重

土壤水分与土壤紧实度密切相关，对壤土和黏土而言，踩踏使其土壤孔隙度降低，从而减少土壤持水能力，通常是土壤板结程度增加，土壤水分降低(Sttergren & Cole，1970；刘鸿雁等，997，冯学钢等，1999，石强，2000)。结果是限制了树木根系的生长空间，最终导致树木生长衰弱。但对于沙土和沙壤土来说，践踏作用则使原来不能持水的非毛细管变成可持水的毛细管，增强了土壤的毛细作用，从而可能使土壤含水率反而增加，Luze(1945)发现沙质土壤踩踏点的土壤持水能力要比对照点高8.9%。

云蒙山国家森林公园的母岩为花岗岩，花岗岩风化作用明显，以至土壤质地在垂直分布上呈现不同的形态，海拔800m以下多为轻壤或沙壤土，800~1000m多为沙土或沙壤土，1000m以上多为壤土。鬼谷子山寨样地土质为轻壤土，距游道1m处土壤水分低于3m，5m和对照样地。土壤水分距路径1m与3m，5m以及50m之间存在显著差异，而3m与5m，3m与50m以及5m与50m之间土壤水分差异不显著；藏宝山样地海拔825m，土质为沙壤，样地距游道1m，3m，5m处土壤水分高于50m对照区。土壤水分距路径1m与50m，3m与50m，5m与50m之间存在显著差异，1m与3m，1m与5m，3m与5m之间土壤水分差异不显著；净身池样地为沙土地，距游道1m，3m处的土壤含水率高于5m处，但略低于50m处，除了距路径1m与3m之间土壤水分差异不显著，其他使用强度之间土壤水分都存在显著差异。总体上，游憩使用对土壤水分的影响是复杂而多变的，与土壤板结程度、质地、有机质成分、森林覆盖密度等都有关系。因此，在自然观光游览区，土壤水分在不同使用强度之间的变化缺少一致性(表9-3，图9-12)。

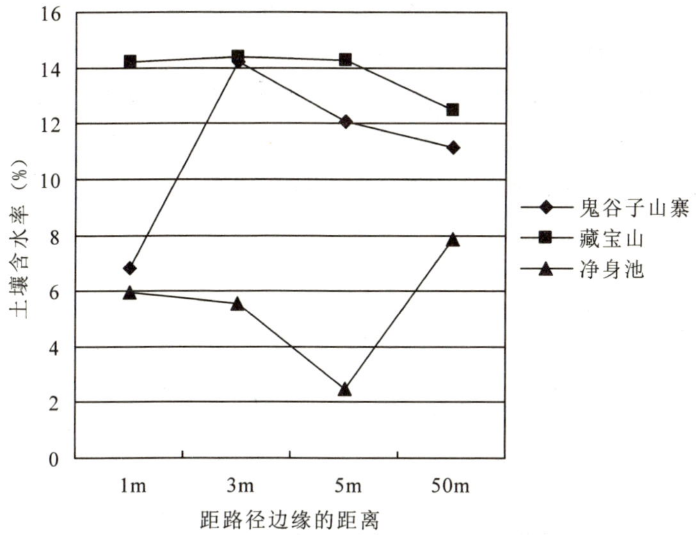

图9-12　路径外侧不同使用强度下的土壤含水率

表9-3　自然观光游览区不同使用强度之间土壤监测指标多重比较

样地横向冲击梯度比	监测指标方差分析(p)				
	冲击梯度(m)	土壤容重(g/cm^3)	土壤含水率(%)	土壤有机质含量(%)	土壤pH值
鬼谷子山寨	3	0.00	0.00	0.00	0.82
	5	0.00	0.01	0.01	0.10
1m	50	0.00	0.03	0.00	0.04
3m	5	0.33	0.24	0.22	0.07
	50	0.28	0.10	0.57	0.03
5m	50	0.90	0.60	0.10	0.62
藏宝山	3	0.67	0.70	0.05	0.87
	5	0.10	0.93	0.00	0.00
1m	50	0.01	0.01	0.00	0.00
3m	5	0.05	0.77	0.98	0.00
	50	0.00	0.00	0.67	0.01
5m	50	0.17	0.00	0.03	0.13
净身池	3	0.73	0.64	0.00	0.49
1m	5	0.16	0.00	0.00	0.34
	50	0.17	0.04	0.00	0.00
3m	5	0.09	0.01	0.00	0.13
	50	0.10	0.02	0.00	0.01
5m	50	0.96	0.00	0.00	0.00

游憩使用会降低土壤有机质，而缺少有机质将使土壤减少雨水渗透和营养循环，增加土壤表面侵蚀，导致土壤紧实、根系暴露等。在鬼谷子山寨使用强度较高的距路径 1m 处，土壤有机质含量显著低于 50m 对照处。土壤有机质在距路径 1m 与 3m，5m 以及 50m 之间存在显著差异，其他使用强度之间土壤有机质差异不显著；藏宝山土壤有机质距路径 1m 与 5m，1m 与 50m 以及 5m 与 50m 之间存在显著差异，其他使用强度之间土壤有机质差异不显著；净身池所有使用强度之间都存在显著差异。在自然观光游览区，游憩使用对土壤有机质含量的影响呈现出比较一致的变化，即游人踩踏导致土壤有机质含量降低(图 9-13)。

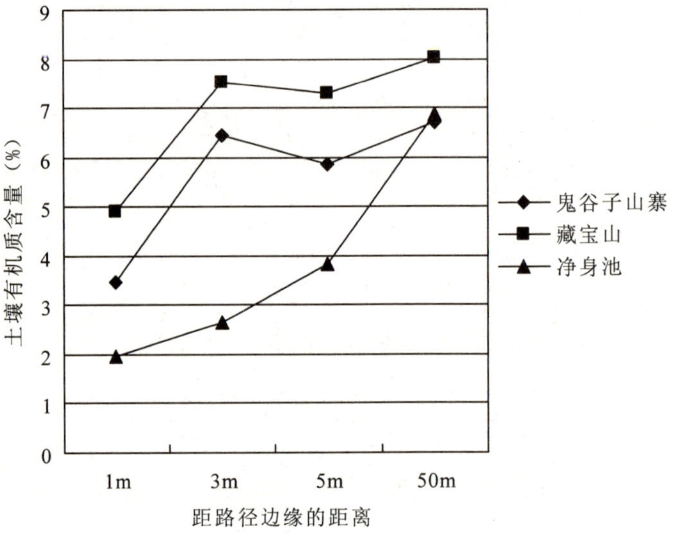

图 9-13　路径外侧不同使用强度下的土壤有机质含量

云蒙山国家森林公园的土壤总体来说呈微酸性，所以喜酸性土壤的杜鹃花和松柏类植物长势良好。从土样的 pH 值测定结果来看，旅游活动对土壤的酸碱度产生了一定的影响，影响严重的地带土壤碱性明显增强。在国外的相关研究中，也认为游憩使用或多或少会减少土壤酸性，有研究发现在营地核心 pH 值增加（Stohlgren & Parsons，1986）。在我国的相关研究报道中，冯学钢(1999)研究安徽采石山旅游对土壤条件的影响，结果是冲击区域比对照区域的土壤 pH 值降低，其解释是游客喝过的饮料汁液溅洒到土壤里，致使土壤酸碱度发生变化。笔者认为这样的解释不能很好地解释土壤 pH 值变化的问题，在景区个别地点可能会由于饮料残汁渗透到土壤里产生酸碱度的变化，但如果在多数样地中呈现系统变化，这样的解释缺乏科学依据。

云蒙山国家森林公园土壤 pH 值随使用强度增大而增加，即土壤酸性降低。这与国外一些学者的研究报道结果相一致，但这种变化机理还没有一个被广泛认同的科学解释。鬼谷子山寨土壤 pH 值在距路径 1m，3m，5m，50m 之间变化不显著，在方差多重比较中，1m 与 50m 以及 3m 与 50m 之间土壤 pH 值存在显著差异；藏宝山土壤 pH 值距路径 1m 与 5m，1m 与 50m，3m 与 5m，3m 与 50m 之间存在显著差异，其他使用强度之间土壤 pH 值差异不显著；净身池距路径 1m 与 50m，3m 与 50m，5m 与 50m 之间土壤 pH 值差异显著，其他使用强度之间土壤 pH 值差异不显著。总体上，在自然观光游览区，使用强度较大的距路径 1m 处的土壤 pH 值明显高于对照样点的土壤 pH 值。

在自然观光游览区，鬼谷子山寨和净身池是游客逗留时间较长的地段，因此土壤监测指标反映出遭受冲击强度较大，而藏宝山地段游客很少逗留，因此土壤监测指标表明所受冲击轻度较轻。

(2)健行及探寻区域土壤的冲击情况

健行和探寻区海拔超过 900m，土质为沙壤—中壤。因为游人相对稀少，因此在每个样地只设立 1m 和 50m 对照两个样点。

从土壤容重来看，健行区和探寻区距路径 1m 处的土壤容重低于自然观光游览区的鬼谷子山寨和净身池，但仍略高于相应的对照样点。天狗守门和云蒙林海土壤容重与对照点经过 t 检验表明差异不显著，鳄鱼石土壤容重与对照样点存在显著差异；天狗守门距路径 1m 处土壤水分与对照样点差异显著，而鳄鱼石和云蒙林海则没有显著差异；3 个样地的土壤有机质都与对照样点存在显著差异；天狗守门的土壤 pH 值在使用地点和对照样点之间存在显著差异，鳄鱼石及云蒙林海则差异不显著。

在样地的纵向比较上，由于样地土壤条件变化比较大，单纯的数值之间的比较不容易说明问题，因此用土壤监测指标增加或减少的量进行比较(Marion & Cole，1996)。方差分析表明纵向样地的土壤监测指标之间的比较差异显著。藏宝山虽然处于自然观光游览区，但游人只是经过很少逗留，因此，各项指标在使用和对照样点之间相差较小，天狗守门虽然处于健行地带，距入口较远，但游人在此逗留时间较长，因此各项指标在使用地点和对照地点之间的差距较显著，在使用程度较轻微的鳄鱼石和云蒙林海游人到达量较少，同时也很少逗留，因此各项指标之间数值相差较少。(图 9-14 及表 9-4，表 9-5)。

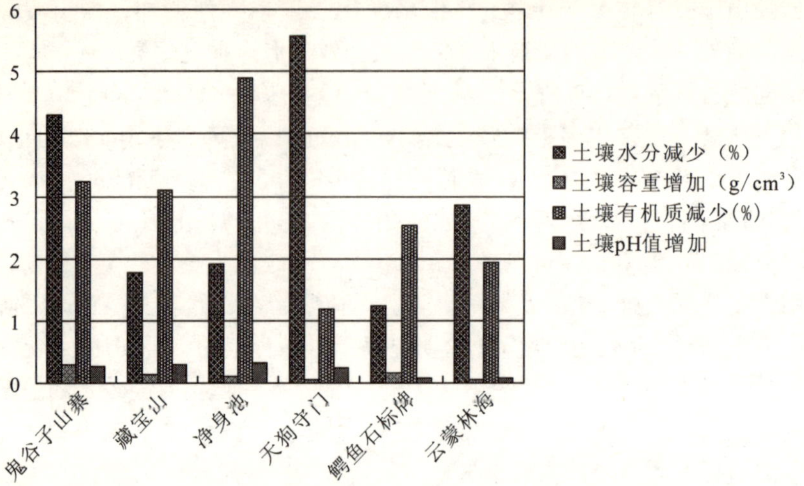

图 9-14 不同区域距路径 1m 与 50m 对照的土壤冲击强度比较

表 9-4 健行区和探寻区不同使用强度与对照点的土壤条件

区域	样地	监测指标	冲击梯度（距路径边缘距离 m）		p
			1	50	
健行区	天狗守门西 100m	土壤容重(g/cm^3)	1.54	1.45	0.44
		土壤含水率（%）	6.22	11.80	0.01
		土壤有机质含量(%)	6.25	7.44	0.00
		土壤 pH 值	6.87	6.62	0.04
	鳄鱼石标牌	土壤容重(g/cm^3)	1.41	1.24	0.02
		土壤含水率（%）	24.97	26.22	0.64
		土壤有机质含量(%)	7.90	10.46	0.00
		土壤 pH 值	6.24	6.17	0.23
探寻区	云蒙林海	土壤容重(g/cm^3)	1.04	0.97	0.50
		土壤含水率（%）	34.27	37.12	0.39
		土壤有机质含量(%)	8.56	10.50	0.01
		土壤 pH 值	6.31	6.22	0.19

表 9-5　不同区域距路径 1m 与 50m 对照的土壤冲击强度比较

冲击参数 (1m 和 50m 对照的比较)	鬼谷子 山寨	藏宝 山	净身 池	天狗 守门	鳄鱼石 标牌	云蒙 林海	p
土壤水分减少(%)	4.32	1.77	1.91	5.58	1.24	2.85	0.00
土壤容重增加(g/cm^3)	0.29	0.13	0.11	0.05	0.17	0.06	0.02
土壤有机质减少(%)	3.23	3.08	4.90	1.19	2.54	1.94	0.00
土壤 pH 值增加	0.27	0.29	0.31	0.25	0.07	0.09	0.01

小结：

游客使用确实对公园土壤带来显著的影响，并根据使用强度的不同而呈现不同的变化。从本研究所选的样地监测结果来看，总体上自然观光游览区比健行和探寻区所受的冲击要大，同时也反映出游客逗留能够带来更大的冲击。在同一取样点的不同使用强度之间，使用强度较大的地点距路径 1m 与 50m 对照的监测指标差距较大，5m 和 50m 之间的差别较 1m 与 50m 之间的差别要小，而 1m，3m，5m 之间的差别缺少一致性的变化。在使用较轻微的地点，土壤监测指标距路径 1m 与 50m 之间的差别较小。

9.3　游憩活动对公园植被的影响

人类活动对路径边缘植被的影响主要表现在对树木的人为伤害，践踏对地被植物的伤害，以及由于践踏引起土壤紧实和其他土壤变化，又进一步影响植被。

本书研究的目的是检验践踏和人类干扰对路径边缘植被的影响，确认植物群落对于游憩干扰的反应。

9.3.1　研究方法

9.3.1.1　样地选择及调查方法

调查时间分别在 2001 年 5 月 29 日和 7 月 30，31 日进行，5 月 29 日主要进行样地确定，记录坡度、坡向、海拔、土壤类型等工作，并量测植物种、冠幅、胸径、树高、盖度等数据，在样方四角的乔木上挂牌以确定样方的位置。7 月 30，31 日在植物茂盛生长的时期进一步确定每一样方乔灌草本植物的种类和数量。

沿路径选择 5 处样地，基本与土壤采样点一致。为了更全面地了解游憩活动对不同植被类型的影响，在鬼谷子山寨对面的如意潭选择 1 处低地，位于溪流边缘。藏宝山和净身池相距较近，路径边缘地带主要是青杨人工林，因此只在藏宝山选择样地。所有样地都包括靠近游人活动干扰的样方及其垂直于路径的未被干扰的临近对照样方。

样地Ⅰ及其对照样方选在观山楼东路径南侧，是以蒙古栎为优势种的次生林，干扰程度低到中等；样地Ⅱ及其对照样方选在鬼谷子山寨道路南侧，是以山楂为优势种的人工果木林，公园允许游客秋季在山楂林内采摘，因此，样地Ⅱ游人使用最多、干扰最严重，林下灌木层较稀疏；样地Ⅲ位于鬼谷子山寨对面的如意潭溪流边缘，游人干扰程度中等；样地Ⅳ位于藏宝山西路径南侧的人工青杨林，游人干扰程度中等到高；样地Ⅴ位于天狗守门东 150m 的蒙古栎林，游人干扰程度低到中等；样地Ⅵ位于鳄鱼石标牌对面，由于海拔较高，受游人干扰相对较少，林下枯枝落叶层较厚(见图 9-15，附表 3)。

乔木样方面积设为 $100m^2$ ($10m \times 10m$)，在同一样方内，从右上角到左下角沿对角线设 3 个 4 m^2 ($2m \times 2$ m)灌木样方，其中，中部灌木样方与乔木样方中心点相同；在相同的乔木样方内沿四角设 4 个 $1m^2$ ($1m \times 1$ m)的样方调查草本植物。调查时间分别在 2001 年 5 月 29 日，7 月 28、29 日进行。每块样地均记录坡度、坡向、海拔、土壤类型等生境因子，所有种类的植物均记录植物名称、盖度、高度、株数、生长强度，其中乔木还记录胸径、冠幅，灌木记录冠幅，另外，对于乔木的更新苗也做了记录(见表 9-6，附表 4)。

表 9-6　云蒙山国家森林公园植被样地基本特征

样地编号	Ⅰ	Ⅰ对照	Ⅱ	Ⅱ对照	Ⅲ	Ⅲ对照
地点	观山楼东路径南侧	观山楼东路径南侧	鬼谷子山寨道路南侧	鬼谷子山寨道路南侧	如意潭	如意潭
海拔(m)	680	690	640	640	610	610
坡向	NE4	NE4	NW4	NW3	NE6	NE6
坡度(°)	18~25	30~38	10~15	8~10	15	20
土壤类型	沙壤	沙壤	沙壤	沙壤	沙壤	沙壤
样地编号	Ⅳ	Ⅳ对照	Ⅴ	Ⅴ对照	Ⅵ	Ⅵ对照
地点	藏宝山西路南侧	藏宝山西路南侧	天狗守门东 150m	天狗守门东 150m	鳄鱼石标牌对面	鳄鱼石标牌对面
海拔(m)	670	670	820	820	950	950
坡向	NE30	NE30	NW3	NW3	NW11	NW11
坡度(°)	5~10	5~10	12	10	20	18~20
土壤类型	轻壤	轻壤	沙壤	沙壤	轻壤	轻壤

照片1　人工青杨林

照片2　健行区植被

图9-15　自然观光游览区和健行区的植被(照片1-2)

9.3.1.2　分析方法

研究游憩活动对植被的冲击，通常用植物差异性(Floristic Dissimilarity FD)和物种多样性指数作为评价指标(Cole & Hall，1992；Marion & Cole，1996；Roovers *et al* 2004，张启等，2004)。植物差异性由Sorensen's相似指数变化而来(Marion & Cole 1996)，主要用来量测沿着环境梯度的变化物种替代的程度以及群落间物种组成的差异。

α-多样性指数是反映丰富度和均匀度的综合指标，本研究根据需要选择Simpson指数和Shannon-Winner指数来反映云蒙山国家森林公园沿路径不同地带样地的物种多样性(钱迎倩、马克平，994；高明贤，1998；王清春，2003；俞世孝，2001；李宗善，2004)

其中植物差异性 *FD* 计算公式如下：

$$FD = 0.5\sum|P_{i1} - P_{i2}| \tag{9-1}$$

P_{i1}是路径边缘样方第 i 物种占所有物种个体数的比例，P_{i2}是对照样方某一相同物种占所有物种个体数的比例；

Simpson指数和Shannon-Winner指数计算公式分别如下：

Simpson指数：
$$D = 1 - \sum_{i=1}^{S} p_i^2 \tag{9-2}$$

Shannon-Winner指数：
$$H = -\sum_{i=1}^{S} p_i \ln P_i \tag{9-3}$$

P_i表示第 i 物种占所有物种个体数的比例($i=1$，2……S)，即 $P_i = N_i/N$，N 表示所有种的个体数；N_i表示第 i 物种的个体数；S 为物种数目。

FD 值增加，差异性增加；Simpson多样性指数的最低值是0，最高值是(1-1/s)。前一种情况出现在全部个体均属于一个种的时候，后一种情况出现

在每个个体分别属于不同种的时候；Shannon-Winne 包含两个因素：其一是种类数目，即丰富度；其二是种类中个体分配上的均匀性(evenness)，种类数目越多，多样性越大。而种类之间个体分配的均匀性增加也会使多样性提高。

9.3.2 结果分析

9.3.2.1 人类干扰对不同样地物种组成的影响

调查的 6 处样地及其对照点之间的植物差异表现出的结果是：总体上受干扰的样地与其对照点之间植物组成存在差异，但乔木层、灌木层、草本层之间，植物差异性在统计学上差异不显著。乔木层与对照样点差异性最大的是样地Ⅴ，为 60.08%，差异性最小的是样地Ⅱ，为 19.70%；灌木层与对照样点差异最大的是样地Ⅱ，为 69.23%，差异最小的是样地Ⅵ，为 17.57%；草本层与对照样点差异性最大的是样地Ⅲ，为 65.55%，最小的是样地Ⅵ，为 11.59。

样地Ⅴ乔木层主要由蒙古栎、青杨、核桃楸、黑桦、鹅耳枥组成，且蒙古栎在数量上的优势并不十分显著，但物种分配的均匀程度较高，其对照样地乔木层主要由蒙古栎、黑桦、康椴、桑树组成，但蒙古栎在数量上的优势比较显著(附表3)，分析其原因，这有可能由于样地Ⅴ在天狗守门与怀古石屋之间，处在从蒙古栎林到白桦林的过渡地带，物种多样性程度比较高，同时在中等干扰强度下，抑制了优势种的生长，为其他植物的生长创造了条件；乔木层物种组成差异最小的样地Ⅱ为人工种植的山楂林，由于人工林本身比较均一，因此，虽然样地Ⅱ和对照点之间存在差异，但它们之间的物种差异性较小(图 9-16)。

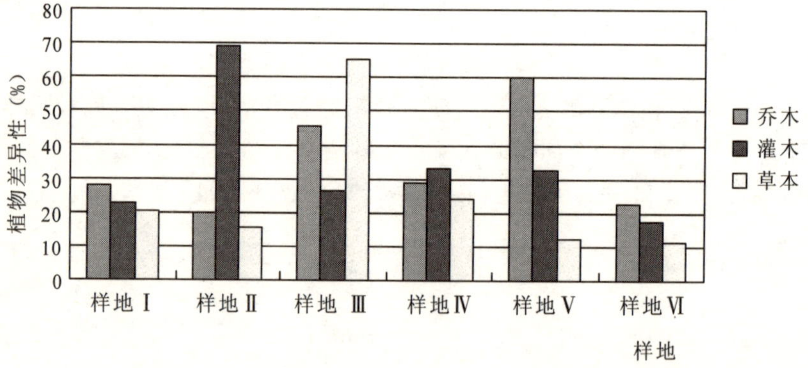

图 9-16　不同样地中乔木、灌木、草本层的植物差异性

灌木层植物差异性最大的是样地Ⅱ，由于采摘活动干扰比较严重，对灌木层和草本的影响比对乔木层更大，灌木层主要种类是绣线菊、胡枝子、悬钩子等生长强健的种类，其对照样点的植物种类组成是大花溲疏、绣线菊、锦带花和鼠李；灌木层植物差异性最小的是样地Ⅵ及其对照样点，这可能是由于样地Ⅵ处在健行地带，到达的游客较少，冲击较小，因此样地和对照样点的物种组成和分布差异性较小(图9-16)。

草本层植物差异性最大的是样地Ⅲ与其对照样点，这个样地及其对照点草本层组成特点是以非禾本科植物为主，主要有荚果蕨、草乌、委陵菜、耧斗菜、苦荬菜、芦苇、落新妇等。这些植物对人类干扰的耐受性比较低，可能是导致植物差异性数值比较高的原因。样地Ⅵ受人类干扰比较少，林下枯枝落叶层比较厚，草本植物的盖度比较低，因此样地和对照点的植物差异性数值最低。

在样地及其对照样点，草本层植物种类组成上比较明显的是禾草和非禾草类植物数量及分布的变化。靠近路径边缘的样地草本层禾草数量超过其对照样地。这和一些学者的相关研究结果相一致。Marion & Cole(1996)研究特拉华州水口(Delawarae Water Gap)国家游憩区域营地植被和土壤的变化时发现，非禾本科植物对人类干扰活动更敏感，营地的禾本科植物数量要高于其对照样地。张启等(2004)研究旅游对雾灵山自然保护区植被的影响，研究结果也发现在路径边缘的样地多出现矮小、伴人植物，而对照样地草本层则出现较多的耐阴或比较高大的草本植物。羊胡子草、披针叶苔草以及一些菊科植物如苦荬菜、蒿类等分布广泛，人类干扰对其影响不大；玉竹、蕨类植物等基本出现在未经干扰的对照样地。

9.3.2.2 人类干扰对不同样地物种多样性的影响

在调查的6处靠近路径边缘的样地中，乔木层物种多样性指数最高的样地是样地Ⅵ，辛普森和香农指数分别为0.789和0.725(表9-7，图9-17)，物种多样性指数最低的是样地Ⅲ，辛普森和香农指数分别为0.580和0.473。乔木层的物种多样性指数在样地Ⅰ、样地Ⅴ、样地Ⅵ呈现出路径边缘样方比对照样方高的特点，而在样地Ⅱ、样地Ⅲ、样地Ⅳ路径边缘样方物种多样性指数低于对照样方。灌木层物种多样性指数最高的样地是样地Ⅵ(表9-7，图9-18)，辛普森和香农指数分别为0.736和0.589；物种多样性指数最低的是样地Ⅱ，辛普森和香农指数分别为0.569，0.424。草本层物种多样性指数最高的是样地Ⅲ(表9-7，图9-18)，辛普森和香农指数分别为0.722，0.578；最低的是样地Ⅴ，辛普森和香农指数分别为0.654，0.516。靠近路径边缘的所有样地草本层的多样性指数都比其对照样地低。

样地Ⅵ较少受到干扰，同时也处于由蒙古栎林向白桦林过渡地带，乔木层物种多样性程度较高，因此物种多样性指数在调查的样地中也最高；样地Ⅲ处

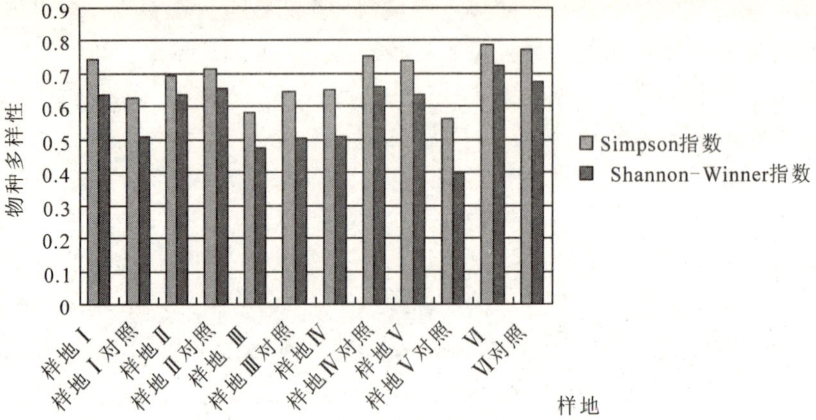

图 9-17 不同样地中乔木层物种多样性

于沟谷之中，以柳树为优势种，样方植被比较稀疏，同时对人类活动干扰的忍耐能力也较弱，因此其物种多样性在调查的样地中最低。

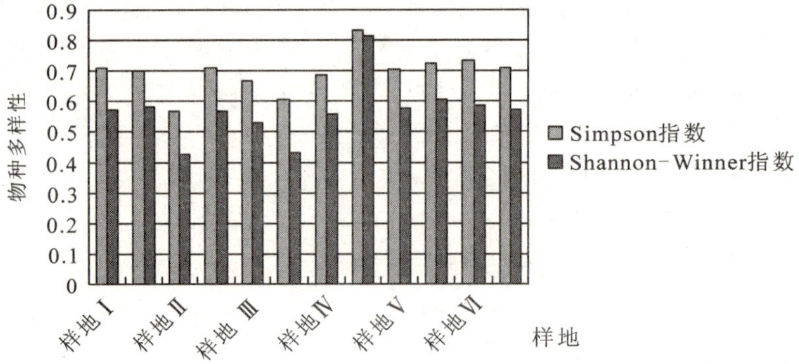

图 9-18 不同样地中灌木层物种多样性

从调查的 6 处样地看，受干扰严重以及比较脆弱的样地，路径边缘的物种多样性指数低于其对照样方。样地Ⅱ是山楂人工果木林，由于游人的采摘活动，受到的冲击最严重，这从土壤的冲击指标也可以看出(见表 9-2，表 9-3，表 9-4)，土壤板结程度较高，植被盖度较低，物种多样性指数降低。在 Roovers(2004)等对路径边缘的植被冲击研究结果中，也得出类似的结论。样地Ⅲ紧邻溪流，所处地势较低。在旅游对自然资源影响研究中，一些学者也注意考虑非生物因子，Marion & Cole (1996)发现在使用强度大体相同的情况下，低地比高地失去更多植被及更多的矿物质土壤裸露。样地Ⅲ对照样方游人较少干扰，因此物种分布的多样性和均匀度都比受干扰样方高。样地Ⅳ是人工青杨林，林下植被稀疏，地势平坦，同时这一带距离从前的居民点较近，人类干扰较多，因此物种多样性指数较对照样地的低。

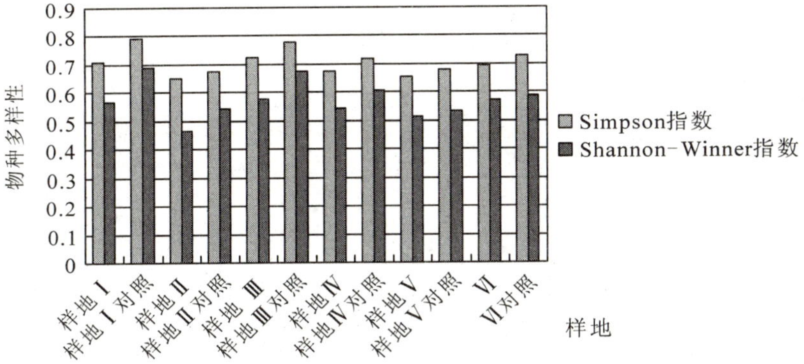

图 9-19　不同样地中草本层物种多样性

在轻度到中等干扰程度的山坡地，路径边缘样方的物种多样性指数要高于其对照样地，在一些学者的研究中，Bright(1986)，Roovers 等(2004)也发现在轻微至中等干扰水平下，路径周围地带比起没有被干扰的区域物种多样性增加，这些研究得出的结论是由于路径边缘更开敞，具有更好的光照、水分条件和生长空间。

样地Ⅵ较少受干扰，利于多种植物生长，植被茂密，因此灌木层的物种多样性也最高；样地Ⅱ由于游人活动干扰的影响，土壤板结程度增加，植物生长受到影响。因此灌木层物种多样性指数最低。

样地Ⅲ草本层物种多样性指数最高，这可能源于其地处沟谷溪流的边缘，虽然林下草本植物覆盖度不是很高，但利于多种喜阴湿的植物生长，因此，物种多样性指数较高。样地Ⅴ乔灌层植被覆盖度较高，草本层植物比较稀疏，同时又承受一定的人类干扰活动。林下草本植物以披针叶苔草类植物为主，其他有少量的大油芒、山蒿和玉竹等，因此，物种多样性指数较低。

表 9-7　不同森林群落层次物种多样性指数和植物差异性

群落层次	Simpson 指数	Shannon-Winner 指数	植物差异性 Floristic Dissimilarity(%)
乔木层			
样地Ⅰ	0.742	0.635	28.13
样地Ⅰ对照	0.627	0.510	
样地Ⅱ	0.694	0.638	19.70
样地Ⅱ对照	0.713	0.655	
样地 Ⅲ	0.580	0.473	45.45

（续）

群落层次	Simpson 指数	Shannon-Winner 指数	植物差异性 Floristic Dissimilarity(%)
样地Ⅲ对照	0.645	0.504	
样地Ⅳ	0.649	0.509	29.03
样地Ⅳ对照	0.755	0.662	
样地Ⅴ	0.736	0.589	60.08
样地Ⅴ对照	0.561	0.395	
样地Ⅵ	0.789	0.725	22.79
样地Ⅵ对照	0.773	0.676	
灌木层			
样地Ⅰ	0.711	0.575	22.50
样地Ⅰ对照	0.703	0.583	
样地Ⅱ	0.569	0.424	69.23
样地Ⅱ对照	0.710	0.567	
样地 Ⅲ	0.667	0.532	26.67
样地Ⅲ对照	0.604	0.430	
样地Ⅳ	0.686	0.559	33.33
样地Ⅳ对照	0.836	0.815	
样地Ⅴ	0.654	0.516	32.77
样地Ⅴ对照	0.727	0.604	
样地Ⅵ	0.736	0.589	17.57
样地Ⅵ对照	0.711	0.571	
草本层			
样地Ⅰ	0.711	0.568	20.58
样地Ⅰ对照	0.792	0.691	
样地Ⅱ	0.650	0.467	15.75
样地Ⅱ对照	0.675	0.544	
样地 Ⅲ	0.722	0.578	65.55
样地Ⅲ对照	0.779	0.674	
样地Ⅳ	0.675	0.545	24.11
样地Ⅳ对照	0.719	0.605	
样地Ⅴ	0.654	0.516	12.12
样地Ⅴ对照	0.678	0.534	
样地Ⅵ	0.697	0.572	11.59
样地Ⅵ对照	0.731	0.586	

小结：

通过对云蒙山国家森林公园不同样地植被的调查研究得出以下结论：

(1)游人活动对路径边缘植被存在影响，主要表现在践踏、伤害树木等。考虑到海拔、坡度等这些非生物因素的综合作用，总体上，在植被组成上，路径边缘受干扰的样地与其对照样地存在差异，在干扰程度比较严重和生态脆弱的样地，物种差异性数值比较大。

(2)草本植物对于游人干扰表现出更明显的变化，禾草类植物对于践踏的耐受程度较高，在路径边缘样方中的禾草植物的比例较高。而在对照样方中，喜阴的高大草本植物比例提高。羊胡子草、披针叶苔草以及一些菊科植物如苦荬菜、蒿类等分布广泛，人类干扰对其影响不大；玉竹、蕨类植物等更多地出现在未经干扰的对照样地。

(3)在游人干扰严重的地带，路径边缘样方物种多样性指数低于其对照样方，而在轻微干扰地带，路径边缘样方的物种多样性指数则高于其对照样方，光照成为主要因素。在沟谷地带，靠近溪流的植被对于游人干扰的耐受能力较弱，其乔木层物种多样性指数低于其对照样方。

(4)游人干扰对于植物的生长状况的影响不是十分显著，路径边缘样方的油松长势较弱，有个别树木有人为伤害的刻痕等。

管理建议：

观山楼一带路径南侧的蒙古栎林郁闭程度较高，游人进入林内踩踏的可能性较小，但路径外侧林缘受干扰程度较高，可以通过游客教育措施鼓励游客在路径上活动，避免路径扩大。另外一些简单的设施也可以减少游人进入林内的可能，如解说标识牌的设置和简单的栏杆(图 9-20)。比较严重的山楂林可以考虑采用采摘地的轮换制，让部分山楂林得以恢复。如意潭附近的沟谷林地生态比较脆弱，目前的游人干扰程度不是很严重，但应注意监测游人使用情况。藏宝山的青杨林地势较平坦，林下植被稀疏，抗干扰能力比较强。天狗守门、鳄鱼石以上地带森林郁闭程度比较高，生物多样性程度也较高，游人干扰较少，应保持其自然的生态演替过程。

图 9-20　挪威 Svartisen 国家公园的露营指导标识的位置

9.4 游憩活动对公园水体的影响

水体可以提供很多游憩机会，包括依靠水和因水而提高愉悦感的游憩活动。依靠水的活动包括垂钓、划船、滑水、游泳、皮划艇、漂流、独木舟、航行等；因水而提高愉悦感的游憩活动包括在水边停憩、观看风景、抚掌自然、沿水岸健行、露营等活动。

游憩活动对水资源的影响分直接和间接两种，直接影响的活动，如划船、游泳等直接发生于水面；间接影响的游憩活动主要发生在陆地，如在水岸的露营、健行等。Liddle 和 Scorgie(1980)把这两类活动描述为水体基础及水岸基础的活动。

无论是直接还是间接的游憩活动，都可能导致其周围的河岸环境产生潜在的生物或化学变化，也会影响到水体质量本身。

水体在一定程度上具有自身调节和降低污染的能力，通常称为水体的自净能力。但当进入水体的外来污染物含量超过水体的自净能力时，便导致其化学、物理、生物或放射性等方面特性的改变，就会使水质恶化，即水体污染。污染严重的水体常常产生感官性变化，如某些污染物使水体发生恶臭、异味、异色等，某些生物减少或死亡，某些生物的出现和剧增等，这些水体既给游客带来视觉、嗅觉甚至味觉的污染，也会给公众健康带来不良影响。有些水体污染直观察觉不出，需要借助仪器来分析。

云蒙山国家森林公园范围内无农业生产，景区内鬼谷子山寨有少量接待设施，生活污水没有直接排放到溪流中，对水体影响比较轻微。云蒙山的溪流潭瀑是公园最具吸引力的部分，根据2002~2004 年所做游客调查的结果，在“您在哪个景点停留时间最长?”这项问题的统计结果显示，比例较多的游客在近水景点停留时间较长(图9-21)。

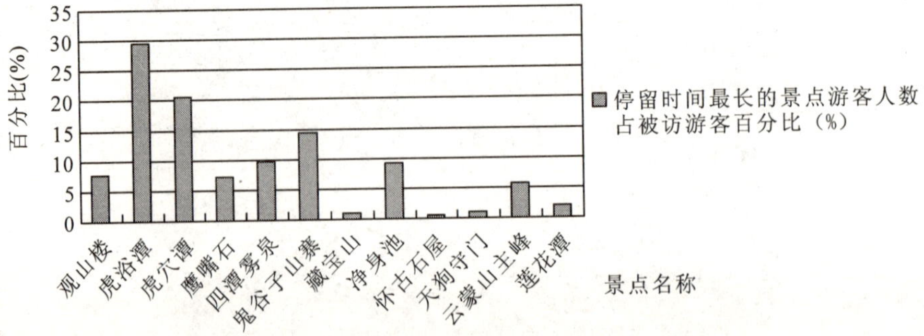

图 9-21　在景点停留时间最长的游客所占百分比

游人在公园近水活动主要有水中嬉戏、野餐、休息，沿水路游赏等，主要是一些以水岸为基础的活动。公园水体主要污染是游人随意丢弃的垃圾，如塑料袋、食品包装纸、矿泉水瓶、吃剩的食品等，另外由于水边垃圾箱非常简易，其内的垃圾经风吹也可能又散落到路边、水中。夏日年轻游客和儿童喜欢在水中嬉戏，也会对水质产生一定影响。

9.4.1　研究方法

9.4.1.1　采样点的布设及水样采集方法

为了说明旅游活动对风景区内水质的影响，布设对照、活动、消减3种采样断面。对照断面反映水质初始情况，设在上游游人罕至的溪流地带；活动断面设在游人活动频繁以及主要接待设施排污点的下方，以反映旅游对水质的影响情况；消减断面布设在活动断面下游，反映溪流的自净能力。本研究在公园上游溪流，天狗守门景点之上游人很少涉足的溪流选取一个断面作为对照，丰水期水量中等，水流较平缓，在游人活动频繁的地段选取2处断面，其一设在净身池，水量较丰，水流较平缓，其二设在鬼谷子山寨之下一处穿越路径的溪流，水量较丰，水流较急，但采水点选择相对平缓的断面。所以选择这一处水流断面，是因为多数游人路过这条溪流，也有一些游人在此停留休息。而虎浴潭虽然是多数游人停留时间最长的滨水景点，但巨大平坦的石岸在一定程度上缓冲了游人停留所带来的冲击。该处水量较丰，水流有急有缓，在水流相对较缓断面采取水样。在溪流下游距旅游活动频繁地段800m处的石佛潭选择消减断面(图9-22)，该处丰水期水量中等，水流平缓。

由于水体中污染物浓度受很多因素影响，同一溪流同一测点在不同时间和季节，污染物浓度有时可能会相差很悬殊，因此采样时间在平水期、丰水期的春、秋、夏三季分别进行，具体采样时间为2001年7月3日、7月17日、10月16日和2002年4月26日。

公园水体总体感观清澈透明，为确定水质检测参数，在7月3日选取游人活动频繁的鬼谷子山寨之下路径穿越的溪流以及天狗守门之上的对照样点，分别采取水样进行本底调查，共检验31项指标，包括感观性状指标(如色度、浑浊度)、化学指标(如pH值、总硬度、Fe、挥发酚等)、毒理指标(如氟化物、氰化物、As、Hg、Cd、Pb等)、细菌学指标(如细菌总数、大肠杆菌总数等)。在检测结果出来以后，对于水中不含或含量微少的物质(如碳酸盐、金属离子、有机物等)21项，在后来的测试中不再检测。确定11项检测指标：它们分别是电导率、悬浮物、高锰酸钾指数、五日生化需氧量、溶解氧、氨氮、亚硝酸盐、总磷、总氮、细菌总数、大肠杆菌，水样送至北京市水环境监测中心进行检测。

水质监测的有关采样、运输、分析均按照《全国水环境背景值研究技术规定》和国家标准分析方法进行。

其中溶解氧检测需要现场固定，并在4~8 小时以内送检，由于路途比较遥远，以及技术操作的原因，只获得了2002 年4 月26 日全部采水点的溶解氧数据(具体数据见表9-8)。

对照采水点

鬼谷子山寨下溪流

石佛潭

净身池

图9-22　4 个采水点的情况

9.4.1.2　具体指标说明

因此，对云蒙山国家森林公园水质主要监测评价以下指标：

电导率(μs/cm)：电导率是用数字表示水溶液传导电流的能力。它与水中溶解性固体有密切关系，可用于监测天然水或工业废水中溶解性矿物质浓度的变化。含有电解质的物质，由于离子的导电作用引起水体电导率增加。因此，电导率是估算水体被无机盐污染的指标之一。一般天然水的电导率在50~1500μs/cm，高矿化水在10000μs/cm 以上，新的纯水为0.5~2μs/cm。

悬浮物(SS)：粒径在1nm以下，主要以低分子或离子状态存在的固体物质。

高锰酸钾指数(Mo_4^-)：高锰酸钾指数是反映水体中有机和无机可氧化物质污染的常用指标。即在一定条件下，用高锰酸钾氧化水样中的某些有机物及无机还原物性物质，由消耗的高锰酸钾量计算相当的氧量。

生化需氧量(BOD_5)：生化需氧量是在好气条件下，水中有机物在生物的生化作用过程中所需的氧量(mg/L)。生化需氧量越高，表示水中需氧有机物越多。实际工作中常以五日生化需氧量为指标。

溶解氧(DO)：干净的地面水中溶解氧一般接近饱和。当水受到有机物及还原性物质污染，可使水中溶解氧降低。溶解氧浓度对评价地面水水质是重要的指标。维持良好的水质感观、性状和水体的自净作用需要有氧，在一条河流的不同地段检测溶解氧，有助于了解水体自净作用的过程。

氨氮(NH_3-N)：测定各种氮素化合物，对于探讨水源被污染的情况及目前分解的趋势有很大帮助，通过对氮素化合物的测定，也可以了解河流的自净情况。

亚硝酸盐氮($NO_3^- -N$)：水中硝酸盐是含氮有机物经无机化作用最终阶段的产物，清洁的地表水硝酸盐含量很低。

总磷：天然水中普遍含有磷的化合物，其绝大多数以各种形式的磷酸盐存在。在地表水中，尚有与有机物结合的磷酸盐。水样中总磷包括所有正磷酸盐和缩合磷酸盐、可溶和不可溶磷以及有机物和无机磷。

总氮：测定有机氮可以知道水样含有有机氮化合物的全部含量。有机氮与蛋白性氮的测定，虽然不能区分植物性或动物性的污染，但一般动物性物质比植物性物质所含的氮高。水样中有机氮含量高时，表示水体新近受到污染。

细菌总数：细菌总数是微生物指标，水中细菌总数主要指示水中微生物的污染程度。

粪大肠菌群：这是粪便中数量最多但致病性较低的一种细菌，因此常用粪大肠菌群的数目作为水质受到病原微生物污染的指标。其数目越高，表示水源受到人畜粪便污染程度越高，病原菌存在可能性也相对增高。

9.4.2 结果分析与评价

9.4.2.1 本底调查结果分析

从2001年7月3日所做的本底调查的结果分析可以看出(附表5-1)，在没有人为干扰的对照点和游人活动频繁的活动区域，公园溪流检测出的非人体所需的剧毒金属化合物：砷、汞、镉、六价铬、铅含量远低于地表水环境质量Ⅰ类标准(GHZB 1－1999，如没有特殊标明，以下同)，人体必须元素铜、锌符合国家地表水环境质量Ⅰ类标准。

水体的非金属无机物中，剧毒氰化物在活动区域和对照样点的含量都小于0.004mg/L，低于地表水环境质量Ⅰ类标准的0.005mg/L，硝酸盐氮、亚硝酸盐氮这两种对人体危害较大的化合物，分别是地表水环境质量Ⅰ类标准的0.260－0.227和1/60（GHZB 1－1999），硫酸盐含量（27.0，18.6）远低于集中式生活饮用水地表水源地补充项目标准限值（250以下）。氨氮的含量为地表水环境质量Ⅰ类标准的1/3，总磷为Ⅰ类标准的1/2。浑浊度活动和对照样点的分别为2和1，小于生活饮用水标准（GB5749－85）的最高限值5。

有关水体有机物的污染情况，根据5d生化需氧量（BOD_5）的实测值，活动和对照地点的BOD_5值分别约为地表水环境质量Ⅰ类标准的1/4～1/15。

水体大肠菌群数测值在活动和对照点分别达到地表水环境质量的Ⅰ、Ⅱ类标准。

但水体总氮含量超标比较严重，对照和活动样点分别超出Ⅰ类标准13.85倍、14.05倍。

虽然一次检测结果并不能够全面说明公园水体质量的情况，但基本可以判断游憩活动对公园水体质量的影响比较轻微。

9.4.2.2　不同采样点水质数据结果分析

从2001年7月到2002年4月在不同地带3次取水的数据结果看，游憩活动对公园水体质量存在一定影响。

（1）游憩活动对公园水体电导率的影响

从本研究3次取样检测结果来看，春、夏、秋三季水体电导率的总体水平，10月份最高，7月份次之，4月份最低。这可能由于公园淡季是每年的11～3月，经过一个冬天的自净恢复，电导率值达到最低水平。而每年的4～10月为旺季，经过两个季节的游人活动干扰，电导率达到最高水平。

对照采水点和其他活动地点的电导率值总体上差异不大。在7月和4月，对照样点的电导率值低于活动地点；10月对照样点的电导率略值高于活动地点，石佛潭水体电导率与活动频繁的地点差别不大。因此，从3个季节跨一个年度的水体电导率的检测值来看，游憩活动对水体电导率略有影响，但影响程度不高（表9-8，图9-23）。

（2）游憩活动对公园水体悬浮物的影响

从3次取样检测结果来看，春、夏、秋三季水体悬浮物含量差异较大，7月份鬼谷子山寨下的溪流和石佛潭悬浮物含量较高，分别是对照点的21倍和17.3倍；推测有游人活动的影响，也有采样点选择的因素，另外还有季节的因素，7月是降雨比较集中的月份，水流速度较高，也影响到悬浮物的含量。

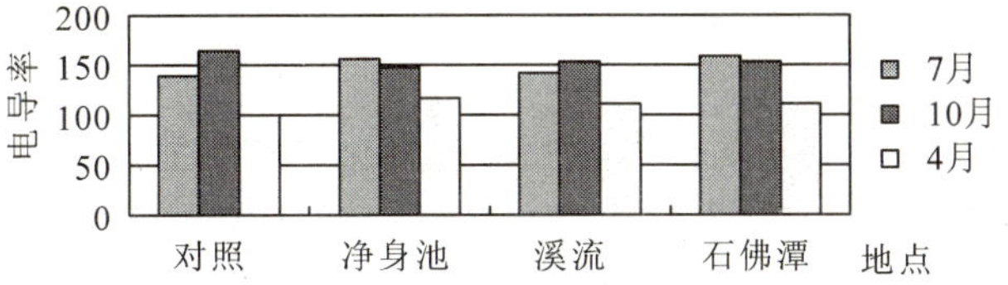

图 9-23　不同季节不同样点的水体电导率

10 月份活动地带和对照采水点的悬浮物含量差异不大，石佛潭的悬浮物含量最高，为 30mg/L，是对照采水点的 3 倍。公园水体悬浮物含量 4 月份最低，对照样点和石佛潭均未检出，净身池和溪流也在一个较低水平(分别是 11，4 mg/L)。这可能由于公园经过一个淡季的恢复，游人活动干扰较少的缘故。总体上看，游憩活动对水体悬浮物的含量有影响，活动干扰水平增加，悬浮物含量也随之增加(表 9-8，图 9-24)。

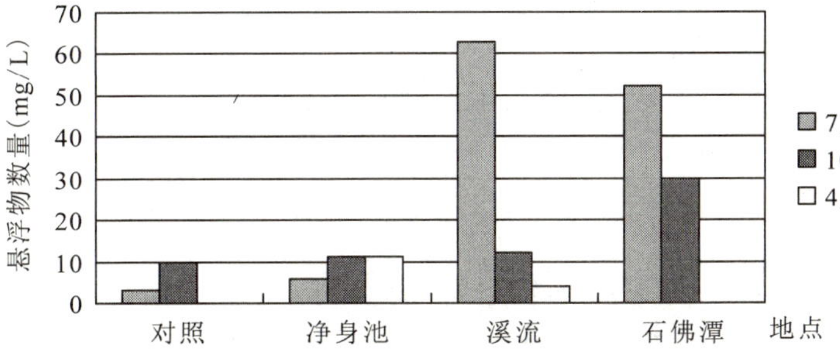

图 9-24　不同季节不同样点水体悬浮物数量

(3)游憩活动对公园水体高锰酸钾指数的影响

从 3 次取样检测结果来看，春、夏、秋三季公园水体各取样点高锰酸钾指数没有呈现有规律的变化，但总体上活动区域的高锰酸钾指数要高于对照地点。石佛潭作为公园下游干扰较少的样点，高锰酸钾指数与活动地点相比没有明显减少(表 9-8，图 9-25)。

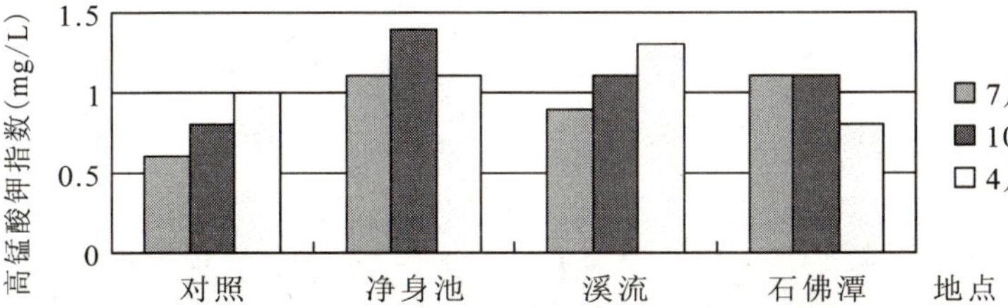

图 9-25　不同季节不同样点水体高锰酸钾指数

(4)游憩活动对公园水体五天生化需氧量的影响

从3次取样检测结果来看，无论是对照还是活动区域的采水点，春、夏、秋三季7月份5d生化需氧量的检测值最低，其中对照采水点与净身池和石佛潭的5天生化需氧量值相同，都是0.1 mg/L，溪流的为0.2 mg/L，这可能由于7月水量丰沛，水流较急，对于水中有机和无机可氧化污染物质的自净能力较好；10月份5d生化需氧量的检测值最高，4个采水点从对照到石佛潭分别是0.5，0.3，0.6，0.8 mg/L，这可能由于10月份水量渐枯，水流渐缓，而游人活动干扰仍然处在一个较高水平；4月份上游的对照采水点和下游石佛潭的5d生化需氧量高于活动断面，推测可能与枯水期时这两处的水量较少有关(表9-8，图9-26)。

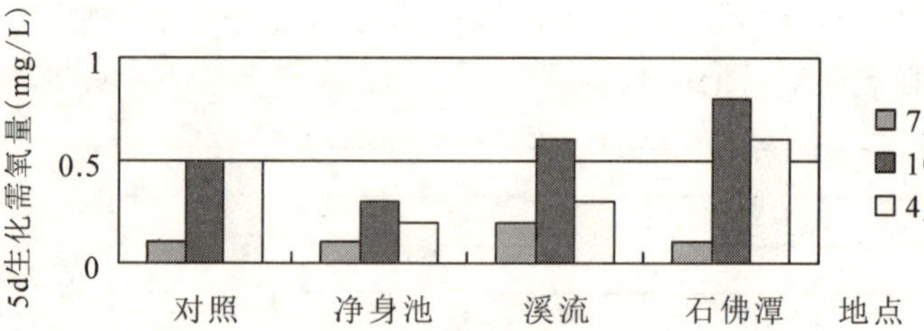

图9-26　不同季节不同样点水体5日生化需氧量

(5)游憩活动对公园水体氨氮含量的影响

从3次取样检测结果来看，7月份和4月份公园水体氨氮含量总体差别不大，10月份氨氮含量最低。总体上对照地点的水体氨氮含量低于活动地点。石佛潭的氨氮含量略低于活动地点，但相差不多(表9-8，图9-27)。

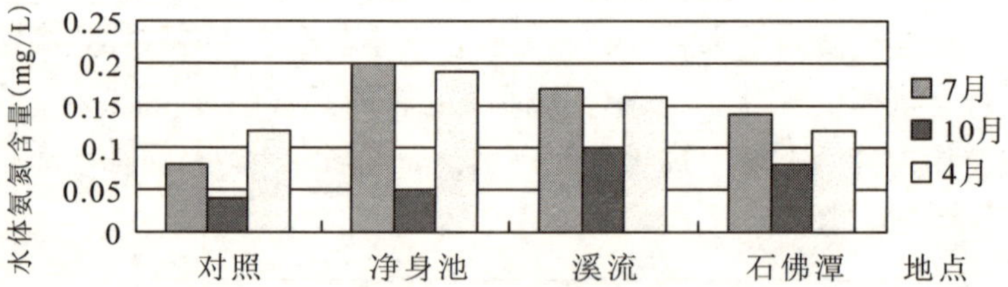

图9-27　不同季节不同样点水体氨氮含量

(6)游憩活动对公园水体总磷含量的影响

从3次取样检测结果来看，公园水体总磷含量除了4月份对照地点略超出地表水环境质量Ⅰ类标准之外，其他检测结果均符合或低于Ⅰ类水标准。不同季节之间总磷含量差异不大，对照采水点在10月、4月的检测结果略高于其他地点(表9-8，图9-28)。

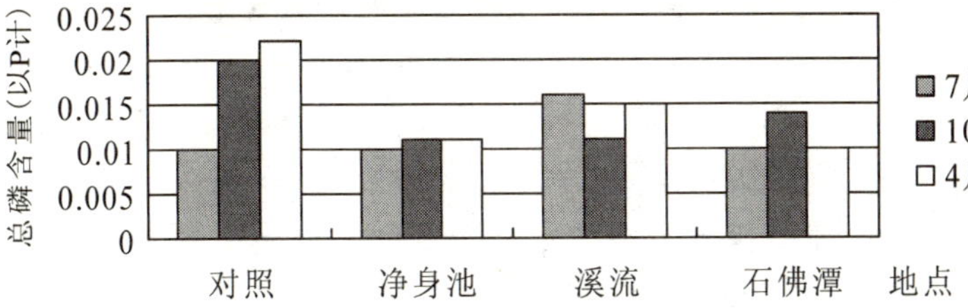

图 9-28　不同季节不同样点水体总磷含量

(7)游憩活动对公园水体总氮含量的影响

总氮这项指标在跨越年度的 3 次检测中，检测数值有时甚至超出地表水环境质量Ⅴ类标准，并且总体上各采样点之间的差异不显著。从 3 次检验结果来看，7 月份公园水体总氮含量最高，10 月份次之，4 月份最低(表 9-8，图 9-29)。总体上公园水体总氮含量偏高，而且与游憩使用的相关性不显著。

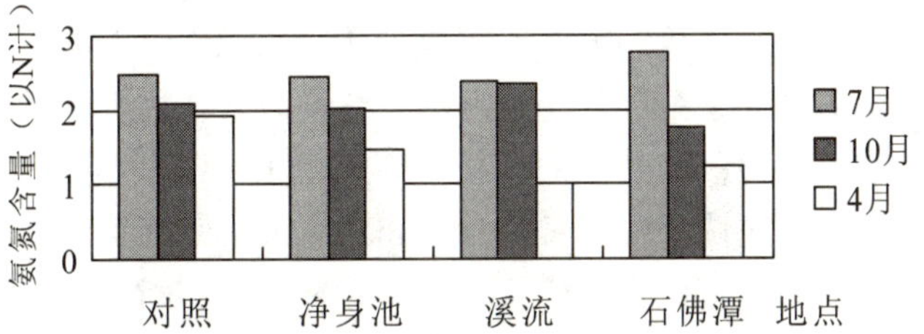

图 9-29　不同季节不同样点水体总氮比较

(8)游憩活动对公园水体溶解氧含量的影响

溶解氧检测需要现场固定，并在 4~8 小时以内送检，由于路途比较遥远，以及技术操作的原因，只获得了 2002 年 4 月 26 日全部采水点的溶解氧数据。

从 4 月份采样检测结果来看，无论是对照样点还是活动区域，公园水体溶解氧含量都达到地表水环境质量Ⅰ类标准(7.5 mg/L)。对照样点的水体溶解氧含量略高于活动区域和石佛潭的(表 9-8，图 9-30)。

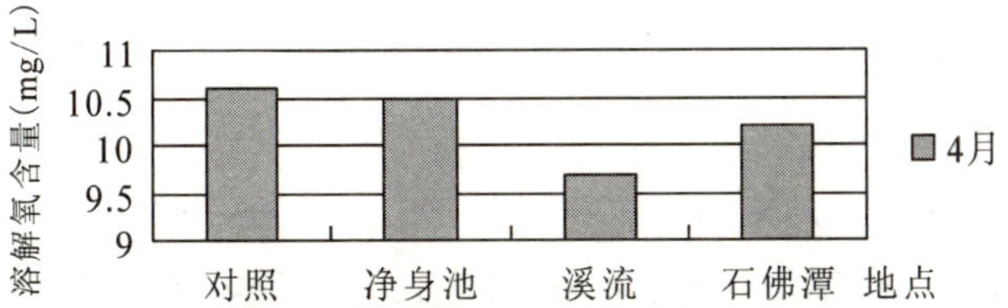

图 9-30　不同样点水体溶解氧含量

(9)游憩活动对公园水体亚硝酸盐氮含量的影响

从三次取样检测结果来看，公园水体亚硝酸盐氮含量在4月份最低，均低于0.001L/mg，而地表水环境质量Ⅰ类标准(GHZB 1－1999)为0.06，推测与经过一个淡季的恢复有关；7月份各采样点分别是0.003，0.008，0.01，0.006，均达到地表水环境质量Ⅰ类标准，对照样点亚硝酸盐氮含量最低；10月份净身池和石佛潭亚硝酸盐氮含量低于0.001 L/mg，溪流为0.001 L/mg，对照采样点为0.112 L/mg，高出其他活动地带和石佛潭，只达到地表水环境质量Ⅲ类标准(GHZB 1－1999)(表9-8)。

(10)游憩活动对公园水体细菌指标的影响

在2001年7月17日检测到的细菌总数，对照点和鬼谷子山寨下的溪流的细菌总数分别达到3.1×10^4、2.7×10^2个/mL，我国生活饮用水的细菌学指标的限度是不超过100个/mL(GB5749－85)，于志民等(1999)对密云水库水源涵养林雾灵山流域水质分析研究中，1995年7~9月的7次采样检测结果，水体细菌总数最高为2600个/mL。在本研究中，测定细菌总数和大肠杆菌数所使用的容器是北京市水环境监测中心提供的无菌玻璃瓶，推测可能是在消毒、采样、运输、检测中的某个环节受到污染，导致细菌总数严重超标，该数值不做研究参考。这一组检测的其他采水点的结果，净身池是16，石佛潭未检出。在7月3日所做的本底调查中，对照样点和溪流分别是8和6；总体上，公园水体细菌含量比较低，水质比较清洁。7月水体细菌含量高于其他季节；10月份，对照样点和石佛潭细菌未检出，净身池和溪流分别为1和3；4月份对照、净身池、溪流、石佛潭分别为2，2，6，3。从3次检验结果看，在7月旅游旺季，细菌数量最高，而10月份和4月份回落到一个更低的水平。游人干扰较少的对照采水点和石佛潭，细菌数量较少(表9-8)。

在7月17日的公园水质检测中，粪大肠菌群在各采水点均未检出；10月份对照样点和石佛潭未检出，净身池和溪流均为10，4月份的大肠菌群，对照样点小于3，其他各样点均为23。

总体上，水体细菌数量随着游人活动增加而增加，游人活动对水体粪大肠菌群的影响不显著。

9.4.2.3　水质评价

(1)单项评价方法

根据国家《地表水环境质量标准》(GHZB 1－1999)和公园水质化验分析参数，选择溶解氧、高锰酸钾指数、五日生化需氧量、亚硝酸盐氮、氨氮、总磷、粪大肠菌群作为评价因子。

本研究采用浓度指数法 (PI) 来评价水质污染程度。计算公式如下：

对污染程度随浓度增加的污染物：

表 9-8　公园水质监测结果

取样点	日期	电导率 μ s/cm	SS (mg/L)	DO (mg/L)	Mo_4^- (mg/L)	BOD_5 (mg/L)	NH_3-N (mg/L)	$NO_3^- - N$ (mg/L)	总 P	总 N	细菌 (个/ mL)	粪大肠菌群(个/L)	水温 (°C)
对照点	7－3	129	34	\	1.3	0.2	0.05	0.001	<0.01	2.81	8		12
	7－17	139	3	\	0.6	0.1	0.08	0.003	<0.01	2.48	$3.1*10^4$	0	13
	10－16	165	10	10.6	0.8	0.5	0.04	0.112	0.020	2.099	0	0	11
	4－16	100	0	10.6	1.0	0.5	0.12	<0.001	0.022	1.94	2	23	11
净身池	7－17	156	6	\	1.1	0.1	0.20	0.008	<0.01	2.45	16	0	17
	10－16	147	11	\	1.4	0.3	0.05	<0.001	0.011	2.027	1	10	10
	4－16	118	11	10.5	1.1	0.2	0.19	<0.001	0.011	1.47	2	23	12
谷子山寨下方溪流	7－3	159	14	\	1.3	0.7	<0.05	0.001	<0.01	2.77	6	/	17
	7－17	141	63	\	0.9	0.2	0.17	0.010	0.016	2.39	$2.7*10^2$	0	18
	10－16	154	12	\	1.1	0.6	0.10	0.001	0.011	2.347	3	0	11
	4－16	111	4	9.7	1.3	0.3	0.16	<0.001	0.015	1.01	6	23	12
石佛潭	7－17	159	52	\	1.1	0.1	0.14	0.006	<0.01	2.77	0	0	21
	10－16	152	30	10.2	1.1	0.8	0.08	<0.001	0.014	1.758	0	0	10
	4－16	110	0	10.2	0.8	0.6	0.12	<0.001	<0.01	1.23	3	<3	13

$$P_i = C_i / Co_i \tag{9-4}$$

式中：P_i—浓度指数；

C_i—实测值；

Co_i—标准值。

对于溶解氧：

$$P_i = \frac{|C_f - C_i|}{C_f C_{0i}} (\text{当 } C_i \geqslant C_{0i}) \tag{9-5}$$

$$P_i = 10 - 9\frac{C_i}{C} (\text{当 } C_i < C_{0i}) \tag{9-6}$$

式中：C_f = 监测时水温下的饱和溶解氧值

由于云蒙山整体正在申请国家级自然保护区，因此，标准值采用国家地面水环境Ⅰ类标准。

(2)评价结果

从单项评价结果看(表9-9)，所有被检测的溪流断面，上述7项指标均达到国家地面水环境Ⅰ类标准(表9-10)。其中游人干扰较少的上游对照样点，由于亚硝酸盐氮一项在2001年10月采样检测结果超出国家地面水Ⅰ类标准1.87倍，也导致对照点各单项评价结果之和的综合质量指数偏高，推测可能是由于上游对照样点水量较少有关；同样游人干扰较少的下游石佛潭，溶解氧、亚硝酸盐氮、氨氮的单项浓度指数最低，综合质量指数也是最低，说明游人活动干扰少，水体的污染程度也随之降低；游人活动较集中的两处断面，溪流和净身池，其中溪流由于处在游人停留较多的鬼谷子山寨下方，与道路交汇，游人活动干扰较多，净身池虽然位于路径一侧，但游人到达较少，因此干扰也较溪流处少，从评价结果看，溪流断面的溶解氧、五日生化需氧量、总氮的单项指数要高出净身池的评价结果，综合质量指数也比净身池高。说明游人活动对水体的污染确实存在一定影响(表9-9，表9-10)。

表9-9 公园水质评价结果

项目	DO (mg/L)	Mo_4^- (mg/L)	BOD5 (mg/L)	NO_3^- N	NH_3-N (mg/L)	总P	粪大肠菌群 (个/mL)	综合质量指数(Σ)
对照	0.12	0.45	0.12	0.49	0.15	0.85	0.038	2.22
净身池	0.08	0.6	0.067	0.056	0.29	0.55	0.067	1.71
溪流	0.33	0.55	0.15	0.05	0.24	0.7	0.038	2.06
石佛潭	0.11	0.50	0.17	0.044	0.23	0.55	0.005	1.61

表 9-10 地表水环境质量 I 类标准

项目	DO(mg/L)	Mo_4^- (mg/L)	BOD_5 (mg/L)	$NO_3^- - N$	总 P	$NH_3 - N$ (mg/L)	粪大肠菌群 (个/mL)
限值	饱和率 90%(7.5)	2	3	0.06	0.02	0.5	200

注：参照 GHZB 1－1999

9.4.2.4 地表水环境质量类比分析

云蒙山国家森林公园地表水环境的检测分析结果表明，游憩活动对水体有一定影响，为了进一步说明公园地面水质情况，以雾灵山流域的水质检测结果作对比分析。因为雾灵山流域是直接流入密云水库的潮河一级支流——安达木河的发源地，位于密云水库东部，是国家级自然保护区；而云蒙山处于密云水库一级、二级、三级保护区范围内，位于密云水库的西部，并且东部以密云水库为界，因此这两处地面水环境质量具有一定的类比意义。雾灵山水质检测数据采用于志民等(1999)于 1995 年在水源涵养林对水质的影响研究中的水质分析化验结果。云蒙山的水质检验数据选用游人活动干扰较多的溪流检测结果(表 9-11，9-12)。

表 9-11 云蒙山和雾灵山水质检测结果对照

项目	DO (mg/L)	Mo4－ (mg/L)	BOD5 (mg/L)	$NO_3^- - N$ (mg/L)	总 P	NH3－N (mg/L)	粪大肠菌群(个/mL)
云蒙山溪流	9.7	1.15	0.45	0.003	0.013	0.12	8
雾灵山流域	8.53	1.61	0.41	0.003	0.032	0.057	746

表 9-12 云蒙山和雾灵山水质评价结果对照

综合质量指数(Σ)	项目	DO (mg/L)	Mo_4^- (mg/L)	BOD5 (mg/L)	$NO_3^- - N$	$NH_3 - N$ (mg/L)	总 P	粪大肠菌群 (个/mL)
云蒙山溪流	0.33	0.55	0.15	0.05	0.24	0.7	0.038	2.06
雾灵山流域	0.15	0.81	0.14	0.05	0.11	1.6	3.73	6.59

从表 9-11 和表 9-12 可以看出，雾灵山流域除粪大肠菌群超过地面水 I 类标准外，其余各项指标均在国家地面水 I 类标准以内。其中高锰酸钾指数和总磷评价指数高于云蒙山水质相应评价结果，两区域的五日生化需氧量和亚硝酸盐氮评价结果相近，溶解氧含量和氨氮的评价指数低于云蒙山水质的相应评价结果，但雾灵山的粪大肠菌群超标 3.7 倍之多，因此其综合评价指数要高于云蒙山水质综合评价结果。

以上分析评价结果表明，云蒙山国家森林公园地面水的水质良好。虽然游人活动频繁的区域和游人干扰较少的区域之间比较，各项水质指标有一定的变化，但总体上都符合国家地面水Ⅰ类标准。云蒙山和雾灵山两个区域地面水质量的类比分析也表明，旅游对云蒙山地面水的质量并未带来太多影响，或者说，旅游活动影响所带来的水质变化并不明显。

小结：

通过对云蒙山国家森林公园地表水不同断面取样检测分析评价得出以下结论：

(1)游憩活动对云蒙山地表水质量有一定影响，但比较轻微，目前公园水质良好。

(2)某些单项水质指标，在不同季节的变化，反映出游憩使用带来的影响。如电导率、悬浮物、总氮、亚硝酸盐氮及细菌指标在4月份的检测结果都处于一个较低的水平，推测可能与一个冬季的恢复有关；而悬浮物在7月份检测值最高，可能也与降雨量较多，水流较急有关。

(3)在本研究中所选取的采样点，分对照、活动和下游自净断面，目的是希望考察不同使用水平下，水体质量的变化。检测分析结果表明，对照点和下游石佛潭的某些单项指标值较活动区域低，但差异并不显著；而对照点的某些单项指标检测值反而高出活动区域，这可能是与上游样点水量较少有关，另一方面也说明，目前的游憩活动对公园水质影响不显著。

管理建议：

保持目前公园水质良好状态。改善公园垃圾回收容器(图9-31)，至少应该加盖。尤其是在游人活动比较集中的虎浴潭、虎穴潭、鬼谷子山寨下方溪流、净身池等地。另外，通过人员解说、标识、宣传栏、小册子等方式进行游客教育，减少因游人不良行为带来的环境破坏。

公园路边简易垃圾筐

虎浴潭水边简易垃圾筐

图9-31　公园简陋的垃圾回收箱

9.5　公园资源监测指标和标准的确定

9.5.1　选择指标

指标和标准可以让管理者对于期望的条件有一个明确认识，并能有效评价各种管理实践。一般来说，确定的指标应该易于进行量化处理，并能反应游憩使用引起的变化。在指标的标准界限以内，游憩机会不应该受到任何限制，但是，一旦达到规定的界限，就应采取必要的管理行动。

在公园范围内，有游客比较密集的高度使用区域，也有游客罕至的更趋于原始自然的区域，而每个区域游客体验和资源保护力度都不尽相同。因此，在每一分区，都应有相应的指标和标准。监测每一分区的指标，在必要时采取管理行动，以保证游客使用和资源条件处于设立的标准范围内。

基于在云蒙山森林公园的调查研究及对路径、土壤、植被和水体的量测结果，同时参照已有的研究资料(见 9.1 所提及)，在公园范围内选择了 8 个资源条件指标。指标分为两个层次系统，第一层次的指标为短周期量测(1 年)指标，第二层次指标需要专业知识，并且量测成本较高，每 5 年监测一次。

因为土壤及与之相关的生物群落对于生态系统的完整性非常重要，而土壤表层状况对于游憩使用的影响比较敏感，同时也易于观察和监测。参照美国国家公园局在美国拱门国家公园实施的 VERP 过程，根据云蒙山国家森林公园的资源和使用情况，对土壤表层情况归纳了 10 个等级的评价标准(表 9-13)。因苔藓和地衣对人类干扰非常敏感，所以以苔藓和地衣作为指示植物。

表 9-13　土壤表层条件评价指数

等级	程度
0	完全裸露
4	没有苔藓、地衣，但有一年生草本植物
6	有一些苔藓和地衣
10	表层未被干扰

注：参照美国拱门国家公园的 VERP 执行规划。

选择的资源监测指标首先考虑游客使用对土壤的影响，其次是植被和水体。第一层次的监测指标如下：

(1)土壤表层条件：对于公园的生态系统来说，土壤表层是最具指示性的指标，对游客使用非常敏感，并且容易测量；

(2)非正式路径的数量：这个指标可以有效量测偏离路径的使用情况，并且可以说明偏离指定路径的被踩踏区域的量；

(3)未铺装路径发生土壤侵蚀的长度：量测游人使用对路径带来的影响；

(4)水质分析：公园以水景见长，保持水环境质量对于保持公园吸引力和游客体验质量都非常重要。根据公园目前的水质状况以及水质监测必做的指标，选择溶解氧、五日生化需氧量、粪大肠菌群数量、细菌数量、氨氮5项水质监测指标。

(5)树木根系裸露的数量：这个指标可以量测践踏对树木带来的间接影响；

第二层次的监测指标如下：

(6)土壤板结程度：这个指标主要量测践踏影响土壤密度和渗透性的程度。土壤板结程度增加会干扰土壤养份和水分循环，进一步会影响到到植物群落。

(7)土壤特性(土壤 pH 值，土壤有机质含量)：践踏会导致土壤性质发生明显改变，从而影响到土壤养分和水分循环，进一步影响到动植物群落。

(8) 植被覆盖率和频度：量测植被覆盖率和频度可以了解游客使用对植物群落的影响，这可能还会影响到动物群落。这个指标主要测量践踏是否引起以下2方面的负面影响：①植被覆盖率的降低；②在植物群落内部空间植被从多年生向一年生的转化。

9.5.2 确定标准

公园资源条件指标的确定是根据公园的管理目标、资源条件，以及在本研究中对路径、土壤、植被和水体的调查、量测和分析结果，综合相关研究成果(美国国家公园局 1995，1997)，确定各监测指标的标准。标准的设立必须能够判断公园未来资源条件的可接受变化的程度，并能够与未被干扰的样方或目前的现状相比较。由于公园各个分区资源条件、提供给游客的体验和保护的力度不同，因此，同一个指标量测条件以及在各个分区的标准可能会有所不同。

如土壤表层条件指标和标准：

(1)自然观光游览区：

指标：距路径中心 3 m 处土壤表层条件指数。

标准：30%或者更多的土壤样本等级小于土壤表层条件指数4。

(2)健行区：由于健行区更趋于自然，土壤表层条件评价的取样点在距路径中心 2 m 处。

指标：距路径中心 2 m 处土壤表层条件指数。

标准：10%的土壤样本等级小于土壤表层条件指数4。

9.5.3 各个管理区域资源的指标和标准

9.5.3.1 自然观光游览区资源的指标和标准(包括观山楼、虎浴潭、虎穴潭、鹰嘴石、四潭雾泉、鬼谷子山寨、净身池等主要景点)

由于自然观光游览区主要以自然风光为主，而在这样一个高度使用的区域，践踏对于土壤的影响也是不可避免的。因此确定如果30%的样本监测结果显示土壤表层等级小于4，则应采取管理行动来改善这样的状况。监测样本选择在距路径中心3m处的土壤表层。

路径调查结果表明，在这个区域非正式路径问题比较突出。在这段路径内，高差变化不大(海拔700~740m)，是游客活动比较集中的地带，游客抄近路的现象比起健行区开始的部分要明显。因此，确定非正式路径的密度标准为沿游道每1000m增加的非正式路径数量不超过2005年时的10%。

公园的水景主要处于这个区域，水质监测指标包括溶解氧、五日生化需氧量、氨氮、粪大肠菌群数量、细菌数量5项指标，标准采用国家地表水环境质量Ⅰ类标准。监测时间建议在每年的5月8日进行，因为经过一个淡季的恢复，游人活动的影响会比较明显，一旦水质超标，也有助于采取措施应对7、8、10月的使用高峰期带来的影响。建议监测断面为鬼谷子下方溪流和石佛潭(表9-14)。

表9-14　自然观光游览区资源指标和标准

区域	自然观光游览区
指标	土壤表层条件——距路径中心3 m处的土壤表层指数
标准	30%以上的样本监测结果显示土壤表层等级小于4
指标	非正式路径的密度
标准	沿游道每1000m增加的非正式路径数量不超过2005年时的10%。
指标	公园水体的溶解氧、五日生化需氧量、高锰酸钾指数、氨氮、粪大肠菌群数量5项指标
标准	不超过国家地表水环境质量Ⅰ类标准

9.5.3.2 健行区资源的指标和标准

在健行区，同样把土壤表层条件作为监测指标，但因为这个区域更趋于自然，因此，土壤表层条件评价的取样点选在距路径中心2 m处，标准为10%的土壤样本等级小于土壤表层条件指数4。

从三岔口前往主峰的路段非正式路径增多，监测非正式路径主要从距三岔口600m处到主峰这一段，确定非正式路径的密度标准为沿游道每2000m增加的非正式路径数量不超过2005年时的10%。

在这一区域，未铺装路径上土壤侵蚀也多有发生。Yu-Fai Leung (2003)对美国波士港岛国家公园区域(Boston Harbor Islands National Park Area)进行VERP研究时，确定未铺装路径土壤侵蚀的标准是不超过10%的路径发生侵蚀>10 ft/mile≈0.0019，考虑到云蒙山国家公园山区道路会不可避免出现陡坡路段，容易发生土壤侵蚀，确定该指标的标准是在选取的路径样本段中，不超过10%的路段样本土壤侵蚀发生的程度大于10m/km =0.01。

树木根系裸露在健行区问题比较突出，尤其从三岔口到主峰这一段。确定的指标是距路径边缘2m，每50m路径根系裸露超过30cm直径的树木数量，标准是根系裸露超过30cm直径的树木数量增加不超过2005年时的10%。

在这个区域设立了每5年监测一次的第二层次指标和标准，主要有如下3个指标:

土壤板结程度的量测是从距路径中心1.5m处取样，标准是如果20%的样本表现出比对照区域超出50%的土壤紧实程度，则应该采取管理行动。

土壤特性(土壤pH值，土壤有机质含量)的量测是从距路径中心1.5m处取样，标准是如果20%的样本和对照样地相比表现出上述参数的变化。

植被覆盖率和频度主要测量践踏是否引起植被覆盖率的降低以及在植物群落内部空间植被从多年生向一年生的转化。标准是20%或更多的样本表现出以上冲击中的任何一个(表9-15)。

健行区资源指标和标准

区域	健行区
	第一层次指标(每年量测1次)
指标	土壤表层条件——距路径中心2m处的土壤表层指数
标准	10%以上的样本监测结果显示土壤表层等级小于4
指标	非正式路径的密度
标准	沿游道每2000m增加的非正式路径数量不超过2005年时的10%。
指标	未铺装路面的土壤侵蚀(m/km)。
标准	选取的路径样本段中，不超过10%的路段样本土壤侵蚀发生的程度大于5 m/km。
指标	距路径边缘2m，每50m路径根系裸露超过30cm直径的树木数量。
标准	每50m根系裸露超过30cm直径的树木，数量增加不超过2005时的10%。
	第二层次指标(每5年量测1次)
指标	距路径中心1.5m处的土壤紧实程度。
标准	20%的样本比对照区域的土壤紧实程度超出50%。
指标	距路径中心1.5m处的土壤pH值及有机质含量。
标准	20%的样本与对照样地相比表现出上述参数的变化。
指标	植被覆盖率和频度——植被覆盖率降低、在植物群落内部空间植被从多年生向一年生的转化
标准	20%或更多的样本表现出以上冲击中的任何一种情况。

9.5.3.3 探寻区资源的指标和标准

这是一个人迹罕至的区域，公园的土路由于较少使用有些已经被植被淹没，这样也更容易引起非正式路径的产生。因此，在这个区域仍然把非正式路径密度作为一个监测指标，标准沿正式路径每2000m增加的非正式路径不超过监测执行时的10%。

在健行区每5年监测一次的3个第二层次的指标，也在这个区域执行，标准不变(表9-16)。

表9-16 探寻区资源指标和标准

区域	探寻区
	第一层次指标(每年量测1次)
指标	非正式路径的密度
标准	沿游道每2000m增加的非正式路径数量不超过监测执行时的10%
	第二层次指标(每5年量测1次)
指标	距路径中心1.5m处的土壤紧实程度
标准	20%的样本比对照区域的土壤紧实程度超出50%
指标	距路径中心1.5m处的土壤pH值及有机质含量
标准	20%的样本与对照样地相比表现出上述参数的变化
指标	植被覆盖率和频度——植被覆盖率降低、在植物群落内部空间植被从多年生向一年生的转化
标准	20%或更多的样本表现出以上冲击中的任何一种情况

9.6 公园各区域资源条件的管理建议

LAC，VERP等现代承载力框架不是通过确认区域内容纳的最多人数来达到管理目标。而是通过选择适当的指标及确定适当的标准，达到公园在保护资源的同时供给高质量娱乐机会的目标，指标和标准是现代承载力框架的核心。而当监测的指标达到或超出标准时应执行适当的管理行动。

9.6.1 自然观光游览区

在使用比较集中的自然观光游览区，高差变化不大，由于游人抄近路等容易引起非正式路径的增加。可以通过标识导引，解说教育等管理手段减少游人超近路行为，降低非正式路径密度达到或超过标准的趋势。

从净身池到怀古石屋之间路径主要问题是在雨季泥泞甚至被水淹，虽然这不是因游人使用而直接引起，但泥泞路径经过践踏更容易发生侵蚀。应尽快通过工程措施改善路径水淹状况。

目前公园地表水质良好，虽然游人活动频繁的区域和游人干扰较少的区域之间比较，各项水质指标有一定的变化，但总体上都符合国家地面水Ⅰ类标准，旅游对云蒙山地面水的质量并未带来太多影响。但仍然建议公园每年对水质的基本指标进行监测，以保证公园最具吸引力的资源不会因游憩活动而带来不能接受的冲击，同时也能积累一份宝贵的公园水质数据资料。

9.6.2 健行区和探寻区的管理行动

健行区域在第1个2000m内，路径土壤侵蚀、岩石裸露、根系外露、水淹等是比较显著的问题。在健行区的第2个2000m路段，最突出的问题是树木根系裸露。另外，从三岔口前往主峰的路段非正式路径增多。而未铺装路径土壤侵蚀目前在第一个2000m发生的强度是0.06，而第二个2000m发生的强度是0.08，超出该项指标标准，应该采取行动。

考虑到在该区域应该为游客提供沉浸在自然环境的感觉，不建议对路面进行铺装改造，但可以在陡坡采用原木为框，填土夯实的办法，以减少路面土壤侵蚀，同时不失自然特质。

树木根系裸露在这个区域也比较严重，对于路面高程低于两侧山体的地段可以考虑用石砌挡土墙减少水土流失和根系裸露，而平坦的山路没有更好的工程措施，只有鼓励和教育游客不要在路面外踩踏，尽量在路面上活动。

非正式路径密度的控制仍然是采取游客教育措施，通过标识解说减少抄近路和随意踩踏行为。在主峰营地应有露营指导标识。

健行区植被群落受干扰程度比较低，基本可以不采取管理行动，但应关注主峰营地附近的植被群落受干扰状况。

探寻区目前游客达到较少，基本可以不采取管理行动。

第十章 游客特征及体验研究

在世界范围内，对于游憩所引起的社会问题的关注，在美国开始得较早，最终也形成了比较系统的理论和研究成果。大部分早期的户外研究是生态导向的，这部分源于许多户外游憩管理者是生物学专业背景，如林业或野生动物学。而且，大多数早期的社会学家很少关注休闲和游憩领域。但对于户外游憩的多学科性，在二战后有了认识，社会问题如拥挤也被管理者和学者所关注。而参与户外游憩活动也被认为具有社会经济特性，游客的态度和偏好引起公园和户外游憩管理者的兴趣。在美国的20世纪60年代后期和70年代早期，对于户外游憩社会层面的强调，主要集中在几个社会科学领域，包括社会学、经济学、心理学、地理学等(Johnson，2001)。

早期的户外游憩和休闲的社会科学研究在一般意义上主要是描述性的，集中于参与者的活动和社会特性，如美国户外游憩资源评价委员会(ORRRC)早期的工作基本是这样的研究。批评者则认为户外游憩研究过分强调应用问题的解决，缺乏坚实的理论基础。

但随着户外游憩研究的发展和成熟，早在20世纪70年代，户外游憩领域已经超越了描述阶段而进入到更精细的解释性研究。到了20世纪80年代，大多数研究包括了理论或者概念框架，而且有充分的证据表明游憩研究是有效的。美国林业局的一项研究(Schneider *et al.*，1993)发现，户外游憩管理的许多重要的改革来源于研究成果，该研究总结到"社会科学研究可以帮助管理者工作得更有效率"。

随着游憩研究者和游客的增加，林业局的另一个研究(Jakes *et al.*，1998)评价游憩和休闲社会学的研究进展，在增加顾客满意度、支持资源管理项目和政策、减少争论和冲突等方面的价值更广泛。

我国大陆对于旅游及游憩使用者的研究有一些学者涉及(李享，1999；肖洪根，2002；涟漪等，2004；刘俊等，2004；邹统钎，2004)，但研究还不够深入和广泛。相比之下，台湾地区学者的研究成果要广泛一些(黄舒君等，2001；韩宇等，2005；李欣育等，2004；刘佑章，2004)。

本书的主要目的是通过了解使用和使用者信息，游客在云蒙山国家森林公园的偏好和体验，游客对拥挤的感知和满意度，确定公园的社会条件监测指标和标准，并对公园的社会承载力进行初步预测，为管理者制定管理政策和策略提供可靠依据。在保护资源的前提下，提高游客的体验质量，改善公园的服务水平，同时也为我国其他自然游憩区域及文化遗产的管理提供科学的依据。

10.1 调查方法

本调查跨越了4个年份(2001~2004)。由于公园主要游客是北京市民，因此具有非常突出的节假日使用高峰的特点，而在平时则难觅游人踪迹。因此调查时间主要选择在五一、十一两个长假期，以及7~8月旅游旺季的周末。2001年调查时间在10月1~3日；2002年调查时间在4月22日、5月1~3日、10月1~4日；03年由于受“非典”影响，只在10月1~3日进行了调查；2004年调查时间在8月6~9日、10月1~4日，共进行了7次调查。

本研究主要采用现场调查的方法。公园第一批游客到达时间通常在上午9：00~9：30，游客离开公园的时间从中午12：00到下午17：00，而以14：00~16：00最为集中。因此，问卷调查基本集中在12：00~16：00，在游客结束游览之后进行。

为了使调查问卷能够更有效地反映出研究所涉及的问题和需要的信息，问卷设计经过了两个过程，2001年10月和2002年4月的问卷调查为前测阶段，通过对调查问卷的整理和文献资料占有量的扩大，对问卷进行修改调整，并最终定稿。问卷内容包括了被访者旅行方式和使用方式，满意程度和重游意愿；对拥挤和其他游客干扰的感知，对公园管理和设施问题的感知和评价；最后为人口统计学部分，共23个问题。

本研究在云蒙山国家森林公园7次调查共回收问卷1091份，其中有效问卷1039份，有效率95.23%。

数据分析工具采用统计软件SPSS10.0。

10.2 公园社会条件的监测指标

对于公园社会条件监测指标的确定，本研究的核心指标是游客对拥挤的感知，但考虑到人们对拥挤的感受不单纯是游人量的问题，也包括公园接待设施量、其他游客的干扰、公园的环境质量等方面，另外，游客动机、参观时间、游客社会人口特征等方面也共同影响着游客的体验质量。因此从2002年5月正式调查的3年期间，主要希望了解游客在公园的参观特征、游客动机和对拥挤的感知，影响游客对拥挤感知的因素、游客社会人口统计学特征等。在对调查问卷分的基础上，再进一步为公园社会条件提出更切合实际便于操作的监测指标建议，并提出监测标准。

10.3　游客人口统计学特征

10.3.1　云蒙山国家公园4年调查结果分析

4年的调查结果显示，参观公园的游客性别比例差异不大，这也与公园方便到达，短程游览活动不需要具备特殊的户外运动经验和体力有关。统计分析表明4年之间游客性别比例没有显著差异。

4年的调查结果显示，游客年龄以19~50岁的中青年为主，尤以19~25岁的游客所占比例最高，从2001~2004年分别占36.63%、37.43%、38.91%、36.15%。66岁以上的老人所占比例较低。统计分析表明4年之间游客年龄构成没有显著差异(见表10-1)。

表10-1　公园游客性别和年龄

性别*	2001 游客(%) N=101	2002 游客(%) N=374	2003 游客(%) N=221	2004 游客(%) N=343
男	52.47	49.73	50.68	50.73
女	47.52	50.26	49.32	49.27
年龄**				
13~18	10.89	12.03	10.41	12.54
19~25	36.63	37.43	38.91	36.15
26~35	24.75	25.13	22.17	23.91
36~50	19.80	16.31	19.00	17.78
51~65	8.91	6.95	8.14	8.16
66岁以上	1.98	2.14	1.36	1.46

*游客性别比例在4年中差异不显著(Chi-square，$p=0.97>0.05$)

**统计分析游客年龄构成在4年之间差异不显著(Chi-square，$P=0.99>0.05$)

表10-2　公园游客学历a和职业b分布比例

学历*	2001 游客(%) N=101	2002 游客(%) N=374	2003 游客(%) N=221	2004 游客(%) N=343
初中以下	7.92	9.36	9.95	9.04
高中及中专	24.75	17.37	17.65	19.82
大专及本科	60.39	61.50	61.99	61.81
研究生及以上	6.93	9.09	10.41	9.33

（续）

职业**	2001 游客（%）N＝101	2002 游客（%）N＝374	2003 游客（%）N＝221	2004 游客（%）N＝343
公务员	8.91	6.68	8.14	7.00
管理人员	13.86	13.37	15.38	14.58
公司职员	23.76	22.72	22.62	20.12
专业技术人员	10.89	12.83	13.12	12.24
学生	28.71	29.95	30.77	28.86
退休	5.94	5.61	3.62	4.66
私营业主	1.98	1.87	1.36	2.33
工人	2.97	0.021	1.36	2.33
军人	0.78	0.27	0	0.58
待业下岗	0.99	1.07	0.90	1.17
其他	1.98	3.48	2.71	6.12

* 统计分析游客教育程度构成在 4 年之间差异不显著（Chi-square，$P=0.96>0.05$）

** 统计分析游客教育程度构成在 4 年之间差异不显著（Chi-square，$P=0.96>0.05$）

从表 10-2 可以看出，游客学历构成方面以“大专及本科”所占比例最高，4 年的调查结果分别是 60.39%、61.50%、61.99%、61.81%，总体上看，大多数游客是受过高等教育的中青年群体。4 年之间游客学历构成差异不显著。

游客职业构成中，学生群体所占比例最大，在 4 年中所占游客百分比 2001~2004 依次为 28.71%、29.95%、30.77%、28.86%；其次是公司职员，在游客中所占比例分别是 23.76%、22.72%、22.62%、20.12%；再其次是专业技术人员，所占游客比例分别是 10.89%、12.83%、13.12%、12.24%；这三种职业占据了游客职业构成的主要部分，这也与游客的年龄结构、教育水平的比例分布基本吻合。退休游客所占比例分别是 5.94%、5.61%、3.62%、4.66%；私营业主、工人、军人、待业/下岗人员由于职业、游憩偏好或经济条件的影响，在游客中所占比例较少，在数据分析时合并统计。4 年之间游客职业成分差异不显著。

被访游客的收入水平数据显示，中低收入游客占较高比例，这也和学生群体所占比例较高有关，总体上以工薪阶层为主。高收入（月收入 4000 元以上）人群和无固定收入人群所占比例较少。4 年之间游客收入构成没有显著差异。

游客居住地以北京地区居民为主，占 4 年总样本的 61.72%，其中北京 8 大城区游客占到 53.81%，尤以朝阳、海淀两区游客所占比例最大，4 年所占游客百分比分别是 16.8%、20.8%；15.8%、19.0%；167%、17.6%；15.9%、16.8%。在 2005 年 9~11 月，笔者所做的北京市观光休闲果业发展规划课题中，朝阳、海淀两区游客所占比例同样也是最高。果园实地游客调查所呈现的游客居住地分布数据显示，海淀、朝阳两区游客占调查样本总数百分比分别为18.75%、18.09%(有效问卷共计598份)。这与海淀区高校集中，同时这两区也是高学历人群集中工作和居住的区域有关。另外，北京房地产业在这两个区也比较集中，随着城市发展，旧城改造，许多中心老城区的居民逐步迁居到北京近郊区域，因此这两个区的总人口基数也较大。海淀、朝阳2003年的人口统计分别为180万、161万，而其他城区人口都不足100万。

在4年的调查中天津游客一直占较大比例，4年所占游客百分比分别是22.8%、31.0%、30.8%、35.6%，以旅行社组织的团队游客为主。云蒙山距天津市区约200公里，约3个小时左右的车程，天津游客保持较高的比例，也与交通便利，尤其是旅行社组织这种便利形式有关。高比例的天津游客应该引起公园管理人员的关注，因为大团队的游客，往往瞬间就使公园变得十分嘈杂，同时也会使路径、景点人满为患，加之个别游客不当行为，使游客体验质量下降。公园应与旅行社沟通，在环保宣传、游客教育等方面共同努力，减少大团队游客带来的资源紧张和冲突(见表10-3)。

表10-3 公园游客收入和居住地

	2001游客(%) N=101	2002游客(%) N=374	2003游客(%) N=221	2004游客(%) N=343
月收入*				
1000元及以下	39.40	34.60	39.00	34.40
1001~2500元	37.40	37.60	30.00	32.00
2501~4000元	12.10	17.20	16.00	19.60
4000元以上	4.00	6.80	5.20	8.00
无固定收入	7.1	3.80	9.90	5.90
居住地**				
朝阳	16.8	15.8	16.7	15.9
海淀	20.8	19.0	17.6	16.8
东城	5.0	4.3	4.5	3.2
西城	8.9	6.7	5.0	5.7
崇文-宣武	5.0	4.8	6.3	4.8
石景山-丰台	5.0	2.7	4.1	5.4
远郊区县	11.9	8.0	7.7	6.7
天津	22.8	31.0	30.8	35.6
其他省市	4.0	7.8	7.2	6.0

*统计分析游客收入在4年之间差异不显著(Chi-square，$P=1.1>0.05$)

**统计分析游客居住地分布在4年之间差异不显著(Chi-square，$P=0.85>0.05$)

10.3.2 游客特征类比分析

为了更进一步地探讨远郊森林公园在使用者群体、动机和体验等方面是否具有独特性，笔者组织学生在2004年10月份在香山公园进行游客调查。调查时段分为节日、周末和非节日、周末两个部分，目的是了解远郊森林公园和近郊公园在游客特征、动机、体验等方面可能存在的差异。调查时间分别为国庆期间的10月1~3日，接下来的一个周六(10/16)，以及10月12~15日，调查时间在12：00—16：00。主要问题针对游客人口统计学特征、动机和对拥挤的感知程度，节日、周末共回收问卷241份，其中有效问卷224份；非节日、周末回收问卷239份，其中有效问卷225份，总体问卷有效率为93.5%。本研究用2004年国庆长假期间云蒙山国家森林公园的游客数据与同年香山公园的游客数据进行比较。

(1)云蒙山森林公园与香山公园游客性别和年龄的比较

游客性别在两个公园之间，无论是节日周末还是平常的时间都不存在显著差异，男女比例数差别不大，非节假日的女性游客略高于男性游客。

在节假日的调查结果显示，两个公园游客年龄分布没有显著差异。香山公园游客年龄以18~35岁的中青年为主，36~50岁的游客比例略低于云蒙山，从人的生命周期来看，36~50岁人口群体大都渡过生儿育女的人生阶段，且儿女的年龄一般都超过婴幼儿期，因此，这个阶段的群体在节假日可能会选择更远的远郊。

云蒙山国庆节期间的游客年龄分布与香山公园非节假日游客年龄分布存在显著差异，19~25岁的年龄群体没有太大的变化，但26~35岁的游客群体显著降低，与这个群体大都处于上班时间有关，51~65岁的游客比例较节日游客增加，与退休人口可以选在平常的时间出游有关。香山公园非周末游客统计数据显示，66岁以上的老龄人口比例较云蒙山国家公园增加，说明交通便利、可达性好对老龄人口选择出游目的地有很大影响(表10-4)。

表10-4 两公园之间游客性别和年龄的比较

	云蒙山国家森林公园 N=255(%)	香山公园(节日周末)* N=224(%)	香山公园(非节日周末)** N=225(%)
性别			
男	51.0	51.3	48.8
女	49.0	48.7	51.1
年龄			
13~18	12.5	8.5	12.9
19~25	36.2	41.5	40.9
26~35	23.9	29.0	16.4
36~50	17.8	12.9	12.4
51~65	8.2	4.9	11.1
66岁以上	1.5	3.1	6.2

*统计分析云蒙山国庆长假游客的年龄分布与香山同期游客差异不显著(Chi-square，$P=0.12>0.05$)。

**统计分析云蒙山国庆长假游客年龄分布与非节假日香山公园游客差异显著(Chi-square，$P=0.017<0.05$)。

(2)云蒙山森林公园与香山公园游客学历和职业比较

云蒙山国庆期间的游客学历构成与香山公园节假日及非节假日的游客学历构成差异不显著。香山公园的游客学历也是"大专及本科"所占比例最高，在节假日和非节假日分别占到60.7%、60.1%。总体上看，大多数游客是受过高等教育的中青年群体，与云蒙山的游客学历分布基本一致。

表10-5 两公园之间游客学历和职业的比较

	云蒙山国家森林公园 N=255(%)	香山公园(节日周末)[1] N=224(%)	香山公园(非节假日)[2] N=225(%)
学历*			
初中以下	9.0	4.5	9.4
高中及中专	19.8	21.4	21.3
大专及本科	61.8	60.7	60.1
研究生及以上	9.3	13.4	9.2
职业**			
公务员	7.5	6.3	6.7
管理人员	12.9	18.3	8.0
公司职员	22.7	16.5	15.6
专业技术人员	13.7	9.8	8.9
学生	27.5	28.1	31.1
退休	4.7	4.9	12.0
(私营业主、工人、军人、待业下岗)	5.5	10.3	13.2
其他	5.5	5.8	4.4

*[1]统计分析节假日期间两公园之间游客教育程度差异不显著(Chi-square，$P=0.15>0.05$)

*[2]统计分析云蒙山国庆长假游客教育程度与非节假日香山公园游客教育程度差异不显著(Chi-square，$P=0.47>0.05$)。

**[1]统计分析节假日期间两公园之间游客职业分布差异不显著(Chi-square，$P=0.19>0.05$)

**[2]统计分析云蒙山国庆长假游客职业分布与非节假日香山公园游客职业分布差异显著(Chi-square，$P=0.001<0.05$)。

节假日的调查结果显示，两个公园在游客职业分布方面差异不显著。香山公园节假日学生群体也占主要部分，为28.1%(表10-5)。私营业主、工人、军人以及待业/下岗人员的比例略高于云蒙山的游客。

云蒙山森林公园国庆长假的游客职业分布与香山公园非节假日游客的职业分布存在显著差异，香山公园非节假日游客中管理人员、公司职员、专业技术人员的比例较云蒙山节日游客明显降低，说明在工作时间这部分人群出游的可能性比较小。香山公园非节假日学生群体比例高于云蒙山游客，而退休人员的比例则明显增加，说明在非节假日期间，对于便利到达、所用时间不多的近郊公园，更可能是时间比较机动的学生群体，尤其是退休人员，选择的出游目的地(表10-5)。

(3)云蒙山森林公园与香山公园游客收入和居住地的比较

调查结果显示，云蒙山国家森林公园节假日游客收入水平的分布，与节假日及非节假日期间的香山公园游客收入水平差异不显著。两个公园的主要消费群体都是中低收入者，以工薪阶层为主。另一方面，云蒙山的中高收入者的比例要略高于香山游客，这可能也与到远郊森林公园的整体花费高于近郊公园，以及不同社会阶层的出游偏好有关。

表 10-6 两公园之间游客收入和居住地比较

	云蒙山国家森林公园 N=255(%)	香山公园(节日周末)[1] N=224(%)	香山公园(非节假日)[2] N=225(%)
月收入*			
1000 元及以下	32.2	31.7	36.4
1001~2500 元	33.7	40.6	35.6
2501~4000 元	19.2	18.3	12.0
4000 元以上	7.1	4.9	7.6
无固定收入	7.8	4.5	8.4
居住地**			
朝阳	14.2	12.3	9.8
海淀	16.8	25.6	24.8
东城	3.0	1.0	1.9
西城	5.6	4.1	6.1
崇文-宣武	2.6	2.1	2.3
石景山-丰台	4.3	6.2	4.2
远郊区县	6.0	4.1	5.1
天津	40.9	2.6	1.9
其他省市	6.5	42.1	43.9

*[1]统计分析节假日期间两公园之间游客收入差异不显著(Chi-square，$P=0.32>0.05$)。
*[2]统计分析非节假日期间两公园之间游客教育程度差异不显著(Chi-square，$P=0.31>0.05$)。
**[1]统计分析节假日期间两公园之间游客职业分布差异不显著(Chi-square，$P=0.00<0.05$)。
**[2]统计分析非节假日期间两公园之间游客职业分布差异显著(Chi-square，$P=0.00<0.05$)。

无论是节假日还是平常日子，云蒙山国家森林公园游客的居住地与香山公园游客居住地存在显著差异。香山公园由于处于海淀区，因此海淀区游客比例明显高于云蒙山的游客，而朝阳区处于北京市东部，距香山较远，因此香山公园朝阳区游客比例有所下降。其他各城区和郊区县的游客比例两公园差异不大，但天津游客比例在两个公园之间存在非常显著的差异，云蒙山国庆期间的天津游客所占百分比为40.9%，而香山公园在节假日和平常时间则分别为2.6%、1.9%。说明云蒙山国家森林公园作为更接近自然的游憩休闲区域，较之近郊的公园，对于临近大城市有更大的吸引力。其他省市游客所占比例两公园之间相差也很悬殊，云蒙山外省市游客所占百分比为6.5%，而香山公园外省市游客在节假日和平常时段分别占到42.1%、43.9%，说明香山公园作为北京著名的郊野公园，在全国具有一定的知名度，而云蒙山森林公园的主要客源市场则是北京和天津的市民。具体见表10-6。

小结：

2001~2004年云蒙山游客调查结果表明，4年之间游客特征在性别、年龄、学历、职业、收入和居住地方面没有显著变化。游客男女比例基本持衡，主要以中青年游客为主，大部分游客受过高等教育，游客中学生是一个主要群体，其次是公司职员和专业技术人员。游客中以中低收入群体为主，游客居住地以北京地区居民为主，尤以朝阳、海淀两区游客所占比例最高。天津游客是一个值得关注的群体，4年中旅游人次呈上升趋势，公园应在与旅行社沟通、环保宣传、游客教育等方面采取相应的对策，减少大团队游客带来的资源紧张和冲突。

云蒙山游客与香山节假日及平常时段的游客特征比较表明，两个公园的游客群体有基本类同的方面，也有差异较大的方面。总体上，两公园在性别比例、学历、收入水平方面差异不大。两个公园游客的年龄、职业在节假日期间差异不显著，但云蒙山森林公园节假日游客的年龄、职业与香山公园平常时段游客的年龄、职业存在显著差异。由于26~35岁的年龄群体，管理人员、公司职员、专业技术人员这些职业群体，很难在平常时间出游，因此在香山公园平常时段所占比例降低，而19~25岁的学生群体，50岁以上的离退休人员的比例则较云蒙山的显著增加。

两个公园的游客居住地分布在节假日和平常时段都存在显著差异。云蒙山国家森林公园的海淀、朝阳区游客占有很大比例，而香山公园海淀区游客比例显著增加，朝阳区游客比例有所降低。云蒙山森林公园的天津游客占有很高比例，而香山公园的天津游客所占比例很低，但香山公园的其他省市游客则占到很高比例，说明云蒙山国家森林公园作为地方到区域的自然游憩区域以毗邻大城市为主要市场，而香山公园为北京最著名的郊野公园，在全国具有一定的知名度。

10.4 游客参观特征研究

10.4.1 云蒙山国家公园游客参观特征分析

游客参观特征以2002年五一期间开始使用的定稿调查问卷数据为准，至2004年10月有效问卷共计865份。对于游客的出游结伴方式、团队大小、停留时间、停留景点 、参与活动、满意水平和重游意愿这些比较稳定的参观特征，以3年调查样本总数作为一个总体样本。对于出游频率和出行交通方式，随着社会经济的发展，年度之间可能存在变化，每年的调查样本单独进行统计，并进行年度间的比较。

(1)游客出游结伴方式及团队大小

云蒙山国家森林公园的游客出游结伴方式以家人或朋友团队为主，占到总调查游客的68.0%，一些由旅行社组织的团体游客，因为是和家人朋友一起参团，往往也会选这一项，因此“家人或朋友”团队占到总调查游客的2/3以上。在笔者2005年所做的北京市观光休闲果业发展规划课题中，果园实地游客调查所呈现的游客出游结伴方式数据显示(有效问卷共计598份)，“家人或朋友”团队占到总调查游客人数的91.4%。而在美国荒野游客研究中，家庭团队占到总调查游客的40%(Roggenbuck and Lucas，1987)，朋友团队占总调查游客的30%~50%（Watson *et al.*，1992）。云蒙山国家森林公园的游客出游结伴方式也呈现出以亲友团队为主的特点。

云蒙山的旅行社团队游客占总调查游客人数的26.6%，这个比例应该比实际的团队游客还低(原因见上一段开始部分)，较高比例的团队游客与高比例的天津游客存在一定的相关性。

俱乐部、社团或单位以及独自一人的出游方式所占比例较小。

团队大小以2~6人的团队最为普遍。一个人出游的情况非常少，2人团队和3人团队分别占到被调查人数的12.3%和14.3%，4~6人团队占被调查游客的28.7%，平均团队人数为8.9人。20人以上的大团队占被调查游客的21.6%，较高比例的大团队游客与旅行社组织的团体游客有关。大团队游客因为对资源、对空间都有更多的需求，因此也会带来更多的冲击，对于公园管理者来说，大团队游客占有较高比例，是值得关注的问题。具体见表10-7及10-8。

表10-7 游客出游结伴方式

出游结伴方式(N=865)	百分比(%)
与家人或朋友	68.0
俱乐部、社团或单位	4.5
随(旅游)团游览	26.6
独自一人	0.92

表10-8 游客团队规模

各种团队人数所占百分比									
人数	1	2	3	4-6	7-10	11-20	20+	平均团队人数	标准差(S.D.)
百分比	0.93	12.3	14.3	28.7	13.9	8.3	21.6	8.9	6.7

(2)游客停留时间及停留景点

调查数据显示，云蒙山森林公园游客停留时间主要以当日往返的一日游为主，游客平均停留时间为5.6小时。其中停留半天的游客所占比例最高(69.7%)，停留2~3小时的游客占被调查游客的20.7%。过夜游客所占比例较少，其中住宿一夜的游客占被调查游客的9.3%，住宿2~3夜的游客所占比例很少，停留4夜以上的游客在被调查游客中没有出现。过夜游客少对于资源带来的冲击相对较少，但一日游游客所带来的冲击仍然不可忽视，公园仍然需要在设施维护管理、游客教育方面加强管理投入和力度。具体见表10-9。

表10-9 被访游客停留时间

游客停留时间	不同停留时间的游客占被访游客百分比(%)	平均停留时间(h)	标准差(S.D.)
2~3小时	20.7	5.6	6.1
半天	69.7		
住宿一夜	9.3		
住宿2~3夜	0.23		
住宿4夜以上	0		

游客在云蒙山停留的景点通常在一个以上，从观山楼到鬼谷子山寨沿线上的景点比较密集，是游客停留最多的地方。观山楼是大部分游客进入景区后第一个休息停留的景点，在此停留的游客占被访游客的百分比最高(见表10-10)。另外，一些潭瀑景点也是游客喜爱逗留的地方，如虎浴潭、虎穴潭、净身池、四潭雾泉等，鬼谷子山寨是公园另一处接待设施比较集中的区域，大多数游客会在此停留歇息，有些游客由此返回。上述这些景点，处于公园的开发地带和自然观光游览区，在节假日的高峰使用时间，游客会感觉到拥挤。过了怀古石屋、天狗守门以后，景点比较稀少，在通往主峰和莲花潭的路径上，处于健行地带，游客也逐渐减少。一般情况下，不存在拥挤问题。

被访游客回答停留时间最长的景点，出现最多的是虎浴潭、虎穴潭和鬼谷子山寨，其次是四潭雾泉、净身池、观山楼和鹰嘴石，有少量的游客在主峰和莲花潭停留时间最长，有极少量的游客在藏宝山、怀古石屋、天狗守门这些景点停留时间最长(见表10-11)。停留时间最长的景点，基本是容易到达，有休息停靠的空间和设施，有吸引人的景物，而这些景点也往往最容易受到冲击。而像藏宝山、怀古石屋、天狗守门这些景点只是路径边缘的一些造型地貌，缺少容纳游客停靠的空间和设施，景点本身的吸引力也比较欠缺，因此，大多数人只是经过或稍事休息，极少游客在这些景点长时间逗留。主峰和莲花潭有很好的景观吸引力，也能容留一定量的游客，但因路途遥远，到达的游客不多，但到达的游客往往会停留较长时间，因此对于景点也会带来较大的冲击，主峰目前的土壤裸露和侵蚀情况已经比较严重。

游客在停留时间最长的景点所用的时间以半小时到 1 小时为最多(75.5%)，其次是 1 小时以上 2 小时以内(14.3%)，停留时间 2 小时以上的游客比较少，但露营游客在景点停留时间可能超过 8 小时。而停留时间不足半小时的游客则非常少(表 10-12)。

表 10-10 在公园各景点停留的游客所占百分比

停留景点	停留游客占被访游客百分比(%)
观山楼	94.7
虎浴潭	73.3
鬼谷子山寨	69.8
虎穴潭	66.9
鹰嘴石	55.7
四潭雾泉	47.6
净身池	42.0
藏宝山	24.7
天狗守门	17.0
怀古石屋	16.3
云蒙山主峰	11.0
莲花潭	7.9

表 10-11 在公园景点停留时间最长的游客百分比

停留景点	停留时间最长的景点游客人数占被访游客百分比(%)
观山楼	7.6
虎浴潭	29.5
鬼谷子山寨	14.5
虎穴潭	20.5
鹰嘴石	7.3
四潭雾泉	9.7
净身池	9.1
藏宝山	0.9
天狗守门	0.9
怀古石屋	0.6
云蒙山主峰	5.6
莲花潭	2.0

表 10-12 游客在景点停留时间

游客在景点停留时间	不同停留时间的游客占被访游客百分比(%)
不足 0.5 小时	0.8
0.5~1 小时	75.5
1~2 小时	14.3
2 小时以上	9.3

(3)游客参与的活动、满意水平及重游意愿

云蒙山森林公园游客参与的最普遍的活动是登山和观赏风景，其次是拍照和水边的停憩活动，健行和野餐也是比较普遍的活动，露营游客占被访游客的比例很低，而参与环保或科普教育的游客所占比例则非常低。

这些活动中，露营是冲击最大的一种活动，目前公园并没有划定固定的露营点，但在主峰附近和通往莲花潭的路上有两处长期使用而形成的营地。虽然公园的露营游客所占比例较少，但这两处营地的冲击很严重，包括土壤紧实、裸露，植被践踏和树木伤害，露营垃圾等。公园目前对露营游客的收费比普通的日游客高，但并没有在环境教育方面做更多努力，如何减少露营所带来的冲击，是公园管理者应该关注的问题。

水边停憩，尤其是在水边的野餐，对于水体会有一定的冲击。有些游客在用餐后留下很多垃圾，这些垃圾很容易进入水体。另一方面，目前公园在水边放置的垃圾箱是简易的无盖柳条筐，游客投进去的垃圾往往又会被风吹出来，公园在设施完善方面，首先应该重新安放一批加盖的垃圾箱(见表 10-13)。

公园的主要游赏路线是一条线性廊道，游客活动会不可避免地带来践踏、土壤紧实等冲击。因此，路径使用的系统监测和维护，应作为优先管理项目来考虑。

表 10-13 游客参与活动

参与活动	百分比
登山	81.8
观赏风景	72.3
拍照	54.1
水边停憩	48.9
健行	25.9
野餐	19.1
露营	2.7
环境或科普教育活动	1.2
其他	0.3

公园游客总体满意水平为中等程度，从基本满意到非常满意的游客占被调查游客的88.2%(见表10-14)，被访游客的平均满意度为3.43。在游客重游意愿调查中，有14.3%的被访游客认为他们一定会重游，63.4%的被访游客认为他们有可能会重游。认为不会重游的游客占被访游客的22.3%，当问及不会重游的原因，大部分游客很难给出一个准确的说法，比较普遍的解释是"太远"、"交通不方便"、"来过一次就可以了"，另外也有一些比较极端的说法如"没意思"、"不好玩"等。这一方面和部分游客的游赏偏好有关，另一方面，也说明公园应提供更多样的游憩体验，在服务、设施等方面需要进一步完善。

表10-14 游客参观满意水平和重游可能

满意程度*	(%)	平均满意程度	标准差(S.D.)	重游可能	(%)
非常满意	15.5	3.43	0.92	一定会再来	14.3
比较满意	25.5			有可能再来	63.4
基本满意	47.2			不太可能再来	22.3
不满意	10.4				
非常不满意	1.4				

* 采用Likert尺度。满意程度：1：非常不满意；2：不满意；3：基本满意；4：比较满意；5：非常满意。

(4)游客到公园的出游频率和出行交通方式

3年的调查结果显示被访游客大部分是第一次到公园(见表10-15)，1年参观公园一次的游客从2002~2004年分别是9.3%、10.0%、7.6%，1年参观2次以上的游客则非常少。3年之间的统计结果没有显著差异。在重游意愿的调查中，约有78.7%的被访游客有重游意愿，但实际的重游者不足20%。对于公园来说，北京、天津市民是潜力很大的客源市场，但对于游客来说，在北京、天津周边也有很多可替代的自然游憩区域，公园有很多资源类同的竞争者。因此，公园在管理、服务、宣传促销方面需做更多努力。

表10-15 在2002~2004年游客出游频率

出游频率*	2002年游客(%) N=301	2003年游客(%) N=221	2004年游客(%) N=343
第一次	87.0	85.5	87.8
1年1次	9.3	10.0	7.6
1年2次	2.3	2.2	2.9
1个月几次	0.3	0.5	0.6
来过，但不规律	1.0	1.8	1.2

* 统计分析游客出游频率在3年之间差异不显著(Chi-square，$P=0.91>0.05$)

游客出行交通方式主要以公交车、自驾车、旅游团巴士为主，2003 年"非典"以后，北京私家车数量激增，但调查数据并没有显示出2003 年以后游客自驾车比例显著提高，从游客出行交通方式所占百分比看，乘公交车的比例有所降低，自驾车和乘旅游团巴士的比例有所上升，但 3 年之间在统计分析上差异不显著(见表 10-16)。

表 10-16 2002~2004 年游客出游交通方式

出游交通方式*	2002 年游客(%) N = 301	2003 年游客(%) N = 221	2004 年游客(%) N = 343
公交车	27.9	24.4	21.9
自驾车	30.2	34.2	31.5
单位派车	2.3	1.8	2.6
旅游团巴士	39.5	39.4	44.0

*统计分析游客出游交通方式在 3 年之间差异不显著(Chi-square，$P = 0.61 > 0.05$)。

10.4.2 游客参观特征类比分析

为了进一步探讨远郊森林公园在游客参观特性方面是否具有独特性，本研究仍然用2004 年国庆长假期间云蒙山国家森林公园的游客数据与同年香山公园的游客数据进行比较。

(1)两公园在游客出游结伴方式及团队大小方面的比较

调查结果显示，云蒙山国家森林公园节假日的游客出行结伴方式和团队规模，与节假日及非节假日期间的香山公园游客出行结伴方式和团队规模差异显著(表 10-17 和 10-18)。

表 10-17 两公园游客出游结伴方式比较

出游结伴方式*	云蒙山国家森林公园 N = 255(%)	香山公园(节日周末)[1] N = 224(%)	香山公园(非节假日)[2] N = 225(%)
与家人或朋友	67.1	89.3	80.7
俱乐部、社团或单位	3.9	2.4	2.1
随(旅游)团游览	28.6	4.7	6.3
独自一人	0.4	3.6	10.9

*[1]统计分析节假日期间两公园之间游客出游结伴方式差异显著(Chi-square，$P = 0.00 < 0.05$)。

*[2]统计分析在非节假日期间两公园之间游客出游结伴方式差异显著(Chi-square，$P = 0.00 < 0.05$)。

表 10-18 两公园游客团队规模比较

人数*	1~3	4~6	7~10	11~20	20+	平均团队人数	标准差(S.D.)
各种团队人数所占百分比							
云蒙山国家森林公园	27.5	26.7	15.1	7.6	23.1	8.9	7.0
香山公园(节日周末)[1]	48.5	31.9	16.0	1.2	2.5	4.6	3.6
香山公园[2](非节假日)	55.1	22.7	6.2	6.7	9.3	5.6	5.8

*[1]统计分析节假日期间两公园游客团队规模差异显著(Chi-square, $P=0.00<0.05$)。

*[2c]统计分析节在非假日期间两公园游客团队规模差异显著(Chi-square, $P=0.00<0.05$)。

虽然云蒙山国家森林公园被访游客家人朋友团队占主要部分，但香山的亲友团队则占更大比例，节假日和非节假日的亲友团队分别占到89.3%、80.7%；云蒙山国家森林公园的2004年国庆节被访游客，随团游客占28.6%，而香山公园的随团游客的百分比在节假日和非节假日期间则分别是4.7%、6.3%，远远低于云蒙山的随团游客百分比。云蒙山独自出行的游客极少，只占被访游客的0.4%，而香山公园独自出行的游客则分别为3.6%和10.9%。两公园俱乐部、社团、单位组织的游客所占百分比相差不大。

以上结果表明，云蒙山作为远郊自然游憩区域，在可达的便利性方面低于市郊公园，因此随团游客显著增加，尤其是对于天津游客。两公园在04年国庆节期间的平均团队人数分别是8.9，4.6，非节假日期间香山的平均团队人数是5.8。香山作为北京著名的市郊公园，游客对其的熟悉程度远高于云蒙山，安全性的感知也要高于云蒙山，甚至一些持有公园月票的市民把公园作为晨练的场所。因此，香山公园独自出游的游客比例要高于云蒙山(表10-17，10-18)。

(1)两公园游客满意水平和重游意愿之间的比较

由于云蒙山国家森林公园的参观模式存在着非常明显的周期性，即主要的使用高峰集中在节假日，非节假日游客稀少。为了便于进行游客问卷调查工作，调查时间主要安排在节假日进行。而香山公园即便在工作日也具有一定的游客规模。

调查结果显示，云蒙山04年国庆节游客期间被访游客满意水平和重游意愿，与同期香山公园被访游客满意水平和重游意愿存在显著差异，同时，与非节假日期间的香山公园被访游客比较，在上述两方面也存在显著差异。

从平均满意程度来看，香山公园非节假日期间的被访游客满意程度最高，为3.75。节假日期间被访游客的平均满意程度云蒙山森林公园为3.42，香山公园为3.71。因此，香山公园作为北京著名的郊野公园，无论是节假日还是平常时段，游客满意程度要高于云蒙山国家森林公园。在云蒙山达到非常满意水平的游客占被访游客百分比为15.7%，同期香山公园达到非常满意水平的游客所占百分比为16.8。而在非节假日期间香山公园达到非常满意水平的游客所占百分比占到27.6%，从中可以看出拥挤程度在很大程度上影响着游客满意度。

云蒙山不满意游客占被访游客百分比为11.8%，同期香山公园为2.2%，香山公园非节假日期间为7.6%，总体上，不满意的游客在云蒙山被访游客群体中所占比例也大于香山公园。问题的归因，还不能单纯从一组数字对公园的管理水平、服务和资源质量做出武断性的结论。云蒙山国家森林公园在北京郊区的各类自然景区中，从管理、经营到资源质量都有不错的口碑。但从游客心理来说，较之城市公园，远距离的郊野游憩要有更高的期望，也更容易因为天气、拥挤、资源条件、服务及管理等主客观方面的原因产生不满意的心理。另一方面，云蒙山国家森林公园也应在服务、提供的游憩活动项目及管理等方面进一步完善。（表10-19）。

表10-19　两公园游客参观满意水平比较

满意程度*	云蒙山(%)	香山公园[1](%) (节假日)	香山公园[2](%) (非节假日)
非常满意	15.7	16.8	27.6
比较满意	25.1	43.0	31.6
基本满意	46.3	36.3	31.1
不满意	11.8	2.2	7.6
非常不满意	1.2	1.7	2.2
平均满意程度	3.42	3.71	3.75
S.D(标准差)	0.89	0.83	1.01

*采用Likert尺度。满意程度：1：非常不满意；2：不满意；3：基本满意；4：比较满意；5：非常满意。

*[1]统计分析节假日期间两公园游客满意水平差异显著（t检验 $P=0.00<0.05$）。

*[2]统计分析非节假日期间两公园游客满意水平差异显著（t检验 $P=0.00<0.05$）。

游客重游意愿调查结果显示，香山公园平常时段的游客重游意愿最高，选择“一定会再来”的游客占被访游客的50.7%，而国庆节期间香山公园游客选择该选项的占被访游客的41.3%，云蒙山森林公园选择该项的游客只占被访游客的13.7%，虽然在问及不想重游的原因时，香山公园游客给出的解释也有“太远”、“没有时间”、“没兴趣”等，但云蒙山森林公园，除了公园本身的吸引力问题，对于京津两地的游客来说，空间距离是影响重游的一个主要因素（表10-20）。

表10-20 两公园游客重游意愿比较

重游可能*	云蒙山(%)	香山公园(%)(节假日)[1]	香山公园(%)(非节假日)[2]
一定会再来	13.7	41.3	50.7
有可能再来	64.3	49.2	40.4
不太可能再来	22.0	9.5	8.9

*[1]统计分析节假日期间两公园游客重游意愿差异显著（Chi-square，$P=0.00<0.05$）。

*[2]统计分析非节假日期间两公园游客重游意愿差异显著（Chi-square，$P=0.00<0.05$）。

（3）两公园游客出游频率和出行交通方式比较

云蒙山国家森林公园首次到访游客占绝大比例，而香山公园在节假日和非节假日期间的首次到访游客分别是49.4%和42.7%，远远低于云蒙山森林公园首次到访游客百分比，说明超过半数以上的被访游客此前有过参观香山公园的经历，同时，一年到访香山公园一次及二次的游客比例也大大超过云蒙山国家森林公园，非节假日期间香山公园被访游客中有9.8%的游客一个月参观公园数次。因此，在游客出游频率上，远郊森林公园与近郊公园有显著差异（表10-21）。

游客到达两个公园所选择的出行交通方式，也有显著差异。大部分被访游客到香山公园乘公交车（表10-22），自驾车游客在节假日和非节假日期间分别占被访游客的15.2%和16.4%，乘旅游巴士的游客在节假日和非节假日期间分别为6.2%、5.8%；而云蒙山乘公交车到达的游客占被访游客的20.8%，自驾车游客占被访游客的33.3%，乘旅游巴士到达的游客则达到43.5%的高比例。

以上数据说明，云蒙山森林公园作为远郊自然游憩区域，游客到达的交通方式与近郊公园有很大不同。目前，东直门汽车站每天早晨7：20左右有一班直达云蒙山森林公园的汽车，其他时间则需在怀柔换车，总体上，搭乘公交车不是很方便。而从天津到云蒙山森林公园目前还没有便利可达的公交车线路，这也是天津游客多选择随团搭乘旅游团巴士的原因。而香山公园有便利可达的公共交通线路，使大部分游客能够搭乘公交车到达（表10-21，表10-22）。

表 10-21 两公园游客出游频率比较

出游频率*	云蒙山国家森林公园 N=255(%)	香山公园(节日周末)[1] N=224(%)	香山公园(非节假日)[2] N=225(%)
第一次	88.1	49.4	42.7
1年1次	8.7	23.6	30.7
1年2次	2.4	20.7	16.9
1个月几次	0.8	6.3	9.8

[1]统计分析节假日期间两公园游客出游频率差异显著(Chi-square, $P=0.00<0.05$)。

[2]统计分析节在非假日期间两公园游客游频率差异显著(Chi-square, $P=0.00<0.05$)。

表 10-22 两公园游客出游交通方式比较

出游交通方式*	云蒙山(%)	香山公园(%)(节假日)[1]	香山公园(%)(非节假日)[2]
公交车	20.8	70.8	70.2
自驾车	33.3	15.2	16.4
单位派车	2.4	2.8	7.6
旅游团巴士	43.5	6.2	5.8

[1]统计分析节假日期间两公园游客出游交方式差异显著(Chi-square, $P=0.00<0.05$)。

[2]统计分析非节假日期间两公园出游交通方式差异显著(Chi-square, $P=0.00<0.05$)。

小结:

(1)云蒙山国家森林公园游客参观特征

云蒙山森林公园游客出游结伴方式以亲友团队为主，另外有较高比例的旅行社团队游客，这与高比例的天津游客有一定的相关性。团队规模以2~6人团队最为普遍，20人以上的大团队占被访游客的21.6%，平均团队人数为8.9人。较高比例的大团队游客应引起公园管理者注意，因为大团队对资源、空间都有更多的需求，因此也会带来更多的冲击。

云蒙山森林公园游客停留时间以当日往返的一日游为主，游客平均停留时间为5.6小时。停留半天的游客所占比例最高。过夜游客较少，其中住宿一夜的游客占被访游客的9.3%，而住宿2~3夜的游客所占比例很少。

游客在云蒙山停留的景点通常在一个以上。尤其是从观山楼到鬼谷子山寨这一段，景点比较密集，主要集中在路径沿线，尤其是一些潭瀑景点，在使用高峰时间，会有拥挤的感觉。而从怀古石屋、天狗守门以后，处于健行地带，游客逐渐减少，拥挤问题比较小。

游客停留时间最长的景点，基本是容易到达，有休息停靠的空间和设施，有吸引人的景物，如虎浴潭、虎穴潭和鬼谷子山寨等，这些景点也往往最容易受到冲击。

游客在云蒙山最普遍的参与活动是登山和观赏风景，其次是拍照和水边停憩。露营游客所占比例较低，但带来的冲击最大。在公园目前两处因长期使用而形成的营地上，存在着土壤紧实、裸露，植被践踏和伤害，露营垃圾等问题，对露营者的低影响教育，是公园管理者应该关注的问题。水边停憩，尤其是水边野餐，对水体周围环境和水体本身带来潜在的影响，在公园的设施完善方面，安放一批加盖的垃圾箱，是容易解决的，同时对减少垃圾也是有效的。游客主要的活动，基本都在路径上进行，因此，路径系统的维护和使用监测，应作为公园管理的优先项目来考虑。

总体上，云蒙山森林公园的游客满意水平比较高，被访游客的平均满意程度为3.43。确定一定会重游的游客有14.3%，选择有可能重游的游客占被访游客63.4%。但3年的调查表明，公园大部分游客是第一次参观公园，一年参观公园1次的游客在3年内不超过被访游客的10%，而1年参观公园2次的游客则非常少。因此，公园在管理、服务、宣传促销方面需做更多努力。

（2）云蒙山森林公园与香山公园游客参观特征类比分析

调查结果显示，云蒙山森林公园和香山公园在游客出游结伴方式、团队大小、游客满意水平和重游意愿、出游频率和出游交通方式方面，均存在显著差异。说明远郊自然游憩区域与近郊公园在游客参观特征方面存在不同。

虽然云蒙山森林公园与香山公园的主要游客群体都是亲友结伴出行，但香山公园的亲友团队比例显著高于云蒙山亲友团队比例。而云蒙山森林公园参团游客比例则远远高于香山公园游客参团比例。香山公园独自出行的游客在节假日和非节假日期间，占被访游客百分比分别为4.7%、6.3%，而云蒙山森林公园独自出行的游客只占被访游客的0.4%。这些数据说明云蒙山作为远郊自然游憩区域，可达的便利程度、游客对森林公园的安全感知都要低于香山公园。

无论是国庆假日还是非节假日期间，云蒙山公园游客平均满意水平都要低于香山公园。因此，公园在管理、服务、提供的活动项目方面都应进一步完善。

在香山公园的平常时段，选择"一定会再来"游客占被访游客的50.7%，国庆假日选择该选项的游客为41.3%，而云蒙山游客选择该选项的游客只有13.7%，虽然有公园本身的吸引力问题，但空间距离是影响游客重游选择的一个主要因素。

在出行交通方式的选择方面，云蒙山游客搭乘公交车的游客百分比为20.8%，而香山公园的大部分被访游客则是搭乘公交车前往，因此，自驾车和随团乘旅游巴士的游客比例也较云蒙山森林公园显著减少。而游客到达云蒙山则多为自驾车，随团搭乘旅行巴士等，说明到达云蒙山森林公园的公共交通便利程度上还有一定不足。

10.5 游客动机研究

旅游动机是促使一个人有意于旅游以及到何处去、作何种旅游的心理动因。来云蒙山国家森林公园的游客，也是因为某些内在需求，才会产生出游动机，进而引发出游行为。

罗伯特·麦金托什(R. McIntosh，1977)把旅游动机归纳为 4 种基本类型：即身体方面的动机、文化方面的动机、社会交往方面的动机、地位和声望方面的动机。有关本研究的动机因素的选项，包括了一般的生理、心理、社交等方面的因素，同时结合云蒙山国家森林公园的特点，共设计了 10 个动机指标选项。

本研究希望通过对这些动机指标的调查，了解游客来云蒙山国家公园的主要动因，以期为公园的管理者提供决策依据。

10.5.1 云蒙山总体游客动机分析

从游客动机因素排序来看，排在前 5 位的分别是“与家人和朋友一起体验自然环境”、“有水景”、“风景优美”、“远离城市，安静”、“健行的好地方”，排在最后 3 位的分别是“这个公园拥有云蒙山的最高峰”、“露营的好地方”、“离家比较近”(表 10-23)。因此，大多数来云蒙山森林公园的游客主要动机，

表 10-23 参观公园动机重要程度等级

问项	动机重要程度(%)				平均数	标准差	排序
	不重要	比较重要	重要	非常重要			
与家人和朋友一起体验自然环境	20.5	12.5	38.7	28.3	2.75	1.08	1
有水景	26.8	15.4	36.3	21.5	2.52	1.10	2
风景优美	24.0	19.7	38.0	18.3	2.51	1.05	3
远离城市，安静	30.3	20.8	31.8	17.1	2.36	1.09	4
健行的好地方	51.9	18.2	21.3	8.7	1.87	1.03	5
独特的地质景观	52.1	21.8	16.6	9.3	1.83	1.02	6
健身疗养	68.3	12.8	11.3	7.5	1.58	0.96	7
这个公园拥有云蒙山的最高峰	72.0	17.2	6.4	4.4	1.43	0.8	8
露营的好地方	77.9	12.1	5.8	4.2	1.36	0.77	9
离家比较近	80.8	11.9	6.6	0.7	1.27	0.61	10

注：重要程度：1：不重要；2：比较重要；3：重要；4：非常重要

是与亲友在山青水秀的优美自然环境中享受一段远离城市的时光，而攀登公园的最高峰和露营需要体力、设备和户外技术，只是少数户外爱好者的选择，“离家比较近”在动机因素的重要程度选择中，分值最低，说明大多数游客的居住地距云蒙山森林公园为中远途距离。

本研究采用主要成分因子分析法，对动机因素进一步分析归类。Bartlett's球形检验结果卡方值为18470.23，达到显著水平($p=0.00$)，KMO系数值为0.897，显示云蒙山游客对于其参观云蒙山动机问项具有不错的样本适宜度。结果可将云蒙山游客参观云蒙山的动机简化成2个因素，分别命名为“参与户外游憩活动”和“体验自然环境”(表10-24)。

表10-24 游客参观公园动机因素分析

动机指标	因素1	因素2	因子命名
健行的好地方	0.674		参与户外游憩活动
独特的地质景观	0.711		
健身疗养	0.861		
这个公园拥有云蒙山的最高峰	0.899		
露营的好地方	0.927		
离家比较近	0.918		
与家人和朋友一起体验自然环境		0.919	体验自然环境
有水景		0.915	
风景优美		0.906	
远离城市，安静		0.882	
特征值	8.16	1.24	
解释变异量(%)	81.6	12.4	

注：KMO值为=0.897，总解释变异量=93.96%　卡方值=18470.23，$p=0.00$。

在第一因子中，与“健行”、“地质景观”、“健身疗养”、“最高峰”、“露营”、“离家近”这6项指标有较大荷载，这些基本是从主动参与活动方面来描述动机的，因此称为“参与户外游憩活动”因素，在第二个因子中，“与亲友体验自然环境”、“水景”、“风景优美”、“远离城市”这四项指标有较大荷载，这些基本是从被动体验自然方面来描述动机的，因此称为“体验自然环境”因素。

上述分析表明游客到云蒙山的动机主要是参与户外游憩活动和体验自然环境，从公园供给方面来说，目前可供参与的活动并不是很丰富，同时缺少活动项目的引导推荐和讲解，因此也导致一些游客到公园吃喝一顿就离开，缺少深层次探究自然的过程。“体验自然环境”动机，对公园的自然环境背景有很高的内在需求，同时也是动机选项排名分数最高的几项动机，说明保持自然资源特质对于保持公园吸引力的重要性。

10.5.2　北京和天津游客动机比较分析

由于天津游客也是云蒙山游客群体的一个重要组成部分，因此，对北京游客和天津游客的旅游动机进行比较分析。

从两个城市游客的动机重要程度排序来看，北京游客动机与总体动机的排序完全一致，天津游客的动机重要程度排序则有些不同。天津游客排在前4位的动机虽然与总体动机前4项内容基本一致，但顺序有些差异。天津游客排在前四位的动机选项分别是“有水景”，“风景优美”，“与家人和朋友一起体验自然环境”，“远离城市，安静”，风景因素成为天津游客出游的主要驱动力；在第5到第7动机选项排序中，天津游客的动机选项顺序是“独特的地质景观”，“健身疗养”，“健行的好地方”，仍然是以风景观光的动机为主，而健行这种参与性的户外活动动机则排名靠后；在第8到第10项动机排序中，天津游客的动机选项顺序是“离家比较近”，“露营的好地方”，“这个公园拥有云蒙山的最高峰”，在云蒙山游客总体动机和北京游客动机重要程度排序中，“离家比较近”排在动机选项重要程度的最后一位，而在天津游客动机选项重要程度排序中，排在第8位，这与天津游客主要是以旅行社组织的团体游客有关，乘旅行大巴便利到达，减少了对空间距离阻隔的感知，而露营和登顶也都是团体游客较少参与的，因此，在动机重要程度选项中排名靠后(表10-25)。

通过对北京和天津两城市游客动机重要程度的比较，发现北京游客更注重户外活动参与，而天津游客则注重风景观光，这个结果对于公园的市场营销有一定的意义，一方面，针对北京市场可以重点宣传公园能够提供的户外休闲活动项目，同时也应在保护资源的前提下，进一步拓展公园可开展的活动项目种类；另一方面，针对天津市场，在重点宣传公园秀美风光的同时，也应引导游客参与一些深层体验自然的活动，丰富游客体验，提高户外游憩质量。

表10-25　北京和天津游客参观公园动机重要程度等级比较[a,b]

动机编号	动机重要程度*(%)								平均数		标准差		排序	
	不重要		比较重要		重要		非常重要							
	北京	天津	北京	天津	北京	天津	北京	天津	北京	天津	北京	天津	北京	天津
1	8.0	8.8	16.7	17.5	43.9	42.5	31.6	31.3	2.74	2.47	0.83	0.72	1	3
2	4.7	7.1	27.1	20.0	40.2	50.0	28.0	22.9	2.73	2.55	0.79	0.67	2	1
3	4.7	7.6	33.0	22.7	34.9	56.1	27.4	13.6	2.66	2.52	0.81	0.67	3	2

（续）

动机编号	动机重要程度[a]（%）								平均数		标准差		排序	
	不重要		比较重要		重要		非常重要							
	北京	天津	北京	天津	北京	天津	北京	天津	北京	天津	北京	天津	北京	天津
4	6.3	17.4	29.7	30.4	39.6	34.8	24.3	17.4	2.56	2.15	0.75	0.77	4	4
5	21.8	41.0	29.7	31.1	22.7	18.0	14.9	9.8	2.24	1.70	0.89	0.75	5	7
6	32.6	30.0	32.6	38.3	23.2	16.7	11.6	15.0	2.05	1.92	0.95	0.83	6	5
7	44.0	50.0	25.3	18.5	17.6	18.5	13.2	13.0	2.00	1.91	1.08	1.08	7	6
8	60.0	62.7	28.4	20.3	3.2	13.6	8.4	3.4	1.49	1.38	0.77	0.63	8	10
9	60.2	77.4	24.5	13.2	5.1	9.4	10.2	0	1.46	1.42	0.72	0.91	9	9
10	67.0	53.3	22.7	21.7	9.3	20.0	1.0	5.0	1.32	1.55	0.56	0.75	10	8

a 重要程度：1；不重要；2：比较重要；3：重要；4：非常重要。

b 动机编号：1－与家人和朋友一起体验自然环境，2－有水景，3－风景优美，4－远离城市，安静，5－健行的好地方，6－独特的地质景观，7－健身疗养，8－这个公园拥有云蒙山的最高峰，9－露营的好地方，10－离家比较近。

10.5.3 云蒙山国家森林公园与香山公园游客动机比较

为了比较远郊自然游憩区域和近郊公园游客到访动机的异同，在云蒙山游客动机选项中，挑选出同样适合香山公园的游客动机选项，并结合香山公园的特点，设计出10项动机选项。因为香山公园非节假日游客也具有相当规模，因此对香山公园节假日和非节假日的游客动机也进行了比较(表10-26)。

表10-26 香山公园节日游客和非节日游客动机比较

动机编号	动机重要程度(%)								平均数		标准差		排序	
	不重要		比较重要		重要		非常重要							
	节日	非节假日	节日	非节假日	节日	非节假日	节日	非节假日	节日	非节假日	节日	非节假日	节日	非节假日
1	10.0	17.1	24.1	22.8	25.3	37.8	40.6	22.3	2.96	2.65	1.03	1.01	1	2
2	15.4	20.5	21.3	22.7	32.5	40.5	30.8	16.2	2.78	2.53	1.05	0.99	2	4
3	11.0	12.4	39.3	34.2	24.9	28.0	24.9	25.3	2.63	2.66	0.98	0.99	3	1
4	10.4	21.5	32.5	31.3	42.3	33.2	14.7	14.0	2.61	2.40	0.86	0.98	4	5
5	23.5	35.3	21.6	28.3	40.1	23.5	14.8	12.8	2.46	2.13	1.01	1.04	5	7
6	26.6	30.2	28.2	24.9	25.4	28.9	19.8	16.0	2.38	2.31	1.08	1.07	6	6
7	30.4	21.3	23.6	23.3	36.6	33.5	9.3	21.8	2.24	2.56	0.99	1.06	7	3
8	21.5	44.4	47.7	22.5	18.7	28.2	12.1	49.3	2.21	1.94	0.92	0.96	8	9
9	40.5	37.8	25.6	27.1	22.6	23.9	11.3	11.1	2.05	2.08	1.04	1.03	9	8
10	68.4	49.7	15.8	20.6	11.4	17.5	4.4	12.2	1.52	1.92	0.86	1.08	10	10

注：动机编号：1. 与家人和朋友一起体验自然环境；2. 健行的好地方；3. 观赏红叶；4. 风景优美；5. 健身疗养；6. 可以登山；7. 远离城市；安静；8. 了解历史文化；9. 有水景；10. 离家比较近。

在香山公园国庆节日期间游客动机重要程度选项中，前5项分别是“与家人和朋友一起体验自然环境”、“健行的好地方”、“观赏红叶”、“风景优美”、“健身疗养”，其中排在第一位的动机选项与云蒙山的游客动机重要程度排序相同，说明“与家人和朋友一起体验自然环境”这一动机是促使游客前往公园的主要驱动力。在云蒙山森林公园的游客动机重要程度排序中，“健行的好地方”、“风景优美”也排在前5位，也说明活动参与和公园环境在公园吸引力方面的重要性。香山红叶在北京具有很高的知名度和认可度，国庆节期间，游客“观赏红叶”动机排在第3位。“健身疗养”动机排在第5位，说明香山公园也是市民健身的好去处。香山公园游客动机重要程度排序后5位的分别是“可以登山”，“远离城市，安静”，“了解历史文化”，“有水景”，“离家比较近”。其中“远离城市，安静”，这一动机选项在云蒙山的游客动机重要程度排序中，排在第4位，而在香山节日游客动机重要程度则排在第7位，说明位于远郊的云蒙山森林公园具有更远离尘嚣的自然环境。“有水景”在云蒙山游客动机选项重要程度排序中居于第2，是促使游客前往的一个主要的吸引力，而在香山游客动机排序居于第9位，虽然香山有静翠湖，但较之云蒙山的天然水景，则要逊色不少。因为香山历史比较久远，但“了解历史文化”动机在重要程度排序中居于第8位，说明香山公园主要还是以自然景色吸引游人。“离家比较近”这一动机选项在云蒙山和香山游客动机重要程度排序中都居于最后，说明大多数游客都不是公园附近居民。

香山公园国庆节期间游客动机与非节假日期间的游客动机排序有一些差异，差异最大的一项是“远离城市，安静”，从节日期间的第7位跃升到非节假日期间的第3位，说明人们在不同的时间和季节对于相同的区域感知是不同的，也说明同一区域在不同的时间段可以提供不同的体验机会。由于非节假日游客调查在10月中旬进行，因此，在非节假日游客动机重要程度排序中，排第1位的是“观赏红叶”，“与家人和朋友一起体验自然环境”排在第2位，而排在最后一位的仍然是“离家比较近”。

小结：通过对云蒙山总体游客动机分析，同时也通过对云蒙山森林公园的北京和天津游客的动机比较，云蒙山森林公园游客和北京香山公园的动机比较，得出以下结论：

(1)通过主要成分因子分析方法对动机因素归类，游客到云蒙山的动机主要是参与户外游憩活动和体验自然环境，其中“与家人和朋友一起体验自然环境”、“有水景”、“风景优美”、“远离城市，安静”、“健行的好地方”，排在动机重要程度的前5位，说明游客对于在良好的自然环境中参与户外活动有很高的内在需求。

(2)通过对北京游客动机和天津游客动机的比较，发现两个城市的游客动机存在一些差异。北京游客更注重户外活动参与，而天津游客则更注重风景观光。这对公园的市场营销具有一定的意义。应针对这两个主要市场各有侧重地宣传，同时引导游客参与一些深层体验自然的活动，丰富游客体验，提高户外游憩质量。

(3)通过对云蒙山国家森林公园与香山公园节假日及非节假日期间游客动机比较，发现两个公园的游客动机重要程度排序有比较一致的方面，也有与两个公园各自特点相关的动机选项。一前一后排序比较一致的是“与家人和朋友一起体验自然环境”、“离家比较近”，说明大多数游客都希望能够和亲友一起分享自然区域的山水风光，共同参与一些活动项目；“离家比较近”排在动机重要程度的最后一位，说明两个公园的游客居住地主要以中远距离为主。“有水景”、“观赏红叶”是与两个公园各自特色相关的排序靠前的动机选项，云蒙山以水景见长，而香山红叶久负盛名，说明公园要提高吸引力，突出特色是关键。“远离城市，安静”这一动机选项，在云蒙山的总体游客动机重要程度排序中，排在第 4 位，而在香山公园节日和非节假日的游客动机重要程度排序中存在较大差异，在国庆节期间排在第 7 位，而在平时则排在第 3 位，说明游客在不同时间对同一游憩区域的感知有很大差异，也说明同一区域在不同的时段可以提供不同的体验机会。

10.6 游客对公园问题的感知

在本书的第 9 章，通过实地取样量测分析，游憩活动对云蒙山国家森林公园的路径、土壤、植被、水体确实存在不同程度的影响。在公园游客特征和体验研究这一部分，其中一道问题涉及游客对公园问题的认识，采用 Likert 尺度，请被访游客标出问题严重程度，以此来分析游客对公园环境问题的感知和关注程度。在设计的问题选项中，有一项是“景点信息不足”，虽然并不直接反映公园环境问题，但景点信息反映公园的管理水平，并且景点信息不足也会加剧游客冲击的严重程度。在通常情况下，专业人员和管理者对公园环境问题的感知更敏锐，如果普通游客都能够明显感觉到公园环境的各种问题，说明游憩影响所带来的环境问题已经比较严重了。

问题选项包括游客对路径土壤侵蚀、非正式路径(抄近路引起)、景点信息不足、植被践踏、水体污染、垃圾等问题的感知程度。其中正式路径主要由游客抄近路引起，会扩大人类对公园环境的干扰范围，同时也会加剧土壤侵蚀等问题；景点信息不足会带来抄近路、不良行为等潜在的游客干扰问题，甚至可能由于公园没有明确通告给游客园内容易迷路、有潜在危险的区域，而带来对游客人身安全的威胁；垃圾会污染陆地及水体环境，同时也影响公园的环境美感和游客的愉悦体验。

从表 10-27 可以看出，通过对 3 年被访游客所标出的问题等级进行单因素方差分析，2002~2004 期间游客所感受的公园环境问题严重程度差异不显著。其中游客认为问题比较大的是公园内景点信息不足（见图 10-1），3 年期间对于公园内景点信息不足标“4”、“5”的被访游客百分比之和分别为 41. 19%、35. 07%、33. 32%。2004 年较 2002 年相比，被访游客认为此项问题的严重程度略有下降，这可能与公园标识解说系统有一定程度改善有关。

入口简易的公园地图

公园内简易的教育标识

指路牌

禁止通行标识

图 10-1　公园的简易解说设施

从调查数据看，公园的垃圾问题居于调查问题选项的第 2 位(图 10-2)，但问题程度并不是很严重。2002~2004 3 年期间，被访游客所标出的问题等级平均数分别为 1.91，1.83，1.76。标“4”、“5”的被访游客百分比之和分别为 11.00%，8.38%，7.25%。说明公园存在一定的垃圾问题，但大部分游客(约占被访游客 70% 左右)认为垃圾问题不是很严重。

植被践踏和路径土壤侵蚀这两项问题，三年期间游客标出的问题等级分布非常一致。总体上反映出的问题等级程度比较轻微，一方面说明目前公园的植被和路径土壤状况受到干扰的程度不严重，另一方面，也说明游客对路径土壤侵蚀和植被践踏这样的问题关注得比较少。

游客对于水体污染的辨识主要是看公园溪流潭瀑的外观，目前公园水体外观比较清澈，因此，选择“1”、“2”的被访游客所占百分比约占 90% 左右，因此，绝大部分游客认为公园水体没有污染问题。

对于非正式路径的认识，平均数分值最低，90% 以上的游客选择“1”。一方面，公园目前的非正式路径数量还不多，另一方面，游客对于抄近路带来的生态影响并没有更多的认识，因此，对于非正式路径，绝大部分游客认为没有问题(表 10-27)。

游客随地留下的垃圾

公园垃圾死角

图 10-2 游客带来的垃圾问题

表 10-27 被访游客选择公园内环境条件的等级

问题选项	时间	问题程度：没有问题———→问题很大(%)					平均数	标准差
		1	2	3	4	5		
路径土壤侵蚀	2002 年	64.04	18.83	10.96	3.42	2.74	1.62	1.00
	2003 年	67.77	18.48	8.06	3.32	2.37	1.54	0.95
	2004 年	65.15	18.79	9.39	3.03	3.64	1.61	1.02

（续）

问题选项	时间	问题程度：没有问题——→问题很大(%)					平均数	标准差
		1	2	3	4	5		
		ANOVA$P=0.64$						
非正式路径	2002 年	90.53	4.21	2.46	2.11	0.70	1.18	0.64
	2003 年	91.04	4.25	2.83	1.89	0	1.16	0.55
	2004 年	92.77	4.22	1.20	1.20	0.60	1.13	0.53
		ANOVA$P=0.48$						
景点信息不足	2002 年	27.57	11.30	19.93	22.26	18.93	2.94	1.48
	2003 年	33.65	10.90	20.38	18.48	16.59	2.73	1.50
	2004 年	33.33	13.21	20.12	18.61	14.71	2.68	1.46
		ANOVA$P=0.081$						
植被践踏	2002 年	66.08	18.18	9.79	3.50	2.45	1.58	0.97
	2003 年	66.97	16.97	10.09	3.67	2.29	1.57	0.97
	2004 年	67.58	16.97	10.00	2.73	2.73	1.56	0.97
		ANOVA$P=0.98$						
水体污染	2002 年	81.31	7.96	4.84	3.11	2.77	1.38	0.92
	2003 年	76.96	12.44	6.45	2.30	1.84	1.40	0.86
	2004 年	78.01	13.25	4.82	2.40	1.51	1.36	0.81
		ANOVA$P=0.89$						
垃圾	2002 年	49.82	23.36	15.81	7.22	3.78	1.91	1.13
	2003 年	52.56	23.72	15.35	5.12	3.26	1.83	1.07
	2004 年	54.08	25.38	13.29	4.53	2.72	1.76	1.02
		ANOVA$P=0.21$						

注：采用 Likert 尺度。问题程度(1：没有问题——→5：问题很大)

从游客对环境问题的认知调查结果看，游客认为目前公园环境不存在太大的问题。反映比较大的景点信息问题，应属于公园管理问题，目前也有一定程度的改善。

垃圾问题虽然不严重，但公园目前公园的垃圾箱太过简陋，而在公园内的垃圾掩埋也会对公园陆地和水体环境带来潜在的污染威胁。

游客对于路径土壤侵蚀、植被践踏、水体污染以及游客抄近路方面，关注不多，同时目前公园在以上方面问题还不是很严重。大部分游客认为这些方面问题不大。

这个调查结果也表明，游客对于环境问题的感知程度，在某些方面小于资源的实地调查结果，如路径土壤侵蚀在有些地段比较严重，而游客则认为问题不大。

10.7 云蒙山国家森林公园社会承载力研究

社会承载力涉及个体游客与其他游客相互作用所产生的问题，可能影响到游客的预期体验。社会承载力主要是对游憩地点的社会学研究，侧重游客对拥挤的感觉，如同时参观游憩环境的人们所带来的冲击，但是由于对拥挤的感觉也由其他社会相互作用的因素所影响——如遇其他使用者团队或者不守规矩的行为等。另外，公园的资源条件（如设施的数量和维护水平）、管理条件（如公园的规章制度）也会影响到游客的最终体验和满意程度。

社会承载力研究一般包括以下部分：基本的社会人口统计学描述；游客的旅行方式和使用方式（如停留时间及地点、参加的活动、团队大小等）；动机和偏好以及满意程度（参观动机、满意和拥挤指标等）。

有关社会承载力研究，传统上的研究假设认为当游客感觉到拥挤时达到承载力。基于这样的假设，早期确认影响拥挤的因素包括使用者密度和使用水平，相遇的偏好忍耐标准（Stankey，1973），以及体验的期望。另外一些研究报告表明社会和心理学因素也影响到拥挤感知。

最近十几年，社会承载力研究集中在对可接受的使用水平建立评价标准。其中一种方法涉及相遇标准的量测，即调查使用者，请使用者标出可接受的或者能够忍耐的相遇者数量（Roggenbuck *et al.*，1991；Shelby *et al.*，1988）。因为在美国一个很重要的自然游憩区域类型是荒野区域，保持荒野的与世隔绝是《荒野法》（1964）着重强调的，游客在自然游憩区域对于相遇的人数和团队比较敏感。但在缺乏这样背景的情况下，通过询问游客期望给出一个合适的接触水平比较困难，这也是本研究没有采用这种方法的原因。

另外一种方法是基于游客对拥挤水平的知觉来确认评价标准。Shelby（1986）提出了这个从"一点不拥挤"到"极其拥挤"感觉拥挤水平的9个等级标准（表10-28），并把拥挤水平划分为5种级别（表10-29）："控制性"拥挤（少于35%的使用者报告拥挤等级在3或更高），"低于标准"（35%~50%的使用者报告拥挤等级在3或更高），"高标准"（50%~65%的游客报告拥挤等级在3或更高），超过承载力（65%~80%的游客报告拥挤等级在3或高）以及"大大超过承载力"（80%~100%的游客报告拥挤等级在3或更高）。拥挤的程度表明游憩机会从原始类型的体验（在控制性拥挤之下）到高密度体验。这个拥挤量测方法可以超越研究区域和时间进行直接比较，因此被广泛地采用，本研究采用了这个9等级拥挤标准的方法。

这个承载力框架基于游客圈定3或更高的拥挤指标，如果在一个环境里，低于35%的游客感觉拥挤，适合提供独特的低密度体验。当35%~0%的游客感觉拥挤时，问题还不存在，但需要继续监测；当50%~65%的游客感觉拥挤时，则为高标准拥挤程度，如果这时仍然希望继续增加使用水平，则应密切关注拥挤水平，以便在真正的拥挤问题出现之前预测到拥挤的问题和使用区域；如果超过65%的游客认为拥挤，拥挤水平则达到“超过承载力”的程度，在这样的区域，应采取管理行动降低社会冲击；当80%~100%的游人感觉拥挤时，这时区域“大大超过承载力”，应采取控制措施降低拥挤程度。

大多数研究者认为游客对拥挤的知觉与在游憩地点许多变量的相互作用有关。影响拥挤标准的主要因素可以分为3个部分：即游客的个人特点、相遇者的特点以及环境变量。

游客个人特点包括人口统计学特点，对与其他游客接触的偏好和期望，体验的水平和对管理的态度；相遇者的特点包括团队的类型和大小，行为和感知相似性程度等；影响拥挤感知的环境变量包括游憩区域的类型、在区域中位置及设施数量和设计等。

表10-28　9等级拥挤程度

1　2	3　4	5　6　7	8　9
一点也不拥挤	有一点拥挤	中等程度拥挤	非常拥挤

表10-29　拥挤感知程度的管理目标和评价标准

管理目标	评价标准
控制性的拥挤	0%~35% >2.0
低标准	35%~50% >2.0
高标准	50%~65% >2.0
超过承载力	65%~80% >2.0
严重超出承载力	80%~100% >2.0

注：引自Shelby Vaske & Heberlein (1989)。

10.7.1　游客对拥挤的感知分析

10.7.1.1　云蒙山国家森林公园游客对拥挤感知分析

由于游客的分布具有地理集中性的特点，本研究选取游客喜爱停留的景点进行调查。由于藏宝山、怀古石屋和天狗守门这几个景点，一般游客只是路过，较少停留，调查结果显示基本不存在拥挤问题，因此略去这几个景点。而云蒙山顶峰和莲花潭到达的游人较少，而有些游客在填写问卷时未曾到达这两个景点也标注了拥挤程度，数据存在着不可靠性，因此在分析时这两个景点也略去不计。最终选取了8处景点进行分析，另外还有一项是游览路段，主要希望了解游客在路径感受到的拥挤程度。

本研究运用9个等级拥挤标准的方法对游客进行调查，由于各个年份的游人量各不相同，而节假日和平常时间的游人量也有很大差别，因此对每一次的调查结果分别进行统计(见表10-30)。在游客选择拥挤标准时，较多选定的等级是1、3、6，选2、4、5等级的游客较少，而选8、9等级的游客本身就比较少，为了方便统计，在本小节采用1、3、6、9四个等级，其中，等级1包括9等级中的1、2两等级的计数，为“不拥挤”；等级3包括原等级的3、4两个等级计数，为“有一点拥挤”；等级6包括原等级中的5~7等级计数，为“中等程度的拥挤”；等级9包括原等级中的8、9两项计数，为“非常拥挤”。

在2002年“五一”长假期间，在综合服务区(55.6%)、鬼谷子山寨(60.8%)、虎浴潭(61.9%)、游览路段(54.8%)，感觉拥挤的游客超过50%，但低于65%，处于承载力的高标准水平；而在观山楼(44.2%)、鹰嘴石(36.1%)、虎穴潭(45.5%)、净身池(36.0%)这些景点，报告拥挤的游客比例在35%~50%，处于承载力的低标准水平；四潭雾泉(27.1%)感觉拥挤的游客不超过35%，处于控制性拥挤水平。在2002年国庆长假期间，游客感知的拥挤程度与同年“五一”长假的拥挤水平差异不大，综合服务区(55.2%)、鬼谷子山寨(61.8%)、虎浴潭(62.6%)、游览路段(51.0%)拥挤程度在50%~65%，处于高标准承载力水平；观山楼(42.5%)、鹰嘴石(41.6%)、虎穴潭(43.3%)、净身池(38.9%)这些景点，感觉拥挤的游客比例在(35%~50%)，处于承载力的低标准水平；四潭雾泉(25.1%)仍然处于控制性拥挤水平。在2002年“五一”和国庆长假调查期间，公园接待的日游客量除了10月1日不到2000人以外，在5月1、2日，10月2、3、4日公园的日接待量都超过了2000人。

2003年国庆长假期间游客调查结果显示，除虎浴潭(39.4%)感觉拥挤的游客超过35%，处于低标准拥挤水平，其他景点感觉拥挤的游客比例都没有超过35%，处于控制性拥挤程度。可能是由于2003年春季SARS影响，总体上2003年公园游人接待量出现大幅滑坡。在2003年国庆长假前3天的日接待量也较2002年同期下降较多，也说明游人量确实影响到游人的拥挤感知。

表 10-30 游客对公园各景点拥挤感知程度

拥挤程度指标	百分比								
	门景区	观山楼	鬼谷子山寨	鹰嘴石	虎浴潭	虎穴潭	四潭雾泉	净身池	游览路段
					2002，5				
1	44.4	55.7	43.0	63.9	38.1	53.2	72.8	62.7	47.6
3	30.9	26.6	26.6	19.2	32.1	24.1	14.8	24.0	31.0
6	21.0	13.9	25.3	16.9	23.8	20.1	11.1	10.67	19.0
9	3.7	3.7	8.9	0	6.0	1.3	1.2	1.3	4.8
∑3－9	55.6	44.2	60.8	36.1	61.9	45.5	27.1	36.0	54.8
					2002，10				
1	44.8	57.4	38.2	58.4	37.3	56.6	74.9	61.2	49.0
3	32.8	25.7	30.9	21.8	31.8	21.9	13.3	26.7	28.7
6	16.9	14.4	23.7	17.8	23.0	18.8	10.3	10.7	17.8
9	5.5	2.4	7.2	2.0	7.8	2.6	1.5	1.5	4.5
∑3－9	55.2	42.5	61.8	41.6	62.6	43.3	25.1	38.9	51.0
					2003，10				
1	76.2	79.7	69.7	81.1	60.6	76.1	81.7	78.7	76.4
3	12.6	11.6	15.6	11.4	22.7	12.9	10.3	12.1	13.1
6	9.8	7.7	11.5	7.0	11.1	8.1	7.0	7.7	7.5
9	1.4	0.9	3.2	0.5	5.6	2.9	0.9	1.4	3.0
∑3－9	23.8	20.2	30.2	18.9	39.4	23.9	18.2	21.2	23.6
					2004，8				
1	85.2	92.0	93.2	92.0	78.4	85.2	93.2	90.6	90.9
3	6.8	2.3	3.4	5.7	9.1	8.0	3.4	7.1	5.7
6	6.8	3.4	2.3	2.3	10.2	5.7	3.4	2.4	3.4
9	1.1	2.3	1.1	0	2.2	1.1	0	0	0
∑3－9	14.7	8.0	6.8	8.0	21.5	14.8	6.8	9.5	9.1
					2004，10				
1	84.6	81.0	86.6	86.9	79.7	81.9	90.3	88.8	86.4
3	8.8	10.2	9.5	8.5	10.7	8.3	6.0	7.6	8.3
6	6.6	6.3	2.7	3.9	6.2	6.9	2.8	2.8	3.4
9	0	2.4	1.1	0.7	3.4	2.9	0.8	0.8	1.9
∑3－9	15.4	18.9	13.3	13.1	20.3	18.1	9.6	11.2	13.6

从2004年8月和10月的调查结果来看，在所有被调查的景点，感觉拥挤

的游人比例都没超过35%，在8月份调查的3天，公园接待的游人量比国庆节调查期间的要低，因此，感觉拥挤的游客比例也低于国庆期间的调查数据。

从3年不同时段的调查结果可以看出，有关公园游客对拥挤的感知与游人量存在着密切关系，这在其他学者的有关社会承载力研究中也得到证实，如Brunson(1999)等在美国羚羊岛州立公园研究游客对拥挤的感知时，发现在周末，有39%的游客感觉拥挤，而在平常的时间，感觉拥挤的游客比例下降到22%。另外，在游客喜爱停留的景点，拥挤程度也要高于其他景点，如鬼谷子山寨和虎浴潭基本都是感觉拥挤的游客比例最高的地方，其次是入口综合服务区，由于是游客集散地，同时餐饮、住宿等接待设施也集中于此，感觉拥挤的游客比例也较高；游览路段在使用高峰时段，也是感觉到拥挤的游客比例较高的地方。而观山楼、鹰嘴石、虎穴潭、四潭雾泉、净身池这些景点，在目前的使用水平下，拥挤问题不突出。

10.7.1.2 北京游客和天津游客对拥挤的感知比较

拥挤是个心理学概念，游客对拥挤的感觉由很多变量引起，这些变量和游憩地点上的游人数量一起影响到游人对拥挤的感知。不同地理区域的游客对于拥挤的感知可能也存在差异，如本地游客、外省市游客以及海外游客。云蒙山森林公园的主要游客群体是北京游客和天津游客，北京游客以散客居多，而天津游客以团队居多，为了比较两个城市的游客对于拥挤的感知是否存在差异，对2004年国庆期间北京和天津游客的调查数据分别进行整理分析(表10-31)，同时对两个城市的游客拥挤感知进行 t 检验，结果发现，除在鬼谷子山寨两个城市游客对拥挤的感知差异显著外，在其他景点两个城市的游客拥挤感知在统计学上差异不显著。但从两个城市游客对拥挤感受程度来看，天津游客对拥挤的感觉更敏感，如在综合服务区，只有18.3%的北京游客感觉拥挤，而感觉到拥挤的天津游客比例则达到34.8%；在鬼谷子山寨感觉到拥挤的北京游客比例只有15.7%，而天津游客则达到36.1%，在统计学上差异显著；在虎浴潭感觉拥挤的两城市游客比例基本接近，而在游览路段，19.0%的北京游客感觉拥挤，30.9%的天津游客感到拥挤。

对于同期两城市游客对拥挤感知的差异，可能源于天津游客多为团体游客，而且通常是百人以上的大团队，从公园入口进入景区只有一条主要路径，同时到达的大团队游客不能很快散开，对路径和景点资源产生使用竞争，增加拥挤的感觉。而北京游客多为散客，到达时间不是过分集中，因此对拥挤的感觉不像天津游客那样强烈。

解决的办法可以通过与旅行社的接洽，建议旅行社巴士错开到达时间，另外也可以通过宣传，鼓励天津游客选择更多样的交通出行方式。

表 10-31 北京和天津游客对公园各景点拥挤感知比较

拥挤程度指标	百分比								
	门景区	观山楼	鬼谷子山寨	鹰嘴石	虎浴潭	虎穴潭	四潭雾泉	净身池	游览路段
游客群					北京				
1	81.1	77.1	84.3	80.0	68.1	74.8	88.0	88.3	81.1
3	6.3	11.9	8.8	12.4	13.3	10.3	7.0	4.3	9.5
6	9.0	10.9	4.9	5.7	14.2	9.3	4.0	6.3	7.4
9	3.0	0.9	2.0	1.9	4.4	5.6	1.0	1.1	2.1
	18.3	23.7	15.7	20.0	31.9	25.2	12.0	11.7	19.0
游客群					天津				
1	65.2	66.2	63.9	81.1	69.5	66.1	79.6	76.4	69.1
3	16.7	20.0	19.4	9.4	16.9	16.9	11.1	16.4	14.5
6	13.6	10.8	4.2	9.4	10.2	13.6	7.4	5.5	10.9
9	4.5	3.1	12.5	0	3.4	3.4	1.9	1.8	5.5
	34.8	33.9	36.1	18.8	30.5	33.9	20.4	23.7	30.9
t 检验	$P=0.12$ >0.05	$P=0.20$ >0.05	$P=0.005$ <0.05	$P=0.93$ >0.05	$P=0.56$ >0.05	$P=0.65$ >0.05	$P=0.24$ >0.05	$P=0.49$ >0.05	$P=0.15$ >0.05

10.7.1.3 香山游客对拥挤的感知分析

由于国内目前对于游憩的社会影响缺乏系统研究，有关游客的拥挤感知方面也缺乏可以对比和参照的已发表的研究数据，对香山公园游客拥挤感知的研究主要意图是希望了解在近郊公园游客对拥挤的感知状况，从而提供一个游客对拥挤感知的对比和参照。

本研究主要选取了香山公园主要入口和游客喜爱逗留的几处主要景点，同样按 9 等级拥挤标准对游客进行调查。调查结果显示，在 2004 年国庆节期间，香山公园的拥挤程度在东宫门(88.5%)、绚秋林(85.0)、鬼见愁(85.7%)这些景点都在“严重超出承载力”的水平，静翠湖(64.2%)处于拥挤程度“高标准”的上限，游览路段(77.3%)拥挤程度处在“超过了承载力”水平，节日期间香山公园总体上处于非常拥挤的状况；在非节假日期间，上述相同的几处景点拥挤情况有所缓解，其中东宫门(70.0%)、静翠湖(66.5%)、绚秋林(66.9%)几处景点的拥挤水平在“超过承载力”的范围，而鬼见愁(80.1%)仍处于“严重超出承载力”的状况，游览路段处于“高标准”拥挤程度。

因为香山红叶闻名遐迩，10 月份是公园的游览旺季，因此在非节假日期间，感觉拥挤的游客比例也相当高，游客喜爱逗留的主要景点和集散地都处在“超出承载力”的范围。对比之下，云蒙山国家森林公园的拥挤程度远低于近郊的香山公园。

表 10-32 游客对香山公园各景点拥挤感知程度

拥挤程度标准	感知拥挤的游客百分比（%）									
	东宫门		静翠湖		半山亭－绚秋林		鬼见愁		游览路段	
	节日	非节假日	节日	非节假日	节日	非节假日	节日	非节假日	节日	非节假日
1	11.5	30.0	35.8	33.6	15.0	33.0	14.2	19.9	22.8	44.4
3	37.4	39.3	25.7	33.6	32.0	36.5	18.6	26.5	12.2	25.4
6	22.9	26.7	31.2	31.5	43.0	28.7	25.7	40.4	35.8	19.7
9	28.2	4.0	7.3	1.4	10.0	1.7	41.4	13.2	29.3	10.6
Σ3－9	88.5	70.0	64.2	66.5	85.0	66.9	85.7	80.1	77.3	55.7

10.7.2 影响拥挤的因素

前面提到，游客对拥挤的感觉由很多变量引起，这些变量和游憩地点上的游人数量一起影响到游人对拥挤的感知。影响拥挤标准的主要因素可以分为3个部分：即游客的个人特点、相遇者的特点以及环境变量。

有关游客个人特征对拥挤感知的影响，过去的研究主要从游客户外游憩动机、对于与其他游客接触的期望和偏好、旅游经历和对管理的态度等方面进行（Ditton *et al.*，1983；Shelby，1980；Shelby *et al.*，1983；Nielson，1977）；相遇者的特征包括团队规模、相遇者行为和团队相似程度；情境因素包括区域的类型、位置、设施、环境因素等。

因我国目前对于自然游憩区域管理的条例法规并没有着重强调要在某一类区域保持“远离尘嚣”的纯净自然环境，游客对与其他游客接触的期望和偏好可能考虑得并不多，另外，我国对于公共土地的管理政策公众参与较少，公众对于参与公共土地管理土地政策制订还没有形成概念。从公园管理方面来说，目前从地域上形成的两大游客群体——北京游客和天津游客，他们确实在拥挤感知方面存在一些差异，同时公园管理方面也能够采取一些管理措施缓解可能出现在旺季的拥挤情况，因此，在考虑影响拥挤因素方面，把不同地域的游客作为一个因素选项。

在拥挤研究中，相遇者特点也往往被考虑在内，遇到大团队会增加拥挤的感觉，另外，不良行为的游客往往也会增加拥挤的感觉，如遇到一个30人的安静团队和一个吵闹的6人团队，后者通常会带来更大的社会冲击。针对游客之间可能发生的冲突，问卷设计了3个问题："您是否觉得其他游客的行为会降低您的游憩体验质量？"；"其他游客对您在云蒙山游览过程的干扰频率？"，该问题给出三个选项：经常(1天超过2次)，有时(1天1到2次)，很少；"这些团队特点(如青少年、家庭等)"。

公园提供的设施数量通常也会影响到拥挤感知，如果设施不足，则会增加游客拥挤的感觉。针对游客对于公园设施数量的感受，问卷就休息设施、卫生设施、路径数量、住宿设施、餐馆等采用Likert尺度从太少—正合适—太多设了5个等级的选项。

另外，不同居住地的游客可能对拥挤的感知存在差别，本研究从地域上分为3个游客群体：北京游客、天津游客及其他省市游客。

10.7.2.1　云蒙山国家森林公园游客对其他游客干扰的感知

Jacob和Schreyer(1980)发展了得到普遍认可的游憩冲突定义："由于其他人的行为干扰了(游憩)目标"。换句话说：当另外的团队或者个体干扰了其他人达到个人游憩体验目标(如远离尘嚣、宁静、逃避城市景象和声音、与朋友和家庭的互动等)时冲突发生。例如，在摩托车和健行者之间的冲突通常源于机动车辆会干扰健行者躲避和远离尘嚣的动机。当其他游客有与环境不协调的行为时，社会冲突通常也会发生，包括乱丢垃圾、乱涂乱画、粗暴地对待他人等，被称为"不良行为"。

从2002年到2005年5次调查结果显示，认为受到其他游客干扰的游客比例低于30%，其中2004年8月的调查结果显示被干扰游客比例最低，为9.1%。在这几次调查中，2004年8月的日接待游客量最少，可以看出，在非节日期间，游客之间的相互干扰现象低于节假日期间。其他五一和十一节日长假期间，受干扰游客比例差别不大，其中2004年国庆期间受干扰游客比例略低，其接待量也低于2002年和2003年节日长假期间的接待量(表10-33)。

表10-33　受到其他游客干扰的游客百分比及受干扰频率

调查时间	是否受到其他游客干扰(%)		干扰频率(%)		
	是	否	经常	有时	很少
2002.5	26.1	73.9	13.6	40.9	45.5
2002.10	28.1	71.9	11.9	42.4	45.8
2003.10	27.4	72.6	9.26	42.6	48.1
2004.8	9.1	90.9	12.5	87.5	0
2004.10	23.9	76.1	11.5	44.3	44.3

在感到其他游客有干扰的游客群体中，大部分游客感受到的干扰程度是

“有时”或“很少”，即1天之中受干扰的次数低于2次，受到2次以上干扰的游客比例不超过15%，其中2002年“五一”期间，“经常”选项的比例略高于其他时间的调查结果，可能与游客量高有关。

总体上，游客在云蒙山受到其他游客干扰的问题并不严重。

10.6.2.2 游客对公园设施量的感知

从5次调查结果看，游客对于公园内经常用到的休息设施、卫生间等普遍感觉太少，在5个等级中，标“1”的游客占到半数以上，在游人使用高峰期间，这个比例达到72.2%（表10-34），在游客比较稀少的时间，达到50.0%；对于游览路径的数量，标1的游客比例从高峰时间的41.4%（2002，5）到平常时间的20.5%（2004，8），2004年8月调查样本中有56.8%的游客标“2”，其余时间标“2”的游客在40%左右，说明游览路径的数量也偏少；对于营地和住宿设施，50%左右的游客标明“不使用”，其他选择“1”和“2”的游客占到30%~40%，选择“4”和“5”的游客比例非常少，说明营地和住宿设施对于有使用需求的游客来说还是偏少或可选择的种类较少；对于餐馆数量，除2004年8月的调查结果有35.2%的游客不使用以外，其他时间的调查结果显示接近半数的游客不在园内餐馆进餐，另外，约有30%左右的游客选择“1”和“2”，2004年8月选择“3”的游客为19.3%，其他时间的游客调查结果显示，选择“3”的游客比例不超过10%。

这项调查结果来看，大部分游客认为公园的各种设施量偏少，这与两方面因素有关。一方面，公园的休息设施和卫生设施、路径等确实不足，另一方面，大多国内游客在自然区域游赏中，往往也希望道路、索道、餐饮、住宿设施齐全，缺乏挑战自我和深入体验自然环境的习惯。

目前公园的餐饮、住宿设施基本能够满足一般情况下的游人需要，短期内不需扩建，可适量在开发地带和自然观光游览区增加一些休息和野餐设施，现有的餐馆可通过改进菜品和服务吸引游客就餐。另外，公园也可通过宣传栏、手册和人员讲解，引导游客深入了解自然，加深对自然体验的感受。

表10-34 游客对公园设施量的评价

设施	时间	太少——正合适——太多（%）					不使用（%）
		1	2	3	4	5	0.0
设施数量（休息设施、卫生间等）	2002，5	71.6	17.0	8.0	2.3	1.1	0.0
	2002，10	72.5	17.5	7.6	1.4	0.9	0.0
	2003，10	62.9	23.1	12.2	0.9	0.9	0.0
	2004，8	50.0	40.9	6.8	0.0	1.1	1.1
	2004，10	71.0	18.0	9.0	0.8	1.2	0.0

（续）

设施	时间	太少		正合适		太多(%)	不使用(%)
		1	2	3	4	5	0.0
	2002，5	41.4	40.2	16.1	1.1	1.1	0.0
	2002，10	36.6	43.2	17.8	1.4	0.9	0.0
游览路径数量	2003，10	37.6	44.3	16.2	1.4	0.5	0
	2004，8	20.5	56.8	20.5	0.0	0.0	2.3
	2004，10	35.7	45.9	16.9	0.8	0.8	0.0
	2002，5	21.6	18.2	6.8	1.1	0.0	52.3
	2002，10	27.2	14.5	6.6	0.5	0	51.2
营地数量	2003，10	16.7	20.4	10.9	0.5	0	51.6
	2004，8	14.8	17.0	10.2	1.1	2.2	54.5
	2004，10	21.6	18.4	7.5	0.4	0	52.2
	2002，5	18.2	13.6	12.5	4.5	2.3	48.9
	2002，10	22.1	15.5	8.9	0.9	0.5	52.1
住宿设施	2003，10	19.5	14.9	9.5	1.3	0.9	53.8
	2004，8	14.8	19.3	14.7	1.1	4.5	45.5
	2004，10	19.6	14.5	8.2	1.2	2.0	54.5
	2002，5	26.1	17.0	6.8	2.3	1.1	46.6
	2002，10	25.4	16.4	6.5	1.8	0.9	48.8
餐馆	2003，10	27.7	14.1	7.7	3.2	0.5	46.8
	2004，8	14.8	25.0	19.3	2.3	3.4	35.2
	2004，10	26.3	17.3	5.1	1.6	0.7	49.0

10.7.3　游客对拥挤感知因素的多项式 logistic 回归分析

多元统计分析在社会科学中得到广泛的运用，成为标准的分析工具。但多元统计分析的基本要求是因变量必须是具有间距测度等级的连续变量，而在实际研究中这个要求经常不能得到很好的满足。而 logistic 回归克服了多元线性回归的不足，能够更好地应用于定性因变量的多元分析。

使用 logistic 回归分析来研究这些离散响应变量与一组解释变量之间的关系。在二值响应模型中，响应 Y 代表一个个体或一个实验单元，它的取值有两种可能性，0 和 1（如：感觉到拥挤 $Y=1$ 否则 $Y=0$），假定 X 是一个解释变量向量，且 $p = Pr(Y=1 \mid x)$ 建模的响应概率，线性 logistic 模型有如下的形式：

$$\text{logit}(p) = \log(p/(1-p)) = a + b'X(1) \tag{10-1}$$

其中 a 是截距参数，b'是斜率参数向量。则 Logistic 回归方程为：

$$P = \frac{e^{b0 + b1X1 + B2X2 + \cdots + BkXk}}{1 + e^{b0 + b1X1 + b2X2 + \cdots + bkXk}} (10\text{-}2)$$

多项式 logistic 回归用于研究多值响应变量与影响因素之间的关系，是二值响应变量 logistic 回归技术的发展。在多项响应变量中，响应变量 Y 的取值 1，2，3，…，m(这里数值 1，2，3，…，m 只表示一个排列序号，不存在 1 <2 <3 <… <m 的数量关系)，X 表示一个解释变量向量集。多序 logistic 回归模型对每一个结果类型均有一系列参数估计，Y = 1，Y = 2，Y = 3……Y = m 有相同的概率。

在社会承载力的研究中，Michael & Donald（1996）在清水河划船活动的社会承载力模型研究中，Manning 等(1995)在拱门国家公园游客体验和资源保护框架应用的过程中，运用了回归分析方法。

本研究确定 Y 为 9 值变量，即个体游客对拥挤的感知从 1 到 9 的 9 个等级，即 Y = 1……Y = 9。解释变量 X 包括当日公园接待的游人量，游客对其他游客干扰的感知，游客对公园设施量的感知，游客居住地。即在本研究假设中，游客对拥挤的感知，除了受到当日游人量的影响，其他游客的行为和公园提供的设施量，以及不同地域的游客也影响到游客对拥挤的感知。

在调查过程中，2004 年 8 月及 10 月的调查表格标明了调查日期，因此，选用这 2 次的数据，录入到 SPSS 10.0 进行分析。当日公园接待的游人量为具体数字；被访对象认为有其他游客干扰，取值为 1，无则取值为 0；游客对公园设施的感知只取前两项多数游客使用的设施，卫生间、休息设施和路径数量，取值按照游客在 4 等级中标明数字；不同地域的游客分为北京、天津和其他省市 3 个群体，分别取值为 1，2，3。

调查问卷选项对游客停留的不同景点都进行了调查，为了节省篇幅，只选取综合服务区、鬼谷子山寨、虎浴潭净身池和游览路段这 5 处游客停留最集中的地点进行分析，其中综合服务区处于开发区域，鬼谷子山寨、虎浴潭和净身池处于自然观光游览区，而游览路段贯穿整个公园，相应数据录入 SPSS (10.0)进行分析。

对上述 5 处景点分别进行影响拥挤感知的因素的多项式 logistic 回归分析，发现游览路段的模型 chi – Square 检验结果表明，所有假设影响拥挤因素的显著水平都大于 0.05，不能入选对拥挤的解释变量。因此最终只对综合服务区、鬼谷子山寨、虎浴潭和净身池进行多项式 logistic 回归分析。

10.7.3.1　综合服务区影响游客拥挤感知因素的多项式 logistic 回归分析

影响拥挤感知的因素，通过多项式 logistic 回归分析发现，模型的 chi - Square 检验结果表明，当日游人量、游人干扰影响变量的显著水平小于 0.05，对假设模型具有解释作用。而游人对设施和路径数量的感知、不同地域游客群体的显著水平分别为 0.90，0.87，0.33，以上 3 种因素的显著水平大于 0.05，不能作为对拥挤的解释变量。

从表 10-35 可以看出，在综合服务区，当日游人量的回归系数(β)对于拥挤程度等级“5”、“7”为正值，其他等级均为负值，而以在拥挤等级 7 的截距值最大，即随着游人量的增加，达到拥挤程度第 7 等级的机率越大。

从表 10-35 也可以看出，无其他游客干扰的回归系数(β)在拥挤程度 1 为最大，即无人干扰的程度增加，拥挤程度第 1 等级的机率越大。从综合服务区的数据来看，无其他游客干扰与低等级拥挤相关性较大。

表 10-35　在综合服务区影响游客对拥挤感知因素的多项式 logistic 回归分析

变 量	1	2	3	4	5	6	7	8	P
	β	β	β	β	β	β	β	β	
当日游人量	-9.0E-04	-9.4E-05	-1.0E-04	-9.5E-04	1.13E-03	-4.4E-04	6.10E-03	-2.3E-03	0.002 < 0.05
其他游客干扰（对照组 = 有干扰）									0.000 < 0.05
无其他游客干扰	3.11	2.87	1.91	2.42	0.45	0.91	2.14	-11.60	

10.7.3.2　鬼谷子山寨影响游客拥挤感知因素的多项式 logistic 回归分析

分析鬼谷子山寨影响拥挤感知的因素，通过多项式 logistic 回归分析发现，模型的 chi-Square 检验结果表明，当日游人量，游客干扰，不同地域游客群体的显著水平小于 0.05，对假设模型具有解释作用。而游客对设施和路径数量的感知的显著水平分别为 0.84 和 0.94，大于 0.05，不能入选对拥挤的解释变量。

从表 10-36 可以看出，在鬼谷子山寨，当日游人量的回归系数(β)在 2，3，6，8 拥挤等级为正值，其中以在拥挤等级 3 的数值最大，即随着游人量的增加，达到拥挤程度第 3 等级的几率增大。

在游客干扰因素这一项，认为无人干扰出现概率要高。“无其他游客干扰”回归系数(β)在所有拥挤等级均为正值，在拥挤等级 1 数值最大，即无人干扰的程度增加，拥挤程度第 1 等级出现几率增加，与综合服务区的结论一致。

不同地域游客对拥挤程度影响的 logistic 回归分析结果表明，天津游客感觉拥挤的发生概率要高于北京游客和外地游客，即天津游客增加，拥挤几率增加。

表 10-36 在鬼谷子山寨影响游客对拥挤感知因素的多项式 logistic 回归分析

变量	1	2	3	4	5	6	7	8	P
	β	β	β	β	β	β	β	β	
当日游人量	-7.1E-04	3.26E-04	4.58E-04	-2.5E-04	-3.2E-04	3.79E-04	-3.3E-04	2.37E-04	0.00 < 0.05
其他游客干扰（对照组=有干扰）									0.00 < 0.05
无其他游客干扰	24.74	24.63	23.97	23.82	21.76	23.10	20.67	22.41	
游客居住地（对照组=其他省市游客）									0.00 < 0.05
北京	13.39	13.33	27.62	12.66	-1.09	28.07	8.75	27.61	
天津	25.09	24.53	40.22	24.53	23.20	39.23	21.44	39.48	

10.7.3.3 虎浴潭影响游客拥挤感知因素的多项式 logistic 回归分析

分析虎浴潭影响拥挤感知的因素，通过多项式 logistic 回归分析发现，模型的 chi-Square 检验结果表明，当日游人量，游客对设施数量的感知，显著水平小于0.05，对假设模型具有解释作用，而游客干扰因素、游客对路径数量的感知及不同地域的游客显著水平都是1.00，大于0.05，不能入选对拥挤的解释变量。

从表10-37 可以看出，游人量的回归系数(β)在拥挤程度等级7 数值最大，即随着游人量的增加，达到拥挤程度第7 等级的机率增大。

游客对于设施数量的感知，“太少”和“比较少”的 β 值在拥挤等级 2 为正值，其他拥挤等级均为负值。“合适”一项的 β 值在拥挤等级 5 数值最高，而“比较多”一项的 β 值在拥挤等级 3 数值最高。这也从另一个方面说明公园设施数量不足，游客认为设施数量比较少，趋于在低拥挤级别增加发生概率。

在对公园 4 个主要游客停留的景点进行多项式 logistic 回归分析，只有在虎浴潭反映出设施因素影响到游客对拥挤的感知，究其原因，可能是在综合服务区和鬼谷子山寨，是设施比较集中的地方，净身池相对这三处景点游客量比较少，设施需求不是很突出，而虎浴潭游客量比较大，周边几乎没有休息设施。因此，在虎浴潭设施成为影响拥挤的因素之一。

表 10-37　在虎浴潭影响游客对拥挤感知因素的多项式 logistic 回归分析

变量	1	2	3	4	5	6	7	8	P
	β	β	β	β	β	β	β	β	
当日游人量	-5.0E-04	-6.93E-04	-6.94E-04	-1.3E-04	-1.03E-03	-1.04E-04	-1.31E-03	-1.08E-03	0.00<0.05
其他游客干扰（对照组=有干扰）									0.019<0.05
无其他游客干扰	2.36	2.60	1.09	0.35	1.59	0.76	1.72	0.32	
游客对设施数量感知（对照组=太多）									0.000<0.05
太少	-2.17	8.68E-04	-.16	-.28	-1.77	-1.6E-02	-3.04	-1.83	
比较少	-2.35	.89	-1.25	-1.48	-2.92	-6.92E-02	-2.91	-.81	
合适	-0.97	1.19	1.36	1.51	2.15	1.14	-1.94	0.64	
比较多	0.25	0.46	2.82	-0.20	-1.54	-7.37	-0.57	-1.09	

10.7.3.4　净身池影响游客拥挤感知因素的多项式 logistic 回归分析

影响拥挤感知的因素，通过多项式 logistic 回归分析发现，模型的 chi-Square 检验结果表明，当日游人量、游人干扰影响变量的显著水平小于 0.05，对假设模型具有解释作用。而游人对设施和路径数量的感知、不同地域游客群体的显著水平分别为 0.61，0.89，0.37，以上三种因素的显著水平大于 0.05，不能作为对拥挤的解释变量。

从表 10-38 可以看出，在净身池，当日游人量的回归系数(β)对于拥挤程度等级 7 数值最大，即随着游人量的增加，达到拥挤程度第 7 等级的机率越大，这个结果与综合服务区一致。

从表 10-38 也可以看出，无其他游客干扰的回归系数(β)在拥挤程度 1 为最大，即无人干扰的程度增加，拥挤程度第 1 等级的机率越大。即无人干扰的程度增加，拥挤程度第 1 等级出现机率增加，与综合服务区和鬼谷子山寨的结论一致。

表 10-38　在净身池影响游客对拥挤感知因素的多项式 logistic 回归分析

变量	1	2	3	4	5	6	7	P
	β	β	β	β	β	β	β	
当日游人量	-1.2E-03	-3.7E-04	-7.0E-04	-1.9E-03	6.22E-03	2.58E-04	1.77E-02	0.00<0.05
其他游客干扰（对照组=有干扰）								0.00<0.05
无其他游客干扰	2.79	2.17	1.11	0.63	1.49	0.68	-24.11	

通过对云蒙山国家森林公园4处景点的logistic回归分析发现，当日游人量，这个假设影响拥挤最直接的因素，主要对中等拥挤程度有显著解释作用，即随着游人量的增加，中等拥挤水平出现的几率增加。

无其他游客干扰基本与不拥挤或低拥挤程度呈现相关性，即认为没有受到其他游客干扰的游客数量增加，不拥挤或低程度拥挤的出现概率增加。

在对公园4处景点所做的logistic回归分析结果表明，路径数量对拥挤级别缺乏解释作用。

游客对设施感知因素，只在虎浴潭对拥挤级别具有解释作用。总体上的假设是游客认为设施数量不足将增加拥挤级别感知，而认为设施量充足则应该与低等级的拥挤程度相关。但分析结果表明，认为设施数量比较少，与拥挤等级2相关程度比较高，说明公园的休息设施、卫生间数量尚有不足。

北京、天津和外省市游客这三个群体在鬼谷子山寨对拥挤程度感知具有解释作用，天津游客感觉拥挤的发生概率要高于北京游客和外地游客，这与天津游客多是由旅行社组织的团队游客有关。

10.7.4 影响游客拥挤感知因素的二项式logistic回归分析

在游客对拥挤感知因素的多项式logistic回归分析中，基本确认了影响游客拥挤感知的因素，以及这些因素对拥挤感知的作用强度。对于公园管理者来说，希望能够更直观地了解日游客接待量与拥挤之间的关系，因此在本研究中，将拥挤的9等级转化成二分类变量，即 $y=1$ 表示“拥挤”，$y=0$ 表示“不拥挤”。拥挤的1、2等级表示不拥挤，3级以上表示拥挤。影响拥挤的变量分为4类，第一类为日游人量，以百人为测量单位；第二类为其他游客干扰因素；第三类为游客居住地；第四类为游客感知的设施量。

因为2004年8月份的日游人量较小，拥挤问题不突出，因此只选用2003年国庆长假和2004年国庆长假期间的数据，进行拥挤感知的二项式logistic回归分析。

10.7.4.1 在综合服务区影响游客拥挤感知因素的二项式logistic回归分析

通过对综合服务区影响游客拥挤感知的二项式logistic回归分析，模型的chi-Square检验结果表明，其整体显著水平 $\alpha=0.000$，说明模型整体检验显著。

选用逐步向前法(Forward：Conditional)选择有主要作用因素，SPSS报告结果表明，游客对设施和路径数量感知因素没有进入解释变量，对游客拥挤感知具有解释作用的因素为其他游客干扰因素、日游人量和游客居住地(表10-39)。

从表10-39可以看出，日游人量对拥挤感知具有正向影响，Exp(β)提供发生比率，表示公园接待量每增加100人，拥挤发生比将是原来的1.104倍，即比原来提高0.10倍。

游客干扰因素与拥挤感知呈负相关，无其他游客干扰发生的概率高于有其他游客干扰，说明目前公园游客之间的相互干扰问题不是很严重。

游客居住地的各分项显著水平(Sig)大于0.05，对游客感知拥挤程度无显著影响。

表10-39 在综合服务区影响拥挤因素的二项式 logistic 回归分析

变量	β	Wald 值	Exp(β)	*p*
日游人量	0.099	11.25	1.104	0.001 <0.05
其他游客干扰因素	-1.68	34.71	0.186	0.00 <0.05
游客居住地				0.005 <0.05
北京游客	2.76	0.04	15.86	0.84 >0.05
天津游客	3.51	0.07	35.54	0.79 >0.05
其他省市游客	1.96	0.02	7.10	0.89 >0.05

10.7.4.2 鬼谷子山寨影响游客拥挤感知因素的二项式 logistic 回归分析

通过对鬼谷子山寨影响游客拥挤感知的二项式 logistic 回归分析，模型的 chi - Square 检验结果表明，其整体显著水平 $\alpha = 0.000$，说明模型整体检验显著。

选用 Forward：Conditional 方法以选择有主要作用因素，SPSS 报告结果表明，游客对路径数量感知因素及游客居住地没有进入解释变量，对游客拥挤感知具有解释作用的因素为其他游客干扰因素、日游人量和游客对设施数量的感知因素(表10-40)。

表10-40 在鬼谷子山寨影响拥挤因素的二项式 logistic 回归分析

变量	β	Wald 值	Exp(β)	*p*
日游人量	0.099	11.34	1.098	0.001 <0.05
其他游客干扰因素	-1.38	25.07	0.250	0.00 <0.05
游客对设施数量感知				0.011
太少	12.39	0.057	239834.3	0.81 >0.05
比较少	4.93	0.018	137.96	0.89 >0.05
合适	3.94	0.012	51.30	0.91 >0.05
比较多	5.85	0.025	347.935	0.87 >0.05
太多	-0.70	0.000	0.50	0.99 >0.05

从表10-40可以看出，日游人量对拥挤感知具有正向影响，Exp(β)提供发生比率，表示公园接待量每增加100人，拥挤发生比将是原来的1.098倍，即比原来提高0.10倍，与综合服务区的拥挤发生几率基本相同。

其他游客干扰因素仍然与拥挤感知呈负相关，游客之间的相互干扰问题不是很突出。

游客对设施数量感知的各分项显著水平(Sig)大于0.05，对游客感知拥挤程度无显著影响。

10.7.4.3 *虎浴潭影响游客拥挤感知因素的二项式logistic回归分析*

通过对虎浴潭影响游客拥挤感知的二项式logistic回归分析，模型的chi-Square检验结果表明，其整体显著水平α=0.000，说明模型整体检验显著。

选用Forward：Conditional方法以选择有主要作用因素，SPSS报告结果表明，游客对设施和路径数量感知因素以及游客居住地没有进入解释变量，对游客拥挤感知具有解释作用的因素为其他游客干扰因素和日游人量(表10-41)。

从表可以看出，日游人量对拥挤感知具有正向影响，Exp(β)提供发生比率，表示公园接待量每增加100人，拥挤发生比将是原来的1.128倍，即比原来提高0.13倍，略高于综合服务区和鬼谷子山寨的拥挤发生几率。

其他游客干扰因素仍然与拥挤感知呈负相关，游客之间的相互干扰问题不是很突出。

表10-41 在虎浴潭影响拥挤因素的二项式logistic回归分析

变量	β	Wald值	Exp(β)	*p*
日游人量	0.120	24.17	1.128	0.00<0.05
其他游客干扰因素	-1.66	37.16	0.189	0.00<0.05

10.7.4.4 *净身池影响游客拥挤感知因素的二项式logistic回归分析*

通过对净身池影响游客拥挤感知的二项式logistic回归分析，模型的chi-Square检验结果表明，其整体显著水平α=0.000，说明模型整体检验显著。

选用Forward：Conditional方法以选择有主要作用因素，SPSS报告结果表明，游客对设施和路径数量感知因素以及游客居住地没有进入解释变量，对游客拥挤感知具有解释作用的因素为其他游客干扰因素和日游人量(表10-42)。

从表可以看出，日游人量对拥挤感知具有正向影响，Exp(β)提供发生比率，表示公园接待量每增加100人，拥挤发生比将是原来的1.087倍，即比原来提高0.087倍，低于综合服务区、鬼谷子和虎浴潭的拥挤发生几率。

其他游客干扰因素仍然与拥挤感知呈负相关，游客之间的相互干扰问题不是很突出。

表 10-42 在净身池影响拥挤因素的二项式 logistic 回归分析

变量	β	Wald 值	Exp(β)	p
日游人量	0.083	8.33	1.087	0.000 <0.05
其他游客干扰因素	-2.027	42.03	0.148	0.004 <0.05

10.7.4.5 游览路段影响游客拥挤感知因素的二项式 logistic 回归分析

在对游览路段影响拥挤感知因素进行多项式 logistic 回归分析时，其模型 chi-Square 检验结果表明，所有假设影响拥挤因素的显著水平都大于 0.05，不具有解释意义。

通过把拥挤感知级别转化成二分类变量，进行二项式 logistic 回归分析，游览路段模型的 chi-Square 检验结果表明，其整体显著水平 $\alpha = 0.000$，说明模型整体检验显著。

选用 Forward：Conditional 方法以选择有主要作用因素，SPSS 报告结果表明，游客对设施和路径数量感知因素以及游客居住地没有进入解释变量，对游客拥挤感知具有解释作用的因素为其他游客干扰因素和日游人量(表 10-43)。

从表可以看出，日游人量对拥挤感知具有正向影响，Exp(β)提供发生比率，表示公园接待量每增加 100 人，拥挤发生比将是原来的 1.108 倍，即比原来提高 0.11 倍。

其他游客干扰因素仍然与拥挤感知呈负相关，游客之间的相互干扰问题不是很突出。

表 10-43 在路径上影响拥挤因素的二项式 logistic 回归分析

变量	β	Wald 值	Exp(β)	p
日游人量	0.0102	11.66	1.108	0.001 <0.05
其他游客干扰因素	-1.76	34.69	.148	0.000 <0.05

10.7.5 公园社会承载力的初步预测

20 世纪 80 年代以后，研究人员和管理者逐步认识到游憩承载力是一个管理概念，是如何规划和管理游憩资源的框架或方法。对于游憩区域究竟能够承纳多少人，它并不是可以给管理者简单答案的神奇公式。Butler(1980)认为承载力最好作为一种管理理念，根据政策、目标和允许变化的水平来解决，而不是通过对人数的限制。因为对大多数景点的决策者来说，他们考虑的是如何使景点更具竞争力，吸引更多的游客，而不是限制游客的数量。

本研究采用了 Shelby(1986) 9 等级拥挤标准的方法，研究云蒙山国家公园游客对拥挤程度的感知。一个最重要的初步成果是在目前公园的接待水平下，对拥挤感知的数量化分析。目前公园的接待水平，在非节假日基本不存在拥挤问题，在一般的周六、周日拥挤问题也不突出，只是在个别年份的“五一”和“十一”长假期间，如2002年“五一”期间公园最高日接待量介于3000~3100人之间，在游客喜爱停留的一些景点达到了“高标准”拥挤程度。

表10-44列出2003和2004年国庆期间调查的5处景点，认为拥挤和不拥挤的游客百分比，其中“不拥挤”在拥挤级别2以内，拥挤级别3~9为感觉拥挤。在这5处景点中，虎浴潭拥挤程度最高，鬼谷子山寨、游览路段、综合服务区次之，净身池拥挤程度最低。

表10-44 在公园不同景点感受拥挤程度百分比(%)

拥挤程度	综合服务区	鬼谷子山寨	虎浴潭	净身池	游览路段
拥挤	23.83	27.93	36.79	22.76	24.36
不拥挤	76.17	72.07	63.21	77.24	75.64

在对影响拥挤感知的多项式和二项式logistic回归分析结果显示，日游人量以外的其他因素对游客的拥挤感受影响并不是很显著。因此，在忽略其他影响拥挤感知因素的前提下，以中等拥挤程度的鬼谷子山寨为例，利用二项式logistic回归分析结果，对公园社会承载力进行预测。2003年和2004年国庆期间7个调查日，平均游客量约为1500人/日，在鬼谷子山寨，拥挤水平为27.93%的游客感觉拥挤。而公园接待量每增加100人，拥挤发生概率比原来提高0.10倍，据此计算出在“低标准”拥挤程度，公园日接待量将是2290人；到“高标准”拥挤程度，公园日接待量将达到2830人，而超出承载力的日接待量为3360人。

表10-45 鬼谷子山寨节日4个不同拥挤程度的日承载力

拥挤程度	目前公园的拥挤程度	低标准	高标准	超出承载力
	27.93%的游客感到拥挤	50%的游客感到拥挤	65%的游客感到拥挤	80%的游客感到拥挤
预测公园接待量（人/日）	1500	2290	2830	3360

在与公园管理人员的访谈过程中，管理人员认为，3000~3500人/日基本是公园最大日接待量，同时在这个接待水平，公园停车场面临最大压力。因此，总体上，公园的日接待量应控制在3000人以内。

需要说明的是，计算出的数字，对于公园管理者来说只是一个参考，同时，这也不是一个一劳永逸的数字。公园的接待量可能随着公园设施量的扩大或资源的轮休扩大或缩减。本研究的主要目的是通过一定的技术途径发展一个框架，管理者可以运用这个框架设立云蒙山国家森林公园游客使用可接受的承载力范围。同时，运用二项式或多项式 logistic 回归分析可以结合多种变量，这些变量可能会影响使用者对拥挤的感知(如相遇者的特点、不同群体、动机等)，随着研究的深入和公园内部或外部条件的变化，变量也可以增删。另外，拥挤等级的调查研究方法易于操作，对于公园管理的继续监测也具有可行性。

本研究主要采用 Shelby(1986) 9 等级拥挤标准的方法，划分拥挤程度的不同方法可能会影响到被访者的选择，如二分类(拥挤、不拥挤)，5 等级(非常拥挤—不拥挤)等。限于人力、物力和时间，本研究没有进行不同拥挤等级调查结果之间的比较。

另外一个局限是使用分配，本研究对公园进行了机会分区，在健行和探寻区，可接受的拥挤程度应比开发和自然观光游览区低。由于到达健行地带以远区域的游客较少，搜集的数据不多，在回归分析中，只对游客停留比较集中的开发和自然观光游览区景点进行了数据分析。另外，这些地带的划分，主要针对公园的设施建设及提供的体验类型，在健行和探寻区尽量保持自然原貌，减少人类痕迹，而游客活动范围，则很难控制。

公园管理者要从资源使用中平衡保护游憩资源质量、游客体验以及公园经济收益几方面的要求。总体上，在平常时日，包括一般的周六、日，公园的接待量还有很大的提升空间，可以通过广告宣传、与旅行社合作等方式扩大公园的游人量。同时，公园在完善设施和服务、游客教育方面也需做更大的努力。而在“五一”和国庆两个长假期间，则应做好充分的接待准备，同时也应采取相应的措施尽量避免游人在某些时日过度集中，如从 1997~2004 年公园统计的两节期间的接待量显示，高峰日主要集中在2~5 日，1、6、7 日的游客量显著减少，公园可以通过网络及其他媒体给公众一些出行建议，包括出行时间的选择。

小结：通过对云蒙山国家森林公园游客拥挤感知的分析，通过与香山公园游客对拥挤感知的对比研究，并运用多项式和二项式 logistic 回归分析得出以下结论：

(1)从 2002~2004 三年不同时段的调查结果可以看出，有关公园游客对拥挤的感知，与游人量存在着密切关系，公园日接待游客量越大，感觉到拥挤的游客比例也越高。另外，在一些游客喜爱停留的景点，拥挤程度也要高于其他景点，如公园的鬼谷子山寨和虎浴潭等景点。而其他景点即便在节假日使用高峰，拥挤问题也不十分突出。

(2)通过对北京游客和天津游客两个群体进行比较，虽然除鬼谷子山寨以外的景点，两城市游客群体对拥挤的感知在统计学上差异不显著，但从两个群体感到拥挤的游客比例来看，天津游客对拥挤的感觉更敏感。究其原因，这可能与天津游客多为旅行社组织的团体游客有关。同时到达的大团队游客不能很快散开，对路径和景点资源产生使用竞争，增加拥挤的感觉。而北京游客多为散客，到达时间不是过分集中，因此对拥挤的感觉不像天津游客那样强烈。

(3)在对香山公园游客按同样 9 等级拥挤标准进行调查的结果显示，在 2004 年国庆节期间，香山公园的拥挤程度在东宫门、绚秋林、鬼见愁这些景点都在"严重超出承载力"的水平。另外，在 2004 年 10 月份非节假日期间，感觉拥挤的游客比例也相当高，游客喜爱逗留的主要景点和集散地都处在"超出承载力"的范围。对比之下，云蒙山国家森林公园的拥挤程度远低于近郊的香山公园。

(4)通过对云蒙山国家森林公园 4 处景点的多项式 logistic 回归分析发现，当日游人量，这个假设影响拥挤最直接的因素，主要对中等拥挤程度的有显著解释作用，即随着游人量的增加，中等拥挤水平出现的几率增加。

无其他游客干扰基本与不拥挤或低拥挤程度呈现相关性，即认为没有受到其他游客干扰的游客数量增加，不拥挤或低程度拥挤的出现概率增加。

在对公园 4 处景点所做的 logistic 回归分析结果表明，路径数量对拥挤级别缺乏解释作用。

游客对设施感知因素，只在虎浴潭对拥挤级别具有解释作用。究其原因，可能是在综合服务区和鬼谷子山寨，是设施比较集中的地方，净身池相对这 3 处景点游客量比较少，设施需求不是很突出，而虎浴潭游客量比较大，周边几乎没有休息设施。因此，在虎浴潭设施成为影响拥挤的因素之一。另外，总体上的假设是游客认为设施数量不足将增加拥挤级别感知，而认为设施量充足则应该与低等级的拥挤程度相关。但分析结果表明，认为设施数量比较少，与拥挤等级 2 相关程度比较高，说明公园的休息设施、卫生间数量尚有不足。

在鬼谷子山寨，北京、天津和其他省市游客这 3 个群体对拥挤程度感知具有解释作用，天津游客感觉拥挤的发生概率要高于北京游客和其他省市游客，即天津游客增加，拥挤几率增加，这与天津游客多是由旅行社组织的团队游客有关，另外，天津游客团队比较喜欢在鬼谷子山寨停留，大部分天津游客到鬼谷子山寨后略作休息，然后原路返回。

(5)在把拥挤等级转化成"拥挤"和"不拥挤"二分类变量后，对公园 5 处地点的二项式 logistic 回归分析的结果表明，日游人量和其他游客干扰两项因素对游客拥挤感知具有解释作用。日游人量对拥挤感知具有正向影响。在所做分析的这些地点中，净身池到达游客较少，Exp(β)提供的拥挤发生比率表明，在游客喜欢逗留的景点，该值较大，而在净身池，该值要低于其他景点。如在鬼谷子山寨，Exp(β) = 1.098，表示公园接待量每增加 100 人，拥挤发生比将是原来的 1.098 倍，即比原来提高 0.10 倍。而在净身池，Exp(β) = 1.087，表示公园接待量每增加 100 人，拥挤发生比将是原来的 1.087 倍，即比原来提高 0.087 倍，低于综合服务区、鬼谷子和虎浴潭的拥挤发生几率。

在这些景点中，其他游客干扰因素与拥挤感知呈负相关，游客之间的相互干扰问题不是很突出。

(6)在对影响拥挤感知的多项式和二项式 logistic 回归分析结果显示，日游人量以外的其他因素对游客的拥挤感受影响并不是很显著。因此，在忽略其他影响拥挤感知因素的前提下，以中等拥挤程度的鬼谷子山寨为例，利用结果，对公园社会承载力进行预测，得出的结论是公园的日接待量应控制在 3000 人以内。

10.8 公园社会条件的监测指标和标准确定

10.8.1 选择指标

在确定资源条件的指标和标准时提到，在公园范围内，有游客比较密集的高度使用区域，也有游客罕至的更趋于原始自然的区域，而每个区域游客体验和资源保护力度都不尽相同。因此，在每一分区，都应有相应的指标和标准。社会条件指标和标准也如此，根据不同的区域资源和提供游憩机会的类型，确定各区的社会条件指标和标准。基于在公园所做的游客调查数据分析，发现大团队游客会增加拥挤的感觉，另外，公园的停车场数量有限，如果日接待量达到承载力的水平，停车困难的问题将会很突出。而根据统计数据分析，可能导致游客感到拥挤的因素如公园接待设施、其他游客干扰、游客感知的公园环境问题等，对于游客对拥挤的感知影响并不大。因此，选取 3 个社会条件指标：

(1)在主要景点感到拥挤的游客百分比：这个指标对于在高度使用的公园区域的游客体验很重要，根据已经做过的游客调查的经验，这个指标容易监测，也能够获得比较准确的数据。

(2)在主要景点和路径游客与大团队相遇的次数：这个问题在本研究所做的问卷中并没有涉及，但在调查中发现，以天津游客为主的大团队游客，对于拥挤的感知程度较散客要高。通过观察或游客调查方法，这个指标监测也比较容易。

(3)在综合服务区停车场等待泊车的时间：这是随着北京私家车拥有量不断提高而出现的问题，在节假日高峰时间可能成为问题，并影响到游客的体验。

10.8.2 确定标准

公园社会条件指标的确定是根据公园的管理目标、为游客提供的游憩体验，以及在本研究中对游客所作的调查数据分析和整理的结果，综合相关研究成果(美国国家公园局 1995，1997)，确定各监测指标的标准。标准的设立必须能够判断公园未来社会条件的可接受变化的程度，并根据各区域的特点设立不同的标准。

如游客感到拥挤的指标和标准：

自然观光游览区：

指标：在主要景点游客感到拥挤的百分比

标准：低标准：35%~50%的游客感到拥挤；高标准：50%~65%的游客感到拥挤

健行区：由于健行区更趋于自然，感到拥挤的游客百分比较自然观光游览区有所降低。

指标：在健行区游客感到拥挤的百分比

标准：不超过35%的游客感到拥挤

10.8.3 各个管理区域资源的指标和标准

10.8.3.1 自然观光游览区社会条件的指标和标准(包括观山楼、虎浴潭、虎穴潭、鹰嘴石、四潭雾泉、鬼谷子山寨、净身池等主要景点)

游客调查数据结果分析表明，云蒙山国家森林公园在自然观光游览区的各景点在平常使用时间游客拥挤问题不突出，在节假日高峰使用时间，如2002年“五一”长假日接待游客人数超过2000人，拥挤问题也随之出现。设立了两个拥挤标准，低标准和高标准，低标准针对平常的周末，高标准针对“五一”和“十一长”假。因此确定自然观光游览区在主要景点游客感到拥挤的百分比作为主要的拥挤感知指标。低标准是35%~50%的游客感到拥挤；高标准是50%~65%的游客感到拥挤。

在主要景点和路径与大团队相遇的次数作为另外一个与拥挤相关的监测指标，确定的标准是不超过50%的游客遇到大团队的次数为3次或3次以上。

停车场等待泊车的时间也作为一个影响游客拥挤感知程度的指标，在与公园管理人员探讨的基础上，确定的标准是不超过20%的自驾车游客等待泊车的时间超过30分钟或根本没有停车位。具体见表10-46。

表 10-46　自然观光游览区社会指标和标准

区域	自然观光游览区
指标	感到拥挤的游客百分比
标准	低标准：35%~50% 的游客感到拥挤 高标准：50%~65% 的游客感到拥挤
指标	在主要景点和路径与大团队相遇的次数
标准	不超过 50% 的游客遇到大团队的次数为 3 次或 3 次以上
指标	停车场等待泊车的时间
标准	不超过 20% 的自驾车游客等待泊车的时间超过 30 分钟或根本没有停车位

10. 8. 3. 2　健行区社会条件的指标和标准

在健行区游客拥挤问题不突出，但从公园的长远发展考虑，在这个区域仍然应该设立社会条件的监测指标，以保证游客能够在这个区域感到更自然的体验。

指标仍然是感到拥挤的游客百分比，标准是不超过 35% 的游客感到拥挤。具体见表 10-47。

表 10-47　健行区社会指标和标准

区域	健行区
指标	感到拥挤的游客百分比
标准	不超过 35% 的游客感到拥挤。

探寻区目前游客达到既较少，目前不设立社会条件的指标和标准。

10. 9　公园社会条件的管理建议

目前公园的拥挤问题主要发生在自然观光区域，对于在使用高峰期间降低游客拥挤程度，减少游客之间的冲突，提高游客游憩体验质量，主要应采取如下措施：

通过与旅行社的沟通，通过时间调配减少百人以上大团队同时到达的时间；

目前公园综合服务区停车场面积有限，可以考虑在公园外围适当的地方修建停车场，增加泊车面积；

自然娱乐区域的管理者应该给人更多的娱乐机会，是规范行为而不是限制使用。应使用适当的教育、劝说、奖励等手段减少游客行为问题，降低游客之间发生冲突的可能。

第十一章　结论与建议

11.1　论文基本结论

目前我国的风景名胜区、森林公园、自然保护区等自然游憩区域担负着自然和文化保护以及为公众提供游憩机会的双重功能。而在管理上，资源保护和提供游憩机会是一对相互矛盾的目标，随着使用人数的增加，公园管理者要从资源使用中平衡保护游憩资源质量、游客体验以及公园经济收益几方面的要求，这是一个巨大的挑战。

综合对云蒙山国家森林公园资源和社会两方面的研究，本研究主要结论如下：

(1)在对云蒙山国家森林公园全面踏勘、调查与管理者访谈的基础上，借鉴VERP框架，对公园进行分区，根据公园的资源和游客体验，划分为“综合服务区”、“自然观光游览区”、“健行区”和探寻区四种管理区域类型。

(2)通过路径普查和问题统计发现，游憩使用对路径的冲击主要表现在非正式路径、路径边缘的树木伤害，并在一些活动节点造成植被消失，裸露地面增加、土壤侵蚀等问题。在游人活动比较集中的自然观光游览区，路径的使用冲击问题并不突出，这一方面与这一段路径地势比较平坦有关，另一方面，有较大面积的铺装，路径得到较多维护。而在健行地带，路径较少维护，因此，土壤侵蚀、岩石裸露、根系裸露的问题比较严重，在中段水淹路面问题也比较突出。游人踩踏导致土壤板结，进一步影响到树木，导致根系外露，这对沿路径所有种类的树木都有影响，包括中低海拔分布的核桃楸、辽东栎、落叶松、油松、小叶椴、槲栎等，以及较高海拔的白桦。

(3)游客使用确实对公园土壤带来显著影响，并根据使用强度的不同而呈现不同的变化。从本研究所选的样地监测结果来看，总体上自然观光游览区比健行和探寻区所受的冲击要大，同时也反映出游客逗留能够带来更大的冲击，因此在自然观光游览区的鬼谷子山寨、净身池、健行地带的天狗守门这些游客停留休息赏景的地点，土壤监测指标反映出更大的使用冲击。在同一取样点的不同使用强度之间，使用强度较大的地点距路径1m与50m对照的监测指标差距较大，5m和50m之间的差别较1m与50m之间的差别要小，而1m、3m、5m之间的差别缺少一致性的变化。在使用较轻微的地点，土壤监测指标距路径1m与50m之间的差别较小。

(4)游人活动对路径边缘植被存在影响，主要表现在践踏、伤害树木等。在植被组成上，路径边缘受干扰的样地与其对照样地存在差异，在干扰程度比较严重和生态脆弱的样地，物种差异性数值比较大。

草本植物对于游人干扰表现出更明显的变化，禾草类植物对于践踏的耐受程度较高。羊胡子草、披针叶苔草以及一些菊科植物如苦荬菜、蒿类等分布广泛，人类干扰对其影响不大；玉竹、蕨类植物等更多地出现在未经干扰的对照样地。

在游人干扰严重的地带，路径边缘样方物种多样性指数低于其对照样方，而在轻微干扰地带，路径边缘样方的物种多样性指数则高于其对照样方，光照成为主要因素。在沟谷地带，靠近溪流的植被对于游人干扰的耐受能力较弱，其乔木层物种多样性指数低于其对照样方。

(5)游憩活动对云蒙山地面水质量有一定影响，但比较轻微，目前公园水质良好。某些单项水质指标，在不同季节的变化，反映出游憩使用带来的影响。如电导率、悬浮物、总氮、亚硝酸盐氮及细菌指标。在4月份的检测结果都处于一个较低的水平，推测可能与一个冬季的恢复有关；而悬浮物在7月份检测值最高，可能也与降雨量较多，水流较急有关。

(6)根据云蒙山资源特点和使用情况制定了不同区域相关的资源条件的监测指标和标准。

(7)通过2001~2004年云蒙山游客调查结果表明，4年之间游客特征在性别、年龄、学历、职业、收入和居住地方面没有显著变化。游客男女比例基本持衡，主要以中青年游客为主，大部分游客受过高等教育，游客中学生是一个主要群体。游客中以中低收入群体为主，游客居住地以北京地区居民为主，尤以朝阳、海淀两区游客所占比例最高。天津游客是一个值得关注的群体。

云蒙山游客与香山节假日及平常时段的游客特征比较表明，两个公园的游客群体有基本类同的方面，也有差异较大的方面。总体上，两公园在性别比例、学历、收入水平方面差异不大。两个公园游客的年龄、职业在节假日期间差异不显著，但云蒙山森林公园节假日游客的年龄、职业与香山公园平常时段游客的年龄、职业存在显著差异。

两个公园的游客居住地分布在节假日和平常时段都存在显著差异。云蒙山国家森林公园的海淀、朝阳区游客占有很大比例，而香山公园海淀区游客比例显著增加，朝阳区游客比例有所降低。云蒙山森林公园的天津游客占有很高比例，而香山公园的天津游客所占比例很低，但香山公园的其他省市游客则占到很高比例，说明云蒙山国家森林公园作为地方到区域的自然游憩区域以毗邻大城市为主要市场，而香山公园为北京最著名的郊野公园，在全国具有一定的知名度。

(8)云蒙山国家森林公园游客参观特征主要表现在以下几方面：

云蒙山森林公园游客出游结伴方式以亲友团队为主，另外有较高比例的旅行社团队游客，这与高比例的天津游客有一定的相关性。团队规模以2~6人团队最为普遍，20人以上的大团队占被访游客的21.6%，平均团队人数为8.9人。较高比例的大团队游客应引起公园管理者注意，因为大团队对资源、空间都有更多的需求，因此也会带来更多的冲击。

云蒙山森林公园游客停留时间以当日往返的一日游为主。游客在云蒙山停留的景点通常在一个以上。游客停留时间最长的景点，基本是容易到达，有休息停靠的空间和设施，有吸引人的景物，如虎浴潭、虎穴潭和鬼谷子山寨等，这些景点也往往最容易受到冲击。

游客在云蒙山最普遍的参与活动是登山和观赏风景，其次是拍照和水边停憩。露营游客所占比例较低，但带来的冲击最大。水边停憩，尤其是水边野餐，对水体周围环境和水体本身带来潜在的影响，游客主要的活动，基本都在路径上进行，因此，路径系统的维护和使用监测，应作为公园管理的优先项目来考虑。

总体上，云蒙山森林公园的游客满意水平比较高，被访游客的平均满意程度为3.43。确定一定会重游的游客有14.3%，选择有可能重游的游客占被访游客63.4%。

云蒙山森林公园与香山公园游客参观特征游客出游结伴方式、团队大小、游客满意水平和重游意愿、出游频率和出游交通方式方面，均存在显著差异。说明远郊自然游憩区域与近郊公园在游客参观特征方面存在不同。

(9)通过主要成分因子分析方法对动机因素归类，游客到云蒙山的动机主要是参与户外游憩活动和体验自然环境。

通过对北京游客动机和天津游客动机的比较，发现两个城市的游客动机存在一些差异。北京游客更注重户外活动参与，而天津游客则更注重风景观光。这对公园的市场营销具有一定的意义。应针对这两个主要市场各有侧重的宣传，同时引导游客参与一些深层体验自然的活动，丰富游客体验，提高户外游憩质量。

通过对云蒙山国家森林公园与香山公园节假日及非节假日期间游客动机比较，发现两个公园的游客动机重要程度排序有比较一致的方面，也有与两个公园各自特点相关的动机选项。排序比较一致的是“与家人和朋友一起体验自然环境”、“离家比较近”，说明大多数游客都希望能够和亲友一起分享自然区域的山水风光，共同参与一些活动项目；“远离城市，安静”这一动机选项，在云蒙山的总体游客动机重要程度排序中，排在第4位，而在香山公园节日和非节假日的游客动机重要程度排序中存在较大差异，在国庆节期间排在第7位，而在平时则排在第3位，说明游客在不同时间对同一游憩区域的感知有很大差异，也说明同一区域在不同的时段可以提供不同的体验机会。

（10）对云蒙山国家森林公园社会承载力的研究主要有以下结论：从2002~2004三年不同时段的调查结果可以看出，有关公园游客对拥挤的感知，与游人量存在着密切关系。

通过对北京游客和天津游客两个群体进行比较，虽然除鬼谷子山寨以外的景点，两城市游客群体对拥挤的感知在统计学上差异不显著，但从两个群体感到拥挤的游客比例来看，天津游客对拥挤的感觉更敏感。究其原因，这可能与天津游客多为旅行社组织的团体游客有关。

在对香山公园游客按同样9等级拥挤标准进行调查的结果显示，在2004年国庆节期间，香山公园的拥挤程度在东宫门、绚秋林、鬼见愁这些景点都在“严重超出承载力”的水平。另外，在2004年10月份非节假日期间，感觉拥挤的游客比例也相当高，游客喜爱逗留的主要景点和集散地都处在“超出承载力”的范围。对比之下，云蒙山国家森林公园的拥挤程度远低于近郊的香山公园。

通过对云蒙山国家森林公园4处景点的多项式logistic回归分析发现，当日游人量，这个假设影响拥挤最直接的因素，主要对中等拥挤程度的有显著解释作用，即随着游人量的增加，中等拥挤水平出现的几率增加。

无其他游客干扰基本与不拥挤或低拥挤程度呈现相关性，即认为没有受到其他游客干扰的游客数量增加，不拥挤或低程度拥挤的出现概率增加。

在把拥挤等级转化成“拥挤”和“不拥挤”二分类变量后，对公园5处地点的二项式logistic回归分析的结果表明，日游人量和其他游客干扰两项因素对游客拥挤感知具有解释作用。日游人量对拥挤感知具有正向影响。在所做分析的这些地点中，Exp(β)提供的拥挤发生比率表明，在游客喜欢逗留的景点，该值较大，而在净身池，该值要低于其他景点。

在这些景点中，其他游客干扰因素与拥挤感知呈负相关，游客之间的相互干扰问题不是很突出。

在对影响拥挤感知的多项式和二项式logistic回归分析结果显示，日游人量以外的其他因素对游客的拥挤感受影响并不是很显著。因此，在忽略其他影响拥挤感知因素的前提下，以中等拥挤程度的鬼谷子山寨为例，利用二项式logistic回归分析结果，对公园社会承载力进行预测，得出的结论是公园的日接待量应控制在3000人以内。

11.2 论文主要的创新及相关建议

11.2.1 论文的主要创新

(1)承载力问题是一个广受关注的问题，但我国目前在自然游憩区域和其他类型的旅游目的地规划中，大多数是对实际接待人数的测算，但这个精确的数字往往对资源保护和游客体验的质量缺乏实际的操作意义。

本论文在借鉴美国国家公园局VERP管理框架的基础上，通过全面研究游憩干扰对云蒙山国家森林公园自然资源的影响，以及在对云蒙山游客社会调查的基础上，确定了公园各个区域资源和社会条件的监测指标和标准，为现代承载力方法在我国自然游憩区域的运用提供了有益的参考。

(2)社会承载力在我国研究较少，本论文比较系统地进行了社会承载力的研究，并采用了多项式和二项式logistic回归分析方法，确定影响拥挤的因素及承载力的预测，为解决自然游憩区域乃至文化遗产等旺季拥挤问题提供了方法思路。

(3)本文对游客的社会人口统计学和参观特征、游客动机和满意度等方面做了比较系统的研究。这也是我国目前在自然游憩区域较少研究和关注但事实又是一个比较重要的研究方面，因为无论是风景名胜区、森林公园还是自然保护区，为公众提供游憩机会就关系到使用者的特点、使用方式及行为、参观动机和满意度等，了解使用者的信息才能够在提高游客游憩体验质量、增加公园吸引力、保护公园资源等方面做出更科学的管理决策。本研究为今后在这些方面更深入地研究提供了依据和基础。

11.2.2 相关建议

11.2.2.1 有关公园资源条件的管理建议

(1)解决路径问题的关键是通过设计和工程增加路径对使用的耐受能力。路径水淹面积较大的地段，需要进一步进行道路铺装或修建排水设施；在健行地带的陡坡可以采用原木为框、填土夯实的办法，可以减少路面土壤侵蚀；有些路段可以修建挡土墙，减少土壤流失和树木的根系裸露。

(2)路径土壤保护的主要对策为通过铺设砂石或原木加固路径表面，而游客教育和解说可以减少游客抄近路或偏离路径等行为，减少游客使用带来的干扰。

(3)在自然观光游览区，对于植被的管理对策是受干扰较严重的山楂林，可以考虑采用采摘地的轮换制，让部分山楂林得以恢复。天狗守门、鳄鱼石以上地带森林郁闭程度比较高，生物多样性程度也较高，游人干扰较少，应保持其自然的生态演替过程。

(4)对于公园水体管理对策是保持目前公园水质良好状况。改善公园垃圾回收容器，至少应该加盖。尤其是在游人活动比较集中的虎浴潭、虎穴潭、鬼谷子山寨下方溪流、净身池等景点。另外，通过不同形式的游客教育手段，减少因不良行为带来的环境破坏。建议公园每年对水质的基本指标进行监测，以保证公园最具吸引力的资源不会因游憩活动而带来不能接受的冲击，同时也能积累一份宝贵的公园水质数据资料。

11.2.2.2 有关公园社会条件的管理建议

(1)通过与旅行社的沟通，通过时间调配减少百人以上大团队同时到达的时间；

(2)目前公园综合服务区停车场面积有限，可以考虑在公园外围适当的地方修建停车场，增加泊车面积；

(3)通过调查发现，游客普遍反映公园景点信息不足，目前虽有一定程度的改善，但在解说内容、标识牌的数量等方面还需要进一步完善。另外，应通过逐步完善解说教育系统减少游客的不良行为，降低游客之间发生冲突的可能；

(4)适当增加公园卫生设施和休息设施(如环保厕所，野餐桌，石制、木制座椅等)；

(5)建议从东直门直接发往云蒙山国家森林公园的916路公共汽车在节假日增开车次，增加游客到达的便利程度，同时也减少对公园停车场地的压力。

(6)公园的使用高峰主要集中在每年的“五一”和“十一长”假期间，公园应充分利用网络、报纸等传播手段通告游客公园景区停车、住宿、餐饮的接待容量，通过提前预定、公园建议的游览时间等方式减少假日第2~5天的游客过分集中现象。

11.3 论文局限及进一步研究方向

11.3.1 研究局限

11.3.1.1 自然资源条件方面

(1)由于人力、物力、时间和资金的限制，在旅游活动干扰对公园自然资源影响方面缺乏年度之间的重复量测过程。另外，选取样方数量也比较有限，这些都可能导致研究结果存在偏差和局限性；

(2)限于知识背景，本研究没有涉及大气质量和动物种群受旅游活动干扰的影响。

(3)在资源条件监测的指标和标准方面，因国内缺乏相关研究，对于确定的指标和标准还有待在管理实践上进一步验证和调整。

11.3.1.2 社会条件方面

(1)由于人力、物力、时间和资金的限制，在游客抽样调查方面，无法做到完全随机取样，虽然大样本量可以弥补一定的偏差，但样本对总体的代表性会存在一定的偏差；

(2)由于云蒙山国家森林公园游客主要集中在周末和节日。因此，为了节省成本，调查时间也主要集中在节假日，对于非节假日游客的调查只在2004年8月进行过一次，获得的样本量较少，因此，缺乏这部分游客群体的社会人口统计学特征和参观特征方面的信息；

(3)为了能够量化游客动机、满意度、对拥挤的感知等方面的信息，问卷采用了大量的量表，但由于目前我国相关方面的研究成果较少，量表的等级主要参考国外相关研究文献，并结合研究区域的实际情况设定。虽然调查者会对被访者进行解释，但被访者在理解方面以及填写问卷的配合程度和责任感等因素会产生一定的误差，结论覆盖的广泛程度会受到一定的影响；

(4)本论文采用Shelby(1986) 9等级拥挤程度，量测游客拥挤感知程度和百分比，并运用多项式和二项式logistic回归分析进行社会承载力的预测，处于试验阶段，有待更深入的研究和验证；

(5)对于社会条件的监测指标和标准也需在管理实践中进一步验证和调整。

11.3.2 进一步研究方向

本研究在很多方面还需要进一步完善和深入，主要包括以下方面：

(1)游憩活动对公园资源的影响是一个不断重复的过程，如果能够连续监测自然资源发生的变化，获得的数据将会更系统，对于公园自然资源条件监测指标和标准的确定也更具指导意义。

(2)确定旅游对公园完整生态系统的影响，本研究只针对旅游影响最直接的土壤、植被和水体进行研究，但生态系统具有复杂性和整体性的特点，应对公园的大气及动物种群发生的变化作进一步研究。

(3)本研究主要区域集中在云蒙山国家森林公园，但云蒙山是一座大山，应把这座山作为一个整体，进一步研究这座山其他公园的游憩影响及整体VERP的应用过程。

(4)扩大游客研究的区域范围，除了在云蒙山其他公园区域进行，还应对北京其他区县以及国内其他的自然游憩区域作相关研究，有了不同区域的研究数据，在数据分析时便于进行对比研究，也更能揭示其内在规律，同时对于社会条件指标和标准的确定才能够更科学准确。

（5）国外相关理论的本土化过程以及运用不同研究方法确定社会承载力的研究。目前有些研究者（美国国家公园局，1997，Manning，1999）采用计算机模拟技术确定社会承载力。如通过计算机处理过的图片，图片环境中的游客由少到多分几个等级，给被访者看图片后，询问被访者一次看到的可接受人数（PAOT People at One Time）来确定社会承载力，美国国家公园局在拱门国家公园实施 VERP 过程，即是采用"一次看到的人数"作为拥挤的指标。考虑到在公园各景点很难控制具体的游客人数，本研究没有采用这种方法，但只有运用多种方法解决某个研究议题，才可能使该问题的研究臻于成熟。

参考文献

[1]保继刚．颐和园旅游环境容量研究．中国环境科学[J]．1987，7(2)32~38.

[2]保继刚等．旅游开发研究——原理·方法·实践[C]．北京：科学出版社，1996.

[3]保继刚，楚义芳等．旅游地理学[M]．北京：高等教育出版社，1993.

[4]蔡君．对美国LNT(Leave No Trace)游客教育项目的探讨[J]．旅游学刊，2003，18(6)：90~94

[5]蔡君．美国荒野的保护管理及使用限制[J]．北京林业大学学报(社会科学版)，2005，4(1)：34~39.

[6]陈安泽，卢云亭．旅游地理学[M]．北京：北京大学从出版社，1991.

[7]程占红，张金屯．关于旅游对植被影响的一点思考[J]．山西大学学报，1999，22(3)：297~301.

[8]崔凤军．论环境承载力——持续发展旅游的判据之一[J]．经济地理，1995，15(1)：105~109.

[9]崔凤军．旅游环境研究的几个前沿问题[J]．旅游学刊，1998，13(5)：35~39.

[10]邓金阳，吴云华，金龙．张家界国家森林公园游憩冲击的调查评估[J]．中南林学院学报，2000，20(1)：40~45.

[11]董观志，杨凤影．旅游景区游客满意度测评体系研究[J]．旅游学刊，2005，20(1)：27~30.

[12]杜炜．关于旅游对环境影响问题的思考[J]．旅游学刊，1994，9(3)：49~52.

[13]冯学刚，包浩生．旅游活动对风景区地被植物—土壤环境影响的初步研究[J]．自然资源学报，1999，14(1)：75~78.

[14]冯学刚．旅游管理容量理论、方法与实证研究[D]．南京大学博士学位论文，1999.

[15]高明贤，陈灵芝．北京山区辽东栎群落物种多样性的研究[J]．植物生态学报，1998，22(1)：23~32.

[16]郭志刚．社会统计分析方法——SPSS软件应用[M]．北京：中国人民大学出版社，1999.

[17]黄棉．大明山中山植被恢复过程植物物种多样性的变化[J]．植物生态学学报，1998，22(1)：33~40.

[18]黄淑君，何宗隆．在台北县立坪林茶叶博物馆游客满意度对重游意愿之影响[A]．海峡两岸21世纪观光学术研讨会论文集．真理大学观光学院编印，2001.

[19]黄晓华，何承志．南京紫金山人为活动中自然植被变化调查[J]．南京农专学报，1999，15(2)：25~31.

[20]黄震方．关于旅游业可持续发展的环境伦理学思考[J]．旅游学刊，2001，16(2)：

68~71.
[21]韩宇，高广汉．基于旅游者出行动机的旅游行为分类及相应规划方法简析[EB/OL]．http：//www. cotsa. com/guihuazhongxin. files/zuoye/hanyu. doc，2005.
[22]贾俊平，何晓群，金勇进编著．统计学[M]．北京：中国人民大学出版社，2004.
[23]金菊良，魏一鸣，丁晶．水质综合评价的投影寻踪模型[J]．环境科学学报，2001，21(4)：431~433.
[24]李欣育，陈良进．主题文化园区游客旅游动机与满意度之研究——以三地门玛家原住文化区为例[EB/OL]．http：//www. nkhc. edu. tw/master/conference/2004/html/html/oral/012. doc，2004.
[25]李天元．旅游学概论[M]．天津：南开大学出版社，2003.
[26]李享．关于抽样调查在旅游调研中存在问题的探讨[J]．旅游学刊，1999，10(3)：54~57.
[27]李贞．旅游开发对丹霞山植被的影响研究[J]．地理学报，1998，53(6)：554~561.
[28]李宗善，唐建维等．西双版纳热带山地与林的植物多样性研究[J]．植物生态学报，2004，28(6)：833~843.
[29]涟漪，汪侠．旅游地顾客满意度测评指标体系的研究及应用[J]．旅游学刊，2004，19(5)：9~13.
[30]刘俊，马风华，苗学玲．基于期望差异模型的RBD顾客满意度研究——以广州市北京路步行商业区为例[J]．旅游学刊，2004，19(5)：14~19.
[31]刘佑彰．水岸游憩行为与游客满意度之研究[EB/OL]．http：//www. jwit. edu. tw/~praguide/ upload data/1402(2004_ 04_ 2113. 56. 09). pdf，2004.
[32]刘汉洪等．南岳衡山的“旅游公害”及其防治对策[J]．旅游学刊，1991，6(1)：35~38.
[33]刘鸿雁，张金海．旅游干扰对香山黄栌林的影响研究[J]．植物生态学报，1997，21(2)：191~196.
[34]刘鸿雁，张金梅．旅游开发对东灵山高山草甸的影响[J]．生态学杂志，1998，17(3)：63~66.
[35]刘渊儒．户外游憩对环境之冲击及其管理维护[J]．户外游憩研究，1992，2(1)：3~18.
[36][法]罗贝尔·朗卡尔；陈立春，朱邦造译．旅游和旅行社会学[M]．北京：商务印书馆，1997.
[37]马惠娣，张景安．中国公众休闲状况调查[M]．北京：中国经济出版社，2004.
[38]内蒙古大学生物系．植物生态学试验[M]．北京：高等教育出版社，1986.
[39]彭长连等．旅游和工业化对亚热带森林地区大气环境质量及两种木本植物叶绿素荧光特性的影响[J]．植物学报，1998，40(3)：270~276
[40]钱迎倩，马克平．生物多样性研究的原理与方法[M]．北京：中国科学技术出版社，1994.

[41]清华大学环境影响评价室．圆明园东部湖底防渗工程环境影响报告书[R]．北京：2005.
[42]施立新，余新晓，马钦彦．国内外森林与水质研究综述[J]．生态学杂志，2000，19(3)：52~56.
[43]石强．旅游开发利用对张家界国家森林公园自然生态环境的影响及对策研究[D]．北京林业大学博士学位论文，2000.
[44]世界旅游组织．关于空闲时间演变和度假权利的研究[R]．马德里：1983.
[45]宋明顺．休闲与工作——大众休闲时代的冲击[J]．户外游憩研究，1990，3(4)：31~46
[46]宋力夫，郭来喜，杨冠雄．京津地区旅游环境的演变[J]．环境科学导报，1985，5(3)：255~265
[47]宋瑞．休闲：经济学分析与统计[J]．旅游学刊，2002，17(6)：26~31.
[48]宋秀杰，赵彤润等．松山自然保护区旅游开发的环境影响[J]．环境科学，1997，18(3)：57~59.
[49]朱颜明，王宁．长白山自然保护区旅游资源开发生态环境影响及其保护[J]．山地学报，1999，17(4)：353~357.
[50]王良健．旅游可持续发展评价指标体系及评价方法研究[J]．旅游学刊，2001，16(1)：67~70.
[51]王清春．云蒙山林区植物多样性及其保护研究[D]．北京林业大学硕士学位论文，2003.
[52]王晓俊．美国风景资源管理系统及其方法[J]．自然资源学报，1993，8(4)：371~379.
[53]王宪礼，朴正吉．长白山生物圈保护区旅游的环境影响研究[J]．生态学杂志，1999，18(3)：46~53.
[54]王子荣，郝小波．张家界国家森林公园质量变化及对策研究[J]．中国环境科学，1998，18(4)：23~30
[55]王忠君，蔡君，张启翔．旅游活动对云蒙山国家森林公园土壤的影响的初步研究[J]．河北林业科技，2003，5：12~15
[56]汪嘉熙．苏州园林风景旅游价值及其环境保护对策研究[J]．环境科学，1986，7(4)：83~88.
[57]吴必虎．区域旅游规划原理[M]．北京：中国旅游出版社，2001.
[58]吴必虎．旅游生态学与旅游目的地的可持续发展[J]．生态学杂志，1996，15(2)：37~43.
[59]吴承照．现代游憩规划设计理论与方法[M]．北京：中国建筑工业出版社，1998.
[60]吴晋峰．旅游生态管理容量初探[J]．人文地理，2001，16(1)：31~34.
[61]谢邦昌原著；张尧庭，黄麓改编．抽样调查的理论及其应用方法[M]．北京：中国统计出版社，1998.

[62]谢彦君．旅游交往问题初探[J]．旅游学刊，1999，10(4)：57~60.
[63]肖洪根．对旅游社会学理论体系研究的认识(下)[J]．旅游学刊，2002，17(1)：59~68.
[64]杨明．旅游调研数据处理方法和分析技术探讨——以荷兰纳米根市(Nijmegen)旅游形象调研为例[J]．旅游学刊，2005，20(1)：84~89.
[65]杨宏志，黄博渊．森林游乐区管理体系之研究[EB/OL]．http：//www. recreation. org. tw/html/main 04. htm2002，2002.
[66]杨锐．从游客环境容量到LAC理论——环境容量概念的新发展[J]．旅游学刊，2003，18(5)：62－65.
[67]于秀林，任雪松．多元统计分析[M]．北京：中国统计出版社，2004.
[68]余世孝，臧润国，蒋有绪．海南岛霸王岭垂直带热带植被物种多样性的空间分析[J]．生态学报，2001，21(9)：1438~1443.
[69]俞晖．21世纪中国森林旅游业发展战略研究[J]．旅游学刊，2001，16(5)：67~69.
[70]于志民，王礼先主编．水源涵养林效益研究[M]．北京：中国林业出版社，1999
[71]袁卫，贾俊平，金勇进等．统计学[M]．北京：中国统计出版社，1992.
[72]赵红红．苏州环境容量问题初探[J]．城市规划，1983，5(3)：46~53
[73]张广瑞译．全球旅游伦理规范[J]．旅游学刊，2000，15(3)：71~74.
[74]张广瑞，魏小安，刘德谦主编．中国旅游发展：分析与预测[M]．北京：社会科学文献出版社，2002.
[75]张建萍．生态旅游——理论与实践[M]．北京：中国旅游出版社，2001.
[76]张立生．近期国外旅游学研究进展——《Annals of Tourism Research》文献分析[J]．旅游学刊，2004，19(3)：82~88.
[77]张启，秦安臣，吴京民．旅游强度对雾灵山自然保护区植被的影响[J]．河北林果研究2004，19(3)：256~260.
[78]张晓兵．野外旅游活动对土壤的影响．国外林业[J]．1995，25(1)：1~4.
[79]郑泽厚，陈御生．旅游环境学若干问题之探讨[J]．旅游学刊，1998，13(3)：49~51.
[80]钟正则．花莲石梯港海鲸号之经营与游客分析[EB/OL]．国立东华大学观光暨游憩管理研究所硕士学位论文．http：//www. lib. ndhu. edu. tw/ETD-db/ETD-search-c/ view_etd? URN =etd-1231103- 114 649，2003.
[81]周青，江能远，杨作．贵州省森林游憩谱与游憩项目开发探讨[J]．四川林勘设计，2003(1)：51~55.
[82]周进步．国内旅游与旅游环境衰退．旅游学刊，1991，7(4)：38~40.
[83]邹统钎主编．北京市郊区旅游发展战略研究——经验、误区与对策[M]．北京：旅游教育出版社，2004.
[84]Adama，J. C.，Q. D. Skinner. Bacteriological Aspects of a Mountain Watershed[J]. Toxicity Assessment，1989，4：309-315.
[85]Ahmad，A. Environmental Impact Assessment in the Himalayas：An Ecosystem Approach

[J]. Ambio, 1993, 22(1): 4-9.

[86] Alavalapati J. R. R. & Adamowicz W. L. Tourism impact modeling for resource extraction regions[J]. Annals of Tourism Research 27(1): 1188-202

[87] Alexander S. A. & Palmer C. J. Forest health monitoring in the united states: first four years [J]. Environmental Monitoring and Assessment, 1999, 55: 267-277

[88] Anderson, H. D., W. D. Lime., L. T. Wang. Maintaining the Quality of Park Resources and Visitor Experiences: A Handbook for Manageers[M]. University of Minnesota. St. Paul, Minnesota. 1998.

[89] Basnyat, P., . L. Teeter et al. Land Use Characteristics and Water Quality: A Methodology for Valuing of Buffeers[J]. Environment Management, 2001, 26(2): 153-161.

[90] Bate, G. The vegetation of footpaths, sidewalks, Cart-tracks, and Gateways[J]. Journal of Ecology, 1935, 23: 470-487.

[91] Bayfield, N. G. Recovery of Four Montane Heath Communities on Cairngorm, Scotland, from Disturbance by Trampling[J]. Biological Conservation, 1979, 15: 165-179.

[92] Bratton, S. P., M. G. Hickler *et al.* Visitor Impact on Backcountry Campsites in the Great Mountains[J]. Environment Management, 1978, 30: 231-232.

[93] Bright, J. A. Hiker Impact on Herbaceous Vegetation Along Trail in an Evergreen Woodland of Central Texas[J]. Biological Conservation, 1986, 36: 53-69.

[94] Brown, p. J., B. L. Driver et al. The Opportunity Spectrum Concept and Behavioral Information in Outdoor Recreation Resource Supply Inventories: Background and Application Integrate Inventories of Renewable Natural Resources: Proceedings of the Workshop[A]. USDA-Forest Service General Technical Report 1978, RM-55.

[95] Brown P. J., B. L. Drive *et al.* Inventorying recreation potentials on dispersed tracts [J]. Journal of Forestry, 1979, 77(3): 765-768.

[96] Buist L. J, Hoots T. A. Recreation Opportunity Spectrum Approach to Resource Planning [J] Journal of Forestry, 1982, 80(2): 84-86.

[97] Butler, R. W. Tourism, environment and sustainable development[J]. Environmental Conservation, 1991, 18(3): 201-209.

[98] Calais, S. S., Kirkpatrick. J. B. Impact of Trampling on Natural Ecosystems in the Cradle Mountain-Lake St Clair National Park[J]. Australian GeograpHer, 1986, 17: 6-15.

[99] Campbell, L. M. Ecotourism in Rural Developing Communities[J]. Annals of Tourism Research, 1999, 26(3): 534-553.

[100] Clark, R. N., Stankey G. H. The Recreation Opportunity Spectrum: A Framework for Planning, Management, and Research[A]. USDA-Forest Service General Technical Report 1979, PNW-98.

[101] Cole, D. N. Estimating the Susceptibility of Wildland Vegetation to Trailside Alteration. Journal of Applied Ecology, 1978, 15: 281-286.

[102] Cole, D. N. Wilderness Campsite Impact: Effect of Amount of Use[A]. USDA Forest Service Research Paper, 1982, INT-288.

[103] Cole, D. N. Campsite Conditions in the Bob Marshall Wilderness[A]. Montana. US Department Agriculture Forest Service Research Paper. 1983, INT-312. 18pp.

[104] Cole, D. N. Recreational Trampling Effects on Six Habitat Types in Western Montana[A]. USDA Forest Service Research Paper, 1985, INT-350. 43pp.

[105] Cole, D. N. Ecological Changes on Campsites in the Eagle Cap Wilderness, 1979-1984 [A]. USDA Forest Service Intermountain Research Paper, 1986, INT-368.

[106] Cole, D. N., M. E. Petersen, Lucas R. C. Managing Wildness Recreation Use: Common Problems and Potential Solutions[A]. USDA Forest Service, General Technical Report, 1987a, INT-230.

[107] Cole, D. N. Research on Mountain Vegetation in Wilderness: A state-of - knowledge review [A]: In Lucas, R. C. (compiler) Proceedings: National Wilderness Research Conference-Issues, State-of-knowledge, Future Directions, General Technical Report INT-220. Ogden, UT, USDA Forest Service, Intermountain Research Station: 1987b, 35-177.

[108] Cole, D. N., Low-Impact Recreational Practice for Wilderness and Backcountry[A]. USDA Forest Service, General Technical Report, 1989, INT-265. 131pp.

[109] Cole, D. N. Change on Trails in the Selway-Bitterroot Wilderness, Montana, 1978-1989 [A]. USDA Forest Service. Intermountain Research Station Research Paper, 1991, INT-450.

[110] Cole, D. N., Hall. T. E. Trends in Campsite Condition: Eagle Cap Wildeerness, Bob Marshall Wilderness, and Grand Canyon National Park[A]. USDA Forest Service Intermountain Research Paper, 1992, INT-453.

[111] Cole, D. N. Experimental trampling of vegetation. Relationship between trampling intensity and vegetation response[J]. Journal of Applied Ecology, 1995a, 32: 203-214.

[112] Cole, D. N., A. E. Watson., J. W. Roggenbuck. Trends in Wilderness Visitors and Visits: Boundary Waters Canoe Area, Shining Rock, and Desolation Wilderness[A]. USDA Forest Service Research Paper, 1995b, INT-496. 30pp.

[113] Cook, B., Borrie. W. Trends in Recreation Use and Management of Wilderness[J]. Journal of Wilderness, 1995.

[114] Cole D. N., Wilderness Recreation in the United States-Trends in Use, Users, and Impacts [J]. International Journal of Wilderness, 1996, 2(3): 14-18.

[115] Cole, D. N., S. F. McCool. Wilderness Ecosystems, Threats, and Management[A]. USDA Forest Service Proceedings, 2000, RMRS-P-15-VOL-5.

[116] Cole, D. N. Response of Mountain Meadows to Grazing by Recreational Pack Stock[J]. Journal of Range Management, 2004, 57(2): 1438-1443.

[117] Davis, J. B., M. Lindvall. Standards of Quality for River Use Within the Fort Niobrara Wil-

derness Area [A]. USDA Forest Service Proceedings, 2000, RMRS-P-15-15-VOL-4.

[118] Desor, J. Toward a Psychological Theory of Crowding[A].. Journal of Personality and Social Psychology , 1972, 21: 79-83.

[119] Devlin, P. Outdoor Recreation and Recreation [A]. In H. Perkin , G. Cushman (eds.). Leisure, Recreation and Tourism[C]. Auckland: Longman Paul Publishers, 1993.

[120] Dickman, M. , M. Dorais The Impact of Human Trampling on PHospHorus Loading to a Small Lake in Gatineau Park. Quebec, Canada[J]. Journal of Environment Management, 1977, 5: 335-34.

[121] Dotzenko, A. et al. Effects of Recreational Use on Soil and Moisture Conditions in Rocky Mountain National Park[J]. Journal of Soil and Water Conservation , 1967, 22: 196-197

[122] Driver, B. L. , P. J. Brown et al. The ROS Planning System: Evolution, Basic Concepts, and Research Needed[J]. Leisure Sciences, 1987, 9: 201-202.

[123] Driver, B. , P. Brown, G. Peterson. (eds.) Benefits of Leisure[M]. State College, 1991, PA: Venture Publishing , Inc.

[124] Eagles, P. F. J. International Trends in Park Tourism: A Macro View of Park Tourism Finance[A].

Paper Presented at the World Parks Congress, Burban, South Africa: 2003.

[125] Ewers, A. , J. Hendee. , S. Davidson. Wilderness Access Issues For Education, Personal Growth, and Therapeutic Use[J]. International Journal of Wilderness. 1995, 5(3):

[126] Farrell, T. A. , J. L. Mariton. Camping Impact Management at Isle Royale National Park: An Evaluation of Visitor Activity Containment Policies From the Perspective of Social Conditions[A]. USDA Forest Service Proceeding, 2000, RMRS-p-15-Vol-5.

[127] Frissell, S. S. , Jr. , D. P. Duncan. Campsite Preference and Deterioration in the Quetico-Superior Canoe Country[J]. Journal of Forestry, 1965, 65: 256-260

[128] Goze, J. R. Non-Point Source Pollution of Water by Recreation : Research Assessment and Research Needs[A]. Eisenhower Consortium Bull , 1982, 13. 14pp.

[129] Graefe, A. R. , Kuss, F. R. , J. J. Vaske. Visitor Impact Management: The Planning Framework[C]. Washington DC: National Parks and Conservation Association 1990.

[130] Gray, H. L. Stream Water Quality in a Small Commercial Campground in Colorado[J]. Journal of Environmental Heath, 1982, 45(1): 5-12.

[131] Groot, R. S. Tourism and Conservation in the Galapagos Islands[J]. Biological Conservation, 1983, 26(1983): 291-300.

[132] Hammitt, W. E. , D. N. Cole. Wildland Recreation: Ecology and Management[M]. New York, NY: John Wiley. 1998.

[133] Hendee, J. C. , G.. H. Stankey, R. C. Lucas. Wilderness management[M]. Miscellaneous Publication No. 1365. Washington, D. C. : Department of Agriculture, Forest Service: 1990.

[134] Hof, M. , D. Lime. Visitor Experience and Resource Protection Framework in the National Park System: Rationale, Current Status, and Future Direction[A]. Proceedings - Limits of Acceptable Change and Related Planning Process: Progress and Future Direction. USDA Forest Service General Technical Report, 1997, INT-371: 29-36.

[135] Hollenhorst, S. , L. Gardner. The indicator performance Estimate Approach to Determining Acceptable Wilderness Conditions[J]. Environmental Management, 1994, 18 : 901-906.

[136] IUCN. Guidelines For Protected Area Management Categories[R]. IUCN, Gland, Switzerland and Cambridge, UK: 1994

[137] James, G. , T. Ripley. Instructions for Using Traffic Counters to Estimate Recreation Visits and Use[A]. USDA Forest Service Research Note, 1963, SE-73.

[138] Jim, C. Y. Camping Impacts on Vegetation and Soil in a Hong Kong Country Park[J]. Applied GeograpHy , 1987, 7: 317-32

[139] Jim, C. Y. Soil Characteristics and Management in an Urban Park in Hong Kong[J]. Environment Management , 1998, 22(5): 683-695.

[140] Jubenville, A. , B. Wtwight. Outdoor Recreation Management: Theory and Application [M]. Venture Publishing Inc, 1987.

[141] Jacob, G. R. , R. Schreyer. Conflict in outdoor Recreation: A Theoretical Perspective[J]. Journal of Leisure Research, 1980, 12: 368-380.

[142] Johnson, C. Y. , J. M. , Bowker et al . Outdoor Recreation Constraints: An Examination of Race, Gender , and Rural Dewlling[J]. Southern Rural Sociology, 2001, 17: 111-133.

[143] Kay, D. , R. Hanbury. Recreational Water Quality Management, Vol. 2: Fresh Waters [M]. Chichester: Ellis Horwood Limited , 1993.

[144] King, J. C. A. C. Macce, Jr. Effects of Recreation on Water Quality[J]. Journal of Water Pollution Control Federation , 1974, 46(11): 2453-2459.

[145] Kuss, F. r. , A. R. Graefe, J. J. Vaske. Visitor Impact Management : A review of Research [C]. Washington , DC: National Parks and Conservation Association . 256pp. 1990.

[146] LaPage, W. F. Some Observations on Campground Trampling and Groundcover Response [A]. USDA Forest Service Research Paper , 1967, NE-68. 11pp.

[147] Leonard, R. E. , E. L. Spencer et al. Backcountry Facilities: Design and Maintenance[C]. Boston : Appalachian Mountain Club, 1981, 214pp.

[148] Leung , Y. F. , Marion. J. L. Characterizing Backcountry Camping Impacts in Great Smokey Mountains National Park, USA [J]. Journal of Environmental Management, 1999, 57 (6): 193-203.

[149] Leung, Y. F. , Marion, J. L. Recreation impacts and management in wilderness: A state-of knowledge review[A]. In Cole, D. N. , McCool, S. F. Borrie, W. T. , O'Loughlin, J. , (Comps), Proceedings: Wilderness Science in a Time of Change. Vol. 5, Proceedings RMRS-P-15-Vol-5. Ogden. UT, USDA Forest Service, Rocky Mountain Research

Station. 2000.

[150] Leung. , Y. F. BOHA-VERP Study. Resource Components. Compendium of Results and Indicators [EB/OL] . http: //www. nps. gov/boha/parkdocs/VERP _ research _ resource. pdf. 2003

[151] Liddle, M. J. , P. Greig-Smith. A Survey of Tracks and Paths in a Sand Dune Ecosystem [J]. Journal of Applied Ecology, 1975a, 7: 893-930.

[152] Liddle, M. J. A Selective Review of the Ecological Effects of Human Trampling on Natural Ecosystem[J]. Biological Conservation, 1975b, 7: 17-34

[153] Liddle, M. J. , Scorgie, H. R. A, The Effects of Recreation on Freshwater Plants and Animals: a Review[J]. Biological Conservation, 1980, 17: 183-206

[154] Liddle, M. J. Recreation Ecology: Effects of Trampling on Plants and Corals[J]. Tree, 1991, 6(1): 13-17

[155] Lime, D. , G. Stankey Carrying Capacity : Maintaining Outdoor Recreation Quality[A]. Recreation symposium Proceedings USDA Forest Service, 1971, 174-184.

[156] Lindberg, K. , Wood, M. E. , Engeldrum, D. (Eds.) Ecotourism: A Guide for Planning and Managers[M]. Vol 2, The Ecotourism Society, North Bennignton , 1998.

[157] Lindberg, K. , McCool, S. F. , and G. H. Stankey. Rethinking Carrying Capacity[J]. Annals of Tourism Research, 1997, 24(2): 461-464.

[158] Lucas, R. C. The Recreational Capacity of the Quetico-Superior Area[A]. USDA Forest Service Research Paper, 1964, LS-8

[159] Lucas, R. C. Perceptions of Non-Motorized Recreational Impacts: A Review of Research findings[A]. In R. Ittner, D. R. Potter, J. Agee, S. Anschell, eds. Recreational Impacts on Wildlands, USDA Forest Service Conference Proceedings, 1979, No. R-6-001

[160] Lucas, R. C. Use Patterns and Visitor Characteristics, Attitudes and Preferences in Nine Wilderness and Other Roadless areas[A]. USDA Forest Service, Intermountain and Range Experiment Station Research Paper, 1980, NT-253

[161] Lutz, H. J. Soil Conditions of Picnic Grounds in Public Forest Parks[J]. Journal of Forestry, 1945, 43: 121-127

[162] Lynn. N, Brown, R. Effects of Recreational Use Impact on Hiking Experience in Natural areas[J]. Landscape and Urban Planning , 2003, 64(2003) : 77-78.

[163] Manning, R. E. Impacts of Recreation on Riparian Soil and Vegetation[J]. Water Resources Bulletin, 1979, 15(1): 30-43.

[164] Manning R . Diversity in a democracy: Expanding the recreation opportunity spectrum[J]. Leisure science, 1985, 7: 377-399.

[165] Manning, R. E. 1986. Studies in Outdoor Recreation, Search and Research for Satisfaction [M]. Corvallis, Or. : Oregon State University Press .

[166] Manning, R. , Lime, D. , Hof, M. , and Freimund, W. The Visitor Experience and Re-

source Protection Process: the Application of Carrying Capacity to Arches National Park[A]. The George Wright Forum, 1995, 12 : 41-55.

[167] Manning, R. , Lime, D. and Hof, M. Social carrying capacity of natural areas: theory and application in the U. S. National Parks[J]. National areas Journal, 1996, 16: 118-27.

[168] Marion, J. L. , D. N. Cole. Spatial and Temporal Variation in Soil and Vegetation Impacts on Campsites' [J]. Ecological Applications, 1996, 6(2): 520-530.

[169] Martin, S. , McCool, S. F. , R. C. Lucas. Wilderness User Perceptions of Campsite Impacts [J]. Environment, 1989, 13(5): 623-629.

[170] Martin, K. L. , S. H. Kunkle et al. River Recreation Recreation Research Conducted at O-zark Scenic Riverways 1970-1977 : A summary of Research Projects and Findings[A]. US-DI National Park Service, Van Buren, 1978, MO. 139 pp.

[171] Matheson A. & Wall G. Tourism: economic, pHysical and social impacts[M]. New York: Longman Inc. , 1982.

[172] McEwen, D. , S. R. Tocher. Zone Management: Key to Controlling Recreational Impact in Developed Campsites[J]. Journal of Forestry, 1976, 74: 90-93

[173Meinecke, E. P. The Effect of Excessive Tourist Travel on the California Redwood Parks[A]. California Department of National Resources, Division of parks . Sacramento, CA: 1928.

[174] Merriam, L. C. R. F. Peterson. Impact of 15 years of Use on Some Campsites in the Boundary Waters Canoe Area[A]. Minnesota Forest Research Note 282, University of Minnesota, St. Paul, 1983.

[175] Merriam, L. C. , Jr. , C. K. Smith et al. Newly Developed Campsites in the Boundary Waters Canoe Area-A Study of Five Years' Use[A]. Agricultural Experiment Station Bull. 511, University of Minnesota, St. Paul. 1974, 27pp.

[176] Milgram, R. The Experience of Living in Cities[J]. Science, 1970, 167: 1461-1468

[177] More T A, Bulmer S, et al . USDA-Forest Service Extending the Recreation Opportunity Spectrum to Nonfederal Lands in the Northeast: An Implementation Guide[A]. Northeastern Research Station General Technical Report 2003 , NE-309.

[178] O'Leary, J. T. , G. Pate. Water-based Activity Involvement for Recreation Consumers at State, Federal, Local or Private Facilities[J]. Water Resources Bulletin, 1979, 15 (1): 182-188.

[179] OReilly A. M. 1986. Tourism carrying capacity[J]. Tourism Management. 7(4): 254-258.

[180] Papageorgiou K. and Brotherton. A management planning framework based on ecological , perceptual and economic carrying capacity: The case study of Vikos-Aoos National Park[J]. Journal of Environmental Management , 1999, 56: 271-284.

[181] Pieper, J. Leisure: The Basis of Culture[M]. New York: Pantheon Books, 1952.

[182] Potter, L. D. , J. R. Gose et al. Forest Recreational Use , Water, and Aquatic Life: An Assessment of Research Results for Land-Use Managers in the Southern Rockies and High Plain

[A]. Technical Report, USDI Office of Water Research and Technology, 1984 , 47 pp.

[183] Roggenbuck, J. W. and R. C. Lucas. 1986. Wilderness use and user characteristics: a state of knowledge review[R]. Invited paper, National Wilderness Research Conference, Ft. Collins, Colorado, July 1985.

[184] Roggenbuck, J. W. et al. River Float Trip Encounter Norms: Questioning the Use of the Social Norm Concepts[J]. Journal of Leisure Research, 1991, 23: 133-153

[185] Roovers, P. , Baeten. S. , Hermy. M. Plant Species Variation Across Path Ecotones in a Variety of Common Vegetation Types[J]. Plant Ecology, 2004, 170: 107-119.

[186] Saunders, P. R. G. E. Howard et al. Effect of Different Boot Sole Configurations on Forest Soils[A]. Department of Recreation and Park Administration, Extension/Research Paper RPA, Clemson University , Clemson, SC. 1980-3, 11pp.

[187] Schneider, I. , D. Anderson et al. Innovations in Recreation Management: Importance , Diffusion, and Implementation[A]. USDA Forest Service Technical Report, 1993, NC-155

[188] Sigua, G. C. , Stewad. J. S. , W. A. Tweedale. Water Quality Monitoring and Biological Integrity- Assessment in the Indian River Lagoon, Florida: Status, Trends, and Loadings (1988-1994) [A]. Environmental Management, 2000, 25(2): 199-209.

[189] Shelby, B. , Heberlein, T. A. Carrying Capacity in Recreational Settings[M]. Corvallis, OR: Orgon State University Press, 1986.

[190] Shelby, B. , Vaske, J. J. Using Normative Data to Develop Evaluative Standards for Resource Management: A Comment on Three Recent Papers[J]. Journal of Leisure Research, 1986, 23, 173-187.

[191] Shelby, B. , Vaske. J. et al. User Standards for Ecological Impacts at Wilderness Campsites [J]. Journal of Leisure Research, 1988, 20: 245-256

[192] Stankey, G. H. The Use of Content Analysis in Resource Decision Making[J]. Journal of Forestry, 1972, 70(3): 148

[193] Stankey, G, Visitor Perception of Wilderness Recreation Carrying Capacity[A]. USDA Forest Service Research Paper , 1973, INT-142.

[194] Stankey, G. H. , McCool, S. F. Carrying Capacity in Recreational Settings: Evolution, Appraisal, and Application[J]. Leisure Sciences, 1984, 6: 454-473

[195] Stankey, G.. H. , Cole, D. N. , Lucas, R. . C. , Petersen. M. E. and Frissell, S. S. The Limits of Acceptable Change (LAC) System for Wilderness Planning [A]. USDA Forest Service General Technical Report, 1985, INT-176.

[196] Stankey, G. , R. Manning. Carrying Capacity of Recreation Setting. A Literature Review [A]. The President's Commission on Americans Outdoors. Washington, D. C. U. S. Government Printing Office, 1986, N-47-M-57.

[197] Stankey, G.. H. and S. F. MacCool. Recreational Use Limits: The Wildland Manager's Continuing Dilemma[J] . Western Wildlands, 1991, 16(4): 2-7.

[198] Schomaker, J. Writing Quantifiable River Recreation Management Objectives[R]. Proceedings of the 1984 national River Recreation Symposium. 1984, 249-53.

[199] Sun, D. , M. J. Liddle. Field Occurrence, Recovery, and Simulated Trampling Resistance and Recovery of Two Grasses[J]. Biological Conservation, 1991, 57: 187-203

[200] Sun, D. Trampling Resistance, Recover, and Growth Rate of Eight Plant Species[J]. Agriculture, Ecosystems, and Environment, 1992, 38: 256-273

[201] Sun, D. , M. J. Liddle. A survey of Trampling Effects on Vegetation and Soil in Eight Tropical and Subtropical Sites[J]. Environmental Management , 1993, 17(4): 497-510

[202] Sun, D. , Walsh. D. Review of Studies on Environmental Impacts of Recreation and Tourism in Australia[J]. Journal of Environmental Management, 1998, 53: 323-338.

[203] Symmonds, M. C. , Hammitt. W. E. Managing Recreational Trail Environments for Mountain Bike User Preferences. Environmental Management , 2000, 25(5): 549-564.

[204] Tarrant M. A. , English D. B. K. A Crowding-base Model of social Carrying Capacity applications for Whitewater Boating Use[J]. Journal of Leisure Research, 1996 , 28(3) : 155-168.

[205] U. S. Department of Agriculture, Forest Service. ROS User Guide. [R] 1982 August

[206] U. S. Department of the Interior, Nationsal Park Service. The Visitor Experience and Resource Protection Implementation Plan: Arches National Park[R]. USDI, National Park Service , Denver Service Center, . 1995, Co. 72p.

[207] U. S. Department of the Interior, Nationsal Park Service . . VERP-The Visitor Experience and Resource Protection(VERP) Framework--A Handbook for Planners and Managers[R] . USDI, National Park Service , Denver Service Center. , 1997

[208] Wagar, J. A. The Carrying Capacity of Wild lands for Recreation[A]. Forest Science MonograpH 7, Washongton D. C: Society of America Foresters, 1964.

[209] Wagar, J. A . Campgrounds for many tastes[A]. USDA-Forest Service Research Paper 1966, INT-6

[210] Wager, J. A. Recreation Insight From Europ[J]. Journal of Forestry, 1975, 73: 353-357

[211] Wall, G. , C. Wright. The Environmental Impact of Outdoor Recreation[M]. Department of Geology Publication Series 11, University of Waterloo, Waterloo, Ontario: 1977, 69pp.

[212] Washburne, R. F. Wilderness Recreational Carrying Capacity-Are Numbers Necessary? [J]. Journal of Forestry , 1982, 80(11): 726-728.

[213] Wayne, F. A. , D. N. Cole. Visitor Use Density and Wilderness Experience: Proceedings [A]; 2000 June 1-3; Missoula, MT. Proceedings RMRS-P-20, Ogden, UT: USDA Forest Service, 2001.

[214] Whinam, J. , Chilcott. N. Impacts of Trampling on Alpine Environments in Central Tasmania[J]. Journal of Environmental Management, 1999(6), 57: 205-220.

[215] Witt, P. A. , Crompton , J. L. The Protective Factors Framework: A Key to Programming for

Benefits and Evaluating for Results [J] . Journal of Park and Recreation Administration, 1991, 15(3): 1-18.

[216] Wilshire, H. G et al. Impact of Vehicles on Natural Terrain at Seven Sites in the San Francisco Bay Area[J]. Environment Geology 2: 295-319

[217] Whittaker, P. L. Comparison of Surface Impact by Hiking and Horseback Riding in the Great Smoky Mountains National Park[A]. USDI National Park Service, Management Report 24, Southest Region, Atlanta: 1978, 32 pp.

[218] Womble, P. , S. Studebaker. Crowding in National Park Campground[J]. Environment and Behavior.

后记

本书是在我的博士论文基础上修改补充而成。衷心感谢在论文进行过程中指引我前进、给我支持和帮助的所有的人。

首先感谢我的导师张启翔教授在论文研究和写作过程中给与的引导和启迪。如果不是导师引领到这个方向，我不可能对承载力问题有比较全面的了解和探究。导师渊博的学识、活跃的学术思想以及忘我的工作作风，不仅仅是传达具体的知识，更重要的是精神感召和激励。

另外，我也特别感谢我读硕士时的导师苏学痕教授，每每遇到，苏先生都会询问论文进展情况，敦促我加快步伐，带着父亲般地关切和期望。同时也感谢李雄教授在诸多方面给与的帮助和支持。

在做公园水质分析时，感谢资源学院李亚光老师给予的建议和帮助，包括联系水环境监测中心，使这部分工作得以顺利进行。感谢资源学院孙向阳老师，对于公园土壤冲击研究提出的建议，同时也感谢土壤实验室王登枝老师在土壤分析过程中的大力协助。感谢我硕士研究生同学邱阳老师，在植被调查方面给予的有益建议。

也特别感谢现在已成为我的同事的王忠君老师，2001 年首先做云蒙山国家森林公园土壤冲击研究，王忠君老师当时作本科生毕业论文。他踏实、勤恳、严谨的科研态度使研究工作有一个良好的开始，后来的植被调查以及游客调查的部分工作也得益于王忠君老师的全力协助。

感谢云蒙山国家森林公园的全体工作人员，尤其是经理刘维君，对于在公园所作的调研工作，给与了很大的支持，如果没有公园管理部门的鼎力协助，对于科研工作的理解和支持，也很难获得比较完备的数据资料。

感谢我的研究生于曦颖同学在游客调查及后续的问卷整理过程中做的大量的工作，同时还感谢其他研究生胡迎春、杨慧娟、陈萌同学在云蒙山游客调查和整理工作中给与的协助。在做公园路径调查时，杨慧娟、于曦颖、周春光同学和我一起丈量了云蒙山国家森林公园的主要路径，谢谢你们真诚的帮助！

在做公园水质分析时，感谢 98 级旅游管理专业的李辛晨、邵林同学在水样采取过程中给与的帮助，感谢 2000 级学生李菲、罗红宝同学在资源调查中的帮助。感谢旅游管理专业 98 级、2000 级部分学生在云蒙山游客调查工作中给与的协助，也特别感谢 2003 级旅游管理本科生在香山公园游客问卷调查中做的大量工作。

感谢旅游教研组的同事们，这个年轻而和睦的团队给了我愉快的工作心境和鼓励。

最后感谢我的家人，无论身心如何疲惫，总有家的温暖。感谢我的先生刘志成对于书中插图的润色和本书写作过程中全力协助。而小女儿的稚嫩期盼，盼望妈妈完成论文可以多多陪她，也给了我莫大的激励。

我也感谢父母的养育之恩，他们对于女儿学业和事业的殷殷期望，是我前进的永远动力。

2010 年 10 月于柏儒苑